全国高等学校公共体育课适用教材

现代大学体育教程

袁雷　袁吉　杨道宁　主编

人民体育出版社

编委会

主　审

杨　霆　迟　化

主　编

袁　雷　袁　吉　杨道宁

副主编

梁永桥　卢景波　孙　彦　毕海波　李红双　陈春阳

编　委

郭玉莲　李英春　程湘南　孙　彦　孙东辉　薛瑞坤
夏忠岩　邹　然　董新伟　毕海波　迟　化　张晓宾
熊为民　陈春阳　裘　鹏　权　杉　王新光　侯艳丽
于泗汰　刘广君　何思淼　吴维宏　倪为广　刘东波
李维希　柳　钢　苗　杰　王明辉　李廷奎

前言

在2008年北京奥运会上，我国奥运健儿在奖牌数量上取得了大丰收，但是，这并不能说明我们是体育强国，而只能说我们在人口的比例上是体育大国。刚刚落幕的2010年南非足球世界杯，十几亿中国人又一次成为看客，这更加证明了我国大众体育基础的薄弱。实践证明，学校体育教育不仅是大众体育的重要组成部分，而且也是提高大众体育意识的重要手段。大学生作为学校教育的主体，是文明和文化的主要传播者，如果能成为体育锻炼的行动者和传播主力，那么大学对社会的贡献便可想而知。

体育教学工作是学校体育教育的核心工作和基本内容，它对于全面贯彻党的教育方针，实现学校体育教育的目标和任务具有十分重要的作用。常言道："十年树木，百年树人"，本着健康第一的指导思想、以人为本的教育理念、建立终身体育的学习过程为目标，立足当前着眼未来，我们组织一线教师编写了这部《现代大学体育教程》。本教材在内容的取舍上，一方面努力吸收国内普通高校公共体育课程教材的精华，另一方面也注意吸纳国内外体育教学改革中取得的新成果、新经验，同时继承和弘扬民族传统体育，体现出时代性、多元性、民族性和地域性特点。依据这一指导思想本教材具有以下两个特点:

第一，加强了普通高校公共体育课已经形成和正在形成的特色教学项目，如滑冰、无痛苦跑步、橄榄球、野外生存等。这些特色项目的形成是遵循学生的需求和形势的发展逐步形成的。

第二，增加了乒乓球、羽毛球、网球"三小球"的比重，这也是近年来随着大众体育锻炼普及程度的逐步提高，"小球"项目越来越受到学生喜欢的缘故。

全书共分10章，第一章介绍体育的基础知识；第二章至第八章是在大学生中开展较为普及的运动项目，每个项目从动作要领到练习方法再到易犯错误及纠正方法都做了详细讲授；最后一章是20个项目的集成，学生可以从中了解某些锻炼项目，也可以体验书中所述的内容和方法。

本教材由吉林大学体育学院组织编写，袁雷、袁吉、杨道宁任主编，董玉峰、何思淼统一串编，最后由迟化修改后定稿。

本教材在编写时，参阅、引用了大量相关著作，并得到许多专家、学者的大力支持，在此一并表示感谢。由于水平和能力所限，书中不妥之处在所难免，敬请读者提出宝贵意见，以便及时修订，使其日臻完善。

目 录

第一章 体育概述

第一节 正确认识体育

一、体育的起源和概念

（一）体育的起源

体育的历史同人类历史一样悠久，它不是突然产生的，它萌发于原始社会的最早阶段，并经过多次质的飞跃，随人类社会的发展而形成。但是，长期以来在体育起源的问题上，有着不同的观点和学说。最主要的一种观点是“劳动说”，即认为体育起源于劳动，是在劳动与物质生活活动过程中产生了体育。很长一段时期，学者们都倾向于这种观点，此观点来源于“劳动创造了人”，自然劳动也就形成了体育。

最早出现的一种起源学说是“模仿起源说”，认为儿童模仿成人打猎、捕鱼、料理家务以及作战等活动而进行的嬉戏是体育的源头。在此之后出现的“生理起源说”认为，人类社会发展了，人的精神非常旺盛，因而有了剩余或过剩的精力去从事文娱和体育活动，这就是18世纪席勒（Schiller）提出的“余力说”和19世纪后斯宾塞（Spencer）提出的“精力过剩论”。“生理起源说”的姐妹学说“心理起源说”认为，因为人们会用体育来抒发感情，所以体育的产生有很大的心理因素的作用。在宗教盛行时，体育受巫术影响很大，于是“巫术起源说”产生了。但由于宗教产生较晚，它对体育的发展虽有影响，很难成为体育形成的最初主要源头。即使在原始社会，也有部落间的战争，体育往往成为训练士兵的内容，因此而促使体育的最终形成。但与巫术一样，“战争起源说”也不可能成为“主源头”。

很显然，由于劳动创造了人，因而从体育起源的最初动力和主要源头来看，体育自然应该是起源于劳动。但体育的形成必然有一个不算短的历史时期，在这个过程中，人的生理和心理需要、宗教巫术和战争等都成为促使体育最终形成的重要因素和动力。

由于劳动使人类与动物分开，人类为了生存，必须通过奔跑、跳跃障碍物、投掷利器、攀爬等各种活动以猎取野兽和逃避其侵袭。在这个过程中，一些最原始的身体活动技能形成了。与此同时，由于原始人萌发了一种“嬉戏取乐”的心情，在猎到一头野兽，大家饱餐一顿之后，自然就要手舞足蹈一番。这样，体育就在原始社会之前的氏族公社阶段中形成了它的原始状态。这种由身心引发的身体活动的阶段，有学者称其为体育的“萌芽期的娱乐活动”或“萌芽期的体育”。

在距今10万年前，人类终于进化为“晚期智人”，人类在思维、语言和其他主要的身体特征上开始逐渐达到人类学上称为“现代人”的水平，人们开始认识到必须要有更好的身体素质，才能猎取到更多的野兽，因而原始人开始把劳动教育与身体素质的锻炼分开。考古学者的研究表明，此阶段原始人开始进行长距离跑、立定跳远、力量性投掷、综合性舞蹈等训练活动，而且还制作了一些原始的练习器材，如嬉戏用的球、球杖、木棒等。

我们从后来发现的"别什·麦尔尼"的一幅画中也可看到，在一头野马身上有反复投刺留下的印痕，证明了史前人类已有为生产做准备的劳动技能练习活动的存在。学者们将此阶段称为原始体育的"身体练习发展阶段"。不久，身体练习被作为一种参加劳动和生活活动的预备性训练手段使用了，与此时刚刚初步形成的娱乐活动结合在一起，构成了这一时期原始体育活动的内容。有学者认为，这是原始体育的第一次质的飞跃。随着身体练习和娱乐活动的进一步发展，人们又把各种身体素质及生活能力尽量提高，并以分胜负的比赛方式进行娱乐，于是就出现了原始社会最初的"竞技体育"，许多比赛的身体活动动作已改变了原来的状态。学者认为，这是原始体育继身体练习后出现的第二次质的飞跃，大约在不迟于旧石器时代的晚期。

原始体育的最后一次质的飞跃是以竞技运动为中心内容的原始赛会的出现。这类赛会是在原始社会向文明社会过渡的阶段，其规模、要求更高了，并在全世界各地出现了一些著名的体育比赛中心，如奥林匹克、卡尔拉克、马拉斯等。在这个阶段中，巫术、宗教和军事冲突等因素的影响也开始突出地表现出来。于是这些赛会又多与祭祀祖先、缅怀英雄、驱灾祛病、祈求丰年、军事训练、团结社会成员等社会和文化目的联系在一起，尤其与宗教联系得更密切，因而有学者把这一阶段称为"祭祀运动会"阶段。至此，原始社会体育在史前时代的初期发展就告一段落。

在人类社会漫长的史前时代，原始体育就这样经历了它的萌芽期和身体练习与娱乐活动、竞技活动、祭祀运动会的产生和初步发展的历程。体育就这样随着远古人类社会的形成和发展而最终形成了。

（二）体育的概念

在中国，体育的广义含义与体育运动相同。它包括身体教育（即狭义的体育）、竞技运动、身体锻炼三个方面。身体教育与德育、智育、美育相配合，成为整个教育的组成部分。它是有目的、有组织、有计划地促进身体全面发展，增强体质，传授锻炼身体的知识和技能，培养高尚的道德品质和坚强的意志的一个教育过程。竞技运动是指为了最大限度地挖掘和不断提高个人、集体在体格、体能、心理及运动能力等方面的潜力，以取得优异运动成绩而进行的科学的、系统的训练和竞赛。身体锻炼是指以健身、医疗卫生、娱乐休息为目的的身体活动。这三个方面因目的不同而互相区别，但又互相联系。它们都是通过身体活动全面发展身体和增强体质，都有教育和教学的作用，也都有提高技术和竞赛的因素。有关体育的几个基本概念如下：

体育本来英文是 physical education，指的是以身体活动为手段的教育，直译为身体的教育，简称体育。在古希腊，游戏、角力、体操等曾被列为教育内容。17~18 世纪，在西方的教育中也加进了打猎、游泳、爬山、赛跑、跳跃等项活动，只是尚无统一的名称。18 世纪末，德国的 J.C.F.古茨穆茨曾把这些活动分类综合，统称为"体操"。进入 19 世纪，一方面是德国形成了新的体操体系，并广泛传播于欧美各国，另一方面是相继出现了多种新的运动项目，在学校也逐渐开展了超出原来体操范围的更多的运动项目，建立起"体育是以身体活动为手段的教育”这一新概念。于是，在相当长的一段时间里，“体操”和“体育”两个词并存，相互混用，直到20世纪初才逐渐在世界范围内统一称为“体育”。

近几十年来，体育的实践有了很大的发展，出现了身体教育、竞技运动和身体锻炼三个互相区别而又互相联系的内容，并逐渐发展成为一个与教育和文化相并列的新的体系。到20世纪50年代，各国学者越来越感到“体育”（即身体教育 physical education）这个反映教育范畴的专用词，已不能概括新发展起来的这个学术领域的全部内容，需要创立一个新名词。1953年，有40多个国家在美国举行了第1次国际体育会议，曾讨论过这个问题。以后，美国、德意志联邦共和国、加拿大、苏联、日本等国都曾展开过讨论。1963年成立了“统一体育术语国际研究会”，第1届大会就是以讨论体育基本概念为中心，后来还编辑出版了《体育名词术语》小辞典。不少国家都有了这方面的专用词汇，例如，苏联百科全书直译为“身体文化与运动”，习惯译为“体育与运动”（简称“体育运动”）。美国百科全书用的是体育与运动。英文中还有两个类似的词，一个是美国百科全书中的 athletic sports（直译是“竞技运动”，一般译为“体育运动”）。另一个是国际体育名词协会出版的《体育名词术语》中的 physical culture（直译为“身体文化”，一般译作“体育”）。近年来又有人主张用“sport”作为总概念，其内容是指所有旨在游戏和取得好成绩的，为增强身体和精神灵活性服务的，特别是身体活动领域里的人类活动形式的总称。

运动本来译自英语的 sport，源出于拉丁语 Disport，本来的含义是“离开工作”，即通过一些轻松愉快的身体活动使人转移对日常生活的艰难和压力的注意力。在美国、苏联、英国、德意志联邦共和国、日本等国的百科全书和辞典中，都还保留有这样的解释：sport 是游戏、娱乐活动。例如，美国《韦氏体育词典》（1976年版）；德意志联邦共和国《体育百科全书》（1973年版）。但现在各国学者对 sport 含义的看法并不完全一致，如美国的布切尔认为，sport 是与表现坚韧、顽强、灵巧的游戏竞赛相关的用语。日本的加藤在其所著《体育概论》中认为，“竞技运动是一般所说的以乐趣为目的，不求直接教育效果的活动”。日本的前川峰雄则认为“sport 是指以游戏和比赛这种形式出现的运动”。由此可知，随着体育运动的实际内容的发展，“sport”一词的含义已经因用于反映不同的内容而起了变化。在中国译为“运动”时也有两种不同的用法和解释，一是泛指身体活动的过程；二是指体育的手段，其中包括各种游戏和专门的运动项目。

竞技运动？是 sport 一词近年来逐渐形成的具有新的含义的一个概念。随着体育实践的发展，sport 这个词虽然还保留有游戏的因素，但是这些因素已经不是主要的了，而出现了一种强调 sport 的竞赛、竞技含义的见解，如加拿大的盖伊和基里翁认为，“sport 是根据规则进行的、以取胜为目的的竞赛性和娱乐性体力活动”。国际体育名词协会1974年出版的《体育名词术语》中，把 sport 的基本含义规定为“专门的竞赛活动，在这一活动中，个人或集体为了充分发挥形态、机能和心理能力——具体表现为本人或对手的纪录被超过——而紧张地从事各种身体活动”。由此可见，竞技运动这个词逐渐失去了“sport”本来的含义，已经历史地演变成一个新的概念。中国把“sport”译作“竞技运动”时也是这个新的含义。

关于体育的这几个基本概念是有层次的和互相联系的。体育科学作为一个独立的体系，是近几十年才发展起来的，并且正处于逐步完善的过程中。由于不同国家体育的发展情况不同，对体育的要求和所采取的措施也不一样，甚至区别很大。所以，在用词上一时也难以求得统一，像“sport”一词可以多用，而一个总概念又可能是多词一用的这种状况，不仅在国际上存在，即便是在一个国家内也存在。中国也不例外，多数人习惯于把“体育”一词分为广义和狭义两种用法，广义的“体育”与“体育运动”是同义词。但也有人主张总概念应称为“体育运动”，“体育”仍为狭义体育的专用词；有的认为广义的“体育”既然与“体育运动”是同义词，则狭义的“体育”就以采用“体育教育”一词为好，以利区别和便于使用；也有人主张总概念就用直译外来语“身体文化”，以利国际交往；还有人主张“体育”和“运动”作为两个不同的科学体系的总名称等。总之，体育的基本词汇科学化和规范化的问题，是包括中国在内的各国学者正在关心和解决的问题。

二、大学体育的目的任务

(一) 大学体育的定位

现代体育包括学校体育、竞技体育和群众体育三个基本方面。学校体育是全面发展学生的身体，增强体质，传授体育知识、技能，提高运动技术水平，培养道德和意志品质的有目的、有计划、有组织的教育过程。由于学校教育对象的差异，我们将学校和学生相应分成小学、中学、大学三个学段和小学生、中学生、大学生三个基本级别。因此，我们这里所说的大学体育，隶属于我国学校体育的范畴，主要是指非体育专业大学生在大学期间所接受的学校体育教育，按照“健康第一”和终身体育思想的要求（其涵义是指传授体育文化，增强学生体质，提高学生身心健康水平和适应能力）有目的、有计划、有组织的教育过程。

(二) 大学生的生理、心理特点

大学生的年龄大体在17~22岁，这是一个人生长发育走向成熟的关键时期。大学生的身体形态、生理机能、身体素质和心理素质都遵循着一定的规律不断发展变化，并具有明显的年龄阶段性特点。

1. 生理特点

(1) 运动系统：运动系统由骨骼、关节、肌肉三部分组成。随着年龄的增长，坚固性增强，韧性降低，骨骼软骨逐渐骨化，到大学高年级时，骨化基本完成，身高不再增长。在这一时期，由于骨骼柔软且可塑性较大，应注意保持正确的身体姿势和身体的全面发展，避免一侧肢体或局部用力过多，造成肢体特别是脊柱出现病理性弯曲。同时，注意适宜的运动负荷，防止负荷过大造成的骨化提前，影响身高继续增长。

(2) 心血管和呼吸系统：大学生心脏的结构和机能正逐步完善。心脏的重量已达到成人水平。心率减慢，心脏收缩压增加，每搏输出量增多。肺的机能也逐步提高，肺活量也接近成人水平。但是最大摄氧量和负氧债能力较成人低，女生比男生低。此时期的体育锻炼可适当增多静力性练习和耐力练习，以有效提高心肺的功能。

(3) 神经系统：神经系统的发育最早最快，其功能在少年期已日趋完善，但大脑皮质中兴奋和抑制两个过程不够均衡，兴奋过程占优势而抑制过程相对较弱。到大学阶段第二信号系统得到发展，抽象思维能力不断提高。

根据上述特点，大学生在运动实践中应注意多样化，避免单调的训练内容，多安排些竞争性的游戏和小型比赛，以提高兴趣。在活动安排上应适当提高密度，相应缩短时间，可增加些技术分析，以培养其思维能力。

2. **身体素质**

在生长发育过程中，身体素质的发展存在着自然增长的现象。到大学阶段，男生的腰腹力量领先，其次是下肢爆发力、臂肌静力性力量、耐力增长领先，最慢的是臂肌力。而女生腰腹肌的增长比其他素质要差。因此，发展身体素质和运动能力十分重要。

3. **心理特点**

呈现三个方面的特点，一是智力水平迅速提高；二是情感丰富而强烈；三是自我意识不断增强。

（三）现代社会对人才的基本要求

现代社会对合格人才的基本要求，可以归纳为有较高的思想道德素质、有较好的科学文化素质、有较完美的心理素质、有较强健的身体素质等几个方面。

（四）大学体育的目的

大学体育的目的，是指在一定的时期内，大学体育实践所要达到的预期结果。它决定着大学体育的方向与过程，是评估大学体育工作的重要依据，对大学体育工作的开展，起着导向、控制和激励的作用。根据目标体系结构理论，大学体育的目的可分为条件目的、过程目的和效果目的三个方面。衡量大学体育目的完成的最终标准，一般均以效果目的为标准。所以，我们这里所说的大学体育目的，主要是指大学体育的效果目的，即大学体育的总目的。

根据现代社会发展和我国学校教育事业发展的需求，以及大学生身心发展的年龄特征和体育的功能，我们将我国大学体育的目的确定为：增强大学生的体质，促进大学生身心健康，培养大学生的体育意识、能力和习惯，以及良好的思想品质，使其成为德、智、体全面发展的社会主义建设者和接班人。

（五）大学体育的任务

根据我国《学校体育工作条例》中的有关规定，为了实现大学体育的目的，需要完成的基本任务是：

1. 增进大学生的身心健康，增强大学生体质。
2. 使大学生掌握体育基本知识，培养大学生的体育运动能力和习惯。
3. 提高大学生的运动技术水平，为国家培养体育后备人才。
4. 对大学生进行品德教育，增强组织纪律性，培养勇敢、顽强、进取精神。

（六）实现大学体育目的与任务的途径

《学校体育工作条例》规定，学校体育工作是指体育课教学、课外体育活动（包括晨练、课间活动、课后体育活动等）、课余体育训练和课余体育竞赛。这四个方面也是实现我国大学体育目的与任务的基本途径。

三、终身体育

（一）终身体育理论的产生

终身体育理论是受终身教育理论的启发和影响而产生和发展的。联合国教科文组织于1965年把终身教育作为现代教育观念，确定了它在世界教育领域中的理论主导作用，并在世界范围内推广和发展。经过33年的不懈努力，终身教育理论已成为最具有代表性和影响性的教育思想理论，同时很多发达国家确定了这一理论为本国的教育思想。

终身教育是对一个人整个一生所进行的教育。此种理论认为，教育是一个终身的过程，既包括成人教育，也包括学前、小学、中学和大学各阶段教育；既有组织的系统学习，又有偶发性的学习，它的特征是教育内容、学习方法和技术、学习时间都具有机动性和多样性，目的是维持和改善个人社会生活的质量，以适应社会急剧变化和科学技术不断革新的需要。

随着终身教育思想在各国的迅猛发展和进步，终身教育的思想逐步被体育工作者和体育教育工作者所接受。各国的体育理论工作者，根据本国体育教育的目标和任务，提出了终身体育教育的教育理论设想。从此，终身体育一词便成为国际现代体育教育理论的代名词。

（二）终身体育的概念

终身体育一词是从终身教育一词架接而来的，狭义体育教育（身体教育）包含着教育的全部内容；广义体育包含三个方面，即身体教育、竞技体育、身体锻炼。这三个方面相互联系，都有教育和教学的作用。所以说体育一词的本身就是一个教育过程。因此，取其终身的前两个字，把教育换成体育就成了终身体育一词。这种移花接木的方法，并没有改变终身体育的思想和含义。把终身教育拓展到体育领域中来，这是对终身教育思想、理论的发展与延伸，同时为体育运动的普及和发展开拓了广泛的天地。

终身体育在我国兴起的时间并不长。现代终身体育的几种观点为；（1）一个终身进行体育锻炼和接受体育教育，既要在人的一生中实施体育，将体育作为在从零岁到一百岁的整个生活中，既有利于个人，又有利于社会的生活方式；（2）终身体育就是经常性的参加体育锻炼和活动，并能坚持，保持旺盛的工作能力和生命力；（3）终身体育的基本标准是坚持10年参加体育活动以上，每周两次，每次30分钟活动，视体育运动为生命中的重要内容，对体育感兴趣，具有较好的体育知识水平，参加体育活动时有好感等。以上的三种对终身体育的理解与概念，有合理的一面，也存在着对终身体育认识上的偏差。因此，不能准确的、全面的解释身体的内涵。

终身体育是一个人一生中所受连续的、各方面的体育教育的全部总和。从一个人出生的那一刻起，一直到生命终结时为止的不间断的发展与提高，当然这种总和不是堆砌的，而是有机整体中的结合过程。它所强调的是体育过程的连续性和整体性，是学前、小学、中学、大学和成人的各阶段身体教育，即指有组织的系统身体锻炼和偶发性的身体锻炼。身体教育的内容、方法、技术、学习和锻炼的时间都具有机动性和多样性，目的是维持良好的身体条件和状态，以适应社会急剧变化和科学技术不断革新的需要，改善自我生存条件。

（三）终身体育与养成锻炼身体习惯的关系

终身体育的基本思想与我国体育的目的与任务中提到的养成经常锻炼身体教育思想有共同的一面，也有不同的一面。相同之处是，经常性的、连续的参加体育锻炼和活动，而且都存在着锻炼身体时间的机动性和锻炼内容与形式的多样性。不同之处是，终身体育存在偶发性的和有组织的参加体育锻炼与学习，并不是作为个人的需要和爱好而固定下来。而习惯性的参加体育锻炼就是把锻炼身体作为自己生活和工作的需要。因此，这种习惯能伴其一个人的全部生命过程，具有持久性和抗干扰性，是终身体育的最高目标。

四、体育比赛及欣赏

（一）怎样观赏体育竞赛

1. 树立正确的审美观点

在漫长的历史长河中，人类相信“美”具有满足憧憬未来的动力，于是承认美的价值，并怀着无限的向往去追求和创造美。体育之所以有如此魅力，即在于它所表现的“体育美”，是以复杂多变的直观形象作用于观赏者的视听器官，进而引起各种平日难以体验的奇特审美观点。

2. 对不同体育审美的欣赏

(1) 欣赏形体美：体育竞赛作为人体生理性对抗的一种运动方式，通常以空间活动表现人的体型、姿态和风度，故具有复杂多变、造型奇特、动态鲜明等特点。因此，由人体运动姿态、艺术造型和表演风格构成的形体美，离不开对身体均称、曲线和姿态，当然还有肌肉形态、皮肤色泽、面部表情和气质风度等内容进行评价。特别是那些艺术造型的竞技项目，往往通过超凡的力量、动作技巧和造型艺术，把运动员匀称的肌肉、矫健的身姿、优美的体型雕刻得玲珑剔透；通过极富神韵的表演风格，把运动员的雍容仪态和内在情感展现得淋漓尽致，使观赏者体验到一种朝气和青春活力。

(2) 欣赏健康美：健康作为人体生存的基础，对追求和创造美的生活具有重要意义，观赏体育竞赛可以体验健康美。当观众见到运动员体态匀称、肌肉强健、动作敏捷、技艺超群、肌肤滑润等外观形象，就能产生“由表及里”的视觉效果，并把这些体育健康美的感觉印刻在心。如果按“启迪自我”的高标准要求，还可以从自我健康的对比中，接受活泼、欢快、纯洁、开朗和创造热情等健康因素的感染，进一步认识体育锻炼对塑造人体健康所起的作用，由此建立对健康追求的信念，从中获得改善自我健康的勇气和力量。

(3) 欣赏运动美：根据体育竞赛的竞技性特点，由动作、技术和战术综合表现的“运动美”，是观赏体育竞赛的核心内容。

“动作”对人体运动的影响至关重要。运动员唯有完成各种动作，才能使人体运动具有实质性内涵。观众对动作美感的体验，主要从身体姿势、动作方向、幅度、力量、速度、节奏、频率的变化和起伏迭宕中获得。

为了提高运动水平，必须寻求合理有效完成动作的方法，于是“战术”又成为体育竞赛的关键因素。而运动员为追求理想的动作模式，在高、难、险、新技术方面所作的努力，又使“技术”更添美的魅力。

由“战术”表现的美感，可在比赛双方战术的选择、应用和变化中得到反映。此时，观众若能注意观察运动员根据各自情况，在合理分配体力、调节力量方面采取的措施，欣赏他们巧施计谋，在比赛中“以柔克刚”“出奇制胜”，就能从更高层次体验美的意蕴。

(4) 欣赏行为美：按伦理学观点，体育道德规范是判断体育行为美和丑的标准，其内容包括对集体、国家的责任心和使命感；同心协力、顽强拼搏的精神；胜不骄、败不馁的道德风尚；遵守纪律、尊重裁判和观众的体育道德原则等。

欣赏体育竞赛中的“行为美”，是针对运动员的行为道德、思想作风而言的。我们常说的“虽败犹荣”，其实正是对高尚体育道德行为的赞美之词。相反，若为取胜而不择手段、投机取巧，或畏强欺弱，甚至采取蛮横等手段，就必须对这种卑劣行为予以谴责。实践证明，观众对“行为美”的正确判断和评价，不仅有助于良好社会风尚的形成，也是对自身文化、教育和审美修养的考验。

(二) 对不同运动项目的欣赏

随着竞技体育广泛发展，用于体育竞赛的运动项目也日益增多，它们以其不同的竞赛规则，独有的竞技方式和表现风格，吸引着世界数以亿计的观众，为我们提供了丰富的文化、艺术享受内容。

1. 欣赏测量类项目

欣赏测量类项目时，由于此类项目的共性是以高度、远度、重量和通过一定距离所需要的时间确定比赛成绩，因此具有最大限度克服生理障碍、挖掘人体潜能的特点。

2. 欣赏评分类项目

欣赏评分类项目是按一定标准，对完成动作质量进行评分确定比赛成绩的项目，包括竞技体操、艺术体操、竞技健美操、技巧、健美、跳水、花样滑冰、花样游泳等。它们以一连串的动作组合为基本的表现形式，具有空间运动、动静变幻、神形兼备等特点。观赏这类运动项目的比赛，应把动作准确、娴熟、协调、完美放在首位，注意编排结构、艺术造型和完整套路的变化，并从中领悟刚柔相济以及蕴含于风姿绰约中的内在魅力。

3. 欣赏得分类项目

得分类项目是根据规则按每局得分达到规定数目确定比赛胜负的项目，包括乒乓球、羽毛球、网球、排球等。由于比赛双方各占场地一方，并隔网相对，并根据得失分转换速度较快，具有运动员可在重新发球或接发球间歇中有较充裕时间思考的特点。观众应针对攻、防技术和战术的灵活应用，注意观察运动员的想象力、创造性和心理自制能力。

4. 欣赏命中类项目

命中类项目是以命中目标数确定比赛成绩的项目，包括设防型和无防型两个分类。

(1) 设防型项目：在设防型项目中，运动员通常按技术规范和事先布置的战术，在规则的严格控制下参与比赛，具有直接对抗、攻防变换、竞争激烈等特点。为了取得比赛胜利，运动员的个人技术和体力固然重要，但更强调勇敢顽强、集体配合和战术意识，其中包括观察、判断和预测能力。例如，篮球、足球等项目就具有较强的观赏性。

(2) 无防型项目：无防型项目是在无人防守、干扰的情况下，运动员凭借个人技术和体力优势，以命中目标多少计算成绩的项目，它具有单兵作战、内紧外松的特点。沉着冷静、耐心细致、意念集中是取胜的关键。例如，射击、斯诺克台球等。

5. 欣赏制胜类项目

制胜类项目决定成绩的方法比较特殊，它既含命中对方而得分的因素，又可直接制服对手而获胜。譬如在欣赏拳击项目比赛时，运动员是如何利用各种组合拳突然向对方发起进攻，并给予对手致命一击的精彩场面。

第二节　科学锻炼身体

体育锻炼是人们运用各种身体练习方法，并结合自然力和卫生因素，以及发展身体、增进健康、增强体质、调节精神、丰富文化生活为目的的身体活动。要想使体育锻炼能够有效地增强体质，提高健康水平，达到预期的最佳效果，就必须按照科学的原理，遵循一定的原则，讲究锻炼的方法。

一、体育锻炼的基本原理

体育应该是一个确有实效，而又能不断提高的实践活动；体育锻炼则应是人们所进行的、有效的、合理的身体活动。而要使这种身体活动有效和合理，就必须遵循一定的依据，这种依据就是所谓的体育锻炼的原理。因此可以说，体育锻炼原理只是从体育锻炼实践中产生出来的具有原则意义的理论。

(一) 刺激与适应性的改变和增强

体育锻炼实际上就是对身体施加的一种运动刺激。在运动的刺激下，引起了机体的多种反应，并随着刺激次数的增加与时间的延续、负荷量与强度的增长，使人体在形态、机能、素质、体能等方面，产生适应性的变化。原则上讲，有了这种刺激，人体才可能产生这些变化；没有这种刺激，人体就不可能产生这些变化。

(二) 运动疲劳与疲劳恢复

体育锻炼的过程就是运动疲劳休息恢复。有人讲“没有疲劳，就没有锻炼”，这话是有一定科学道理的。运动中只有出现疲劳，才可能通过休息使体力得以恢复，并进而提高身体对疲劳的耐受力。例如，在长跑锻炼中，一个人在开始的一段时间里跑一千多米就感到体力不支，而他通过一个时期的锻炼，能跑两三千米仍不感到十分疲劳。可见，人的体力及各种运动能力，必须通过运动所产生的疲劳锻炼才能得以增强和提高。这种现象在运动生理学中叫做“超量恢复”。所谓超量恢复，是指人体通过一定量与强度的运动刺激，使机体出现疲劳，而在休息之后，机体的代谢能力与体力状况，可以恢复到比运动前更高的水平之上。人的各种运动素质与体能，就是在这种“超量恢复”的多次出现与重复中提高起来的。

（三）能量消耗与营养补充

运动必然要消耗体内更多的能量物质。因此，运动后就必须注意营养物质的补充。这样才能使体内的机能代谢逐步提高到新的水平上。这不仅能够加强人体对营养物质的吸收和利用，而且可使体质的增强得到充分的物质保障。

（四）用进废退

人的各种运动能力，人体各组织、器官、系统的生理机能，无一不遵循着“用进废退”的自然法则。就拿我们大、中、小学体育教材中都有的“前滚翻”动作来说，其实这是还不会走路的幼儿在床上很容易做出的动作。然而，在大学的体育课上，却有学生做不出这一简单动作，而有的学生却能很快地学会头手翻、前手翻，甚至更为复杂的动作。这不能不使我们吃惊地看到，人的各种原本就有的运动能力，是能够在不使用、不锻炼中渐渐消退的；而这些能力又能在经常的锻炼中得到惊人的提高和发展。

二、体育锻炼的基本原则

体育锻炼的原则主要是体育锻炼客观规律的反映，是体育练习者从事体育锻炼实践，达到理想效果所必须遵循的基本原则。在体育锻炼的过程中，只要正确地理解和运用体育锻炼的原理，才能使体育锻炼获得最佳效果。

（一）自觉性原则

自觉性的原则是指体育锻炼者应有明确的锻炼目的，要想达到体育锻炼的预期效果，必须以主动积极的态度，自觉地坚持锻炼才行。

贯彻自觉性原则应注意以下几点：一要做到自觉锻炼，首先必须明确锻炼目的；二应充分认识体育锻炼的特点和作用；三要使锻炼更具自觉性，还应经常检验锻炼的效果。

（二）循序渐进原则

循序渐进原则是指体育锻炼的内容、方法和运动负荷等，必须根据人对事物的认识规律、动作技能形成规律和生理机能的负荷规律，由小到大、由易到难、由简到繁、由低级到高级地逐步进行。因此，进行体育锻炼时，学习动作要由易到难，运动量由小到大，运动强度（刺激强度）应由弱到强。同时，还应根据年龄、性别、身体素质水平，因人而异地安排练习的内容，这样才能收到良好的效果。

（三）全面性原则

全面性原则是指身体锻炼应全面发展身体的各个部位、各器官系统的机能、各种身体素质和活动能力，追求身心的和谐发展。

从体育项目对人体锻炼的作用来看，也是有所侧重的，如短跑主要是发展速度；投掷、举重主要发展力量；长跑则侧重于发展耐力；球类则以发展灵敏性协调性为主。所以，进行全面锻炼就能使身体素质获得全面发展，使其能更快地掌握运动技术和技能，增强体质。

（四）经常性原则

经常性原则是指身体锻炼必须持之以恒，使之成为日常生活中的重要内容。运动技术的形成和提高、人体各组织系统机能的改善是肌肉活动反复多次强化的结果。锻炼不经常，后一次锻炼时，前次锻炼的痕迹已经消失，失去了累积性的影响作用，因此效果也就很小，甚至不起作用。同时，运动技能的形成，人体结构、机能的改善，身体素质的提高，都受着生物界“用进废退”规律的制约。不经常锻炼，对已取得的效果则会逐渐消退。

上述锻炼身体应遵循的几项原则是互相联系、互相制约的。只有科学地、有目的地、全面地贯彻这些原则，才能不断增强体质，取得预期效果。

三、体育锻炼的方法（五大身体素质）

体育锻炼的方法很多，这里仅将常用的几种方法介绍如下。

（一）发展身体素质的方法

身体素质练习包括力量、速度、耐力、柔韧和灵敏性五大方面，其中力量、速度、耐力尤为重要。有效地发展身体素质，能提高基本活动能力，促进内脏器官的功能，增强体质。

1. 发展力量的因素及方法

（1）负荷：实践证明，开始练习时以身体最大负荷的60%~70%进行练习，增长力量效果最好，随着练习水平的提高，负荷量应不断增加。

（2）动作速度：在力量练习中，动作速度不同，练习效果也不同，如投掷需要爆发力，短跑需要快速力量，它取决于肌肉收缩的力量与速度。这就宜采用较少的负荷做快速的运动。

（3）训练间隔：开始训练时以隔日训练为好。实践证明，隔日训练的力量增长为77%，而每日进行力量训练增长只有47%。每次练习间隔以3~5分钟为宜。

发展力量的内容（手段）很多，常见的有投掷重物、举重、引体向上、双臂屈伸、俯卧撑、跳跃、负重下蹲、负重跳等。

2. 发展速度的方法

（1）提高步频：主要是通过加快运动中枢兴奋和抑制的转换速度来提高的。

（2）增加髋关节柔韧性和腿部力量的训练来加大步幅：其练习内容有高抬腿跑、小步跑、加速跑、跨步跑、后踢跑、折返跑、斜坡跑等。

3. 发展耐力的方法

进行耐力练习应注意以下几个因素：

（1）心、血管的负荷量：为了提高耐力，使身体处于较长时间运动状态下而不产生疲劳，首先应提高心、血管的机能，赋予心血管系统一定的负荷和持续时间。在体育锻炼中应使负荷量达到心、血管系统最大功能的70%，并要求至少持续5分钟。

（2）运动时应有一定的间隔时间：每次负荷之间的间歇时间，一般是以脉搏频率恢复到120~130次/分钟，再进行下次负荷练习为宜（通常需要3~4分钟）。动作速率，即跑的速度，一般说进行中速运动或者是匀速跑步而脉搏保持在150次/分钟的训练对耐力的增长较为有效，其练习内容有定时跑、折返跑、中长距离跑、马拉松跑、越野跑和爬山等。

4. 发展灵敏的方法

一是提高神经系统的功能，即通过信号刺激的训练提高大脑皮质的反应能力。二是增加力量素质，肌肉力量强大可使动作迅速、灵敏。三是熟练地掌握运动技能，消除动作的紧张和僵硬，达到动作灵敏而协调、精确、省力。发展灵敏素质应采用多种方法练习。

（二）民族形式的锻炼方法

民族形式体育是指具有民族传统和民族特点的体育项目，如我国的武术、气功等。

1. 武术

武术运动不受场地、器材、条件等因素的限制，运动量可大可小，内容丰富多彩，是我国的优秀文化遗产。它动作结构、技术要求、运动风格和套路特色各有不同，有较大的锻炼价值，适合不同年龄、性别和体质的人进行锻炼，深受群众喜爱。

初学武术，应从基本功入手，学会一些简单的套路，边学套路边练基本功，经过一段时间练习后再学较复杂的套路和器械，然后再学习对练。这样就能培养自己的兴趣、爱好，并逐步提高和巩固武术的运动技术水平。

2. 太极拳

太极拳是一种合乎生理规律的柔和、缓慢而轻灵的拳术，它不仅在我国流传甚广，在国外也广为传播。现已成为人们增进健康、防病、治病的医疗体育之一。

太极拳动作圆活协调，连绵不断，前后贯通，上下相连，虚实分明，重心稳定，意识引导动作，呼吸自然。久练之后，全身血液畅通，身心舒畅，精神焕发，所以特别适合老年人、体弱和患有慢性疾病者锻炼。

3．气功

气功是我国医学宝库的珍贵遗产，是具有民族特色的一种医疗保健体育。

气功是通过练习者发挥主观能动作用，对身体进行自我锻炼的一种良好方法，是一种有效的“生理学预防疾病”的措施。任何一种气功的锻炼方法，都是从调身（调整身体形态）、调息（呼吸）、调心（神经状态）入手。长期坚持气功的练习，可以促进大脑皮质抑制的保护作用和低代谢生理状态的保护作用，提高调整身体的异常反应，改善生理机能的自我控制能力，增加对腹腔的“按摩”作用。

（三）利用自然因素锻炼身体的方法

人们为了生活和生存，对自然界的适应能力也是很强的。人体不仅要适应外界环境的变化，而且还应该利用各种自然条件进行锻炼，以进一步提高对外界的适应能力，增进健康和增强体质。

1. 日光、空气、水对锻炼身体的作用

日光、空气、水等自然条件，对身体健康具有重要意义，如日光对机体的作用是多方面

的，其中紫外线具有杀菌、抗佝偻病等作用，又能提高皮肤抵抗力和关节的活动性。红外线能起温热作用，提高新陈代谢、改善组织营养等。又如气温、湿度、气流对皮肤的刺激，特别是低温的刺激，通过神经的反射作用，改善体温调节系统，促进血液循环。特别是空气中的阴离子，对人体神经系统、血液循环、呼吸及内分泌活动等都能产生良好的刺激作用。因为机体对外界环境具有巨大的适应性，变化了的环境条件作用于机体，大脑皮质立刻进行调节，使机体适应变化了的外界环境，保持机体与环境在新的条件下的平衡，新的刺激，又形成新的反射，从而进一步提高机体的适应能力。

日光、空气、水在我们生活中接触机会很多，由于城市中阳离子含量高，阴离子含量少，加之“三废”的污染，不利于人体健康，因此应该多组织一些野外活动。

水浴，主要是利用水的温度、机械力和化学作用来锻炼身体。水浴可以分为冷水浴、温水浴和热水浴。温水浴能起降低神经的兴奋性、减弱肌肉张力、扩张皮层血管等作用，能加速消除疲劳。尤其是热水浴效果会更加明显。冷水浴对健康更为有益，特别是对心血管系统和呼吸系统效果显著，还有促进消化系统的功能和改善体温调节的机能。另外，冷水浴不仅能提高新陈代谢机能、洁健皮肤、增强体质，而且能提高抵抗疾病的能力和锻炼意志，为适应低温严寒的自然环境创造了十分有利的条件。

2. 冷水浴锻炼方法

冷水浴锻炼应从夏天开始，每周至少练习两次以上，时间以早晨为好，坚持经常锻炼效果更佳。主要包括冷水洗脸与洗足、冷水擦身、淋浴与冲洗、浸浴和冬泳。

3. 冷水浴注意事项

(1) 浴前要充分做好准备活动，使身体发热；浴后要适当做整理活动，以尽快恢复温暖感觉。

(2) 各种形式的冷水浴都应从温暖季节开始，一经开始就要坚持，以免减弱效果。淋浴、浸浴、冬泳如因故中断，重新开始时，最好经过一个时期的擦浴后再继续进行。

(3) 饭前、饭后 1 小时内，不宜进行冷水浴，否则将会影响消化。

(4) 剧烈运动和劳动后，体温较高，不宜立刻进行冷水浴，要适当休息后再进行。

(5) 冷水浴虽然对某些慢性病有治疗作用，但必须征求医生意见，如有发烧、急性或亚急性疾病、严重的心脏病、严重的肺结核等病症，都不宜进行冷水浴。

第三节 体育保健

一、体育锻炼的医务监督

(一) 医务监督的概述

医务监督是指以医学为内容，指导人们科学合理地进行体育锻炼，以促进练习者的身体发育，预防运动性疾病，增进健康的医疗手段。

（二）体育锻炼中自我监督的内容

体育锻炼自我监督的内容，主要包括主观感觉和客观检查两个方面。

1. 主观感觉

主观感觉包括身体感觉、运动情绪、睡眠、食欲、排汗量、排尿等。

2. 客观检查

客观检查包括生理指标、运动成绩和其他伤病情况。生理指标包括脉搏、体重、肺活量。运动成绩包括身体素质和专项运动成绩等。

二、运动伤病的预防与初步处置（应急方法）

（一）运动损伤预防与治疗的原则

预防运动损伤发生，必须对损伤的发病机理进行深入研究，在此基础上，努力消除其他致伤因素则可达到预防目的。

1. 严格训练，提高各项素质，保证训练的正常进行。
2. 加强医务监督工作。
3. 科学地安排运动量。
4. 做好准备活动，加强易伤部位的保护和训练。
5. 建立医生、教练员、运动员相互学习制度。
6. 合理地安排伤后训练。

（二）运动损伤的现场急救

1. 软组织损伤的处理

(1) 开放性软组织损伤：运动训练中常见的开放性软组织损伤，有擦伤、切割伤和刺伤三种。这些损伤均有不同程度的规则或不规则的裂口，在处理上主要是止血，保护伤口，防止感染，因而要做到早期扩创或缝合，及时包扎及预防破伤风的发生。

临床应用方法为，小面积擦伤，不严重者消毒处理后包扎。关节部位擦伤，在治疗时最好不要裸露创面，否则易干裂影响运动，一旦感染易波及关节，最好在创面涂抹消炎药膏。大面积擦伤、污染严重时，可用生理盐水冲洗伤口，并用绷带加压包扎。裂、刺、切伤为不同形状、不同深度的开放伤口，轻者可先以碘酊、酒精消毒周围皮肤，然后在伤口上撒消炎粉，用消毒纱布覆盖，加压包扎。小而清洁、边缘整齐的伤口消毒后可用“创可贴”直接贴用。伤口较长和污染严重者，应作彻底的清创、扩创和清除异物、切除失去活力的组织、彻底止血、缝合伤口，并口服或肌注抗菌药物，预防感染。小而深的不洁伤口，应肌注破伤风毒素（T. A. T）1500—3000 国际单位，以防感染破伤风。伤口已有感染，局部应给抗感染药物，加强换药，及时清除伤口内的分泌物，畅通引流促进肉芽组织健康生长，以利伤口早日愈合。

(2) 闭合性软组织损伤：此类创伤运动中多见。如何利用伤后短时间内出血不多、肿胀不重、疼痛不剧的时机，争取早期作出正确诊断、正确处理，以缩短伤后病程是非常重要的。

急性损伤要求处理果断、及时、准确，若处理不当或欠佳均可导致日后慢性损伤的可能，影响训练和比赛。

2. 骨折

凡使骨的连续性、完整性遭到破坏的损伤称骨折。运动中发生的骨折多为闭合性骨折。

(1) 骨折的病因

• 直接暴力：系暴力直接作用于受伤部位，如胫骨骨折，是因对方球员直接踢在小腿上所致。

• 间接暴力：骨折发生在接触暴力较远的部位。多是由于外力的传导、杠杆、旋转等作用所致，如肱骨踝上骨折，多由于伤者失跌，手掌撑地，暴力上传导致骨折。锁骨骨折，多为摔到时手撑地面而发生。

• 肌肉强烈收缩：因肌肉群突然猛烈用力收缩造成局部的撕脱骨折或因应力的变化而致骨干骨折。

(2) 骨折的现场急救

当运动员骨折后，为了减轻疼痛，避免再损伤和便于转送，可以用夹板、绷带（或其他临时代用品）固定、包扎，使伤部不再活动，即临时固定。原则是先抢救休克，后处理骨折；先止血后包扎伤口。

【注意事项】

• 原则上应就地固定，不可移动伤肢。为暴露伤处时，可剪开衣服，以免因不必要的移动而增加伤员痛苦和伤情。

• 临时现场固定时如遇有骨折畸形严重，可稍加牵引固定，但不可强行整复。

• 夹板临时固定时为防止伤处移动加重痛苦和损伤，必须在伤处上各超过一个关节（如无夹板，可先用其他代用品树枝、木根、球棒等），与健侧肢体或躯干相固定。

• 固定时应在夹板下衬垫软物，结扎的松紧度适宜，过松不起固定作用，过紧会压伤血管和神经。所以，固定后松紧度以缚结可上下活动各 1 厘米为宜，并把指（趾）尖裸露在外，以便观察血运。如发现指（趾）尖苍白、肢体发绀、麻木、疼痛、肿胀、呈青紫色时，应即可松开夹板，重新固定。

3. 出血与止血

(1) 出血的分类：依其血管的种类可分为动脉出血、毛细血管出血、外出血和内出血。

(2) 止血法：人体中总血量大约为 5000 毫升，如若失血量达总量的 1 / 4~1 / 3 时，就会出现生命危险。

• 止血带（即皮管、皮带、气压式止血带）：亦可临时选材止血，如布带加压包扎止血。止血带应上在出血部的近端，压力不小于 200 毫米水银柱，压力太小只能闭锁静脉，而动脉仍可继续出血。上止血带时应先抬高肢体，结扎后肢体远端应呈蜡白色，如若出现紫红色则不当。缚上的止血带上肢每半小时、下肢每 1 小时松一次，以免时间过久引起肢体坏死。同时还应注意衬垫软物，以免引起意外（如肢体麻痹）。

• 充填法：多用于躯干部大伤口，运动中很少使用，多用盐水纱布充填伤口压迫止血。

• 压迫法：**加压包扎法**适于小静脉和毛细血管出血，方法是先将伤口消毒后洒上消炎粉，盖上纱布块，用绷带包扎即可。**加垫屈肢法**用于肢体出血（如前臂、手和小腿、足），将棉垫放在肘窝或膝窝，把肘关节或膝关节尽量屈起来，再用绷带作“8”字形包扎。**间接指压法**简便及时，可用于浅部动脉出血，方法正确可即刻止血。**额、颞部出血——**用拇指在同侧耳屏前方模到颞浅动脉搏动后，将该动脉压在颞骨上。**眼以下面部出血**，在伤部同侧下颌角前约 1.5 厘米处，用拇指模到动脉搏动后，将该动脉压在下颌骨上。**肩部和上臂出血——**伤员头转向健侧，在锁骨上缘中点，用拇指摸到锁骨下动脉搏动后，将该动脉压在第一肋骨上，压时用力方向为向下向内向后。**前臂和手出血——**伤臂微外展外旋，在肱二头肌内缘中点摸到动脉后，用拇指将该动脉压在肱骨上。**大腿和小腿出血——**仰卧，伸直伤肢，大腿微外展外旋，在腹股沟中点摸到股动脉搏动后，将两拇指重叠压迫动脉于耻骨上。**足部出血——**胫前动脉在胫骨远端的前方，胫后动脉在内踝后方，足部严重出血时，可同时将这两个动脉压迫在胫骨上。

三、运动处方

运动处方就是针对个人的身体状况和需要而制定的一种科学的、定量化的周期性锻炼计划，是一种个体化的科学锻炼的运动程序，是运动医学原理在运动实践中的具体应用。

（一）运动处方的概念

所谓运动处方即医师用处方的形式规定体疗病人或健身运动参加者锻炼的内容、运动量和运动强度。它是指导人们有目的、有计划科学锻炼的一种形式。

在有效的运动处方指导下进行锻炼可以达到增进身体健康、提高身体机能、治疗疾病的目的。

（二）运动处方的种类

传统的运动处方大致可分为治疗性运动处方和预防性运动处方两种。

（三）运动处方的实施原则

主要有科学性原则、个别对待原则、安全有效原则、调整性原则和趣味性原则四个方面。

（四）运动处方的内容

包括运动项目、运动强度、运动时间和运动频度四个方面。

（五）运动处方的格式

运动处方可根据不同的需要采用不同的格式。但在处方中，必须指出禁止参加的运动项目、锻炼的自我监督指标及出现异常情况时停止运动的准则等。在制定和执行处方时，都必须严格遵守循序渐进、个别对待的原则，加强医务监督，充分考虑安全。

思考题

1. 体育锻炼对一个人成长的意义有哪些。
2. 大学阶段如何培养自己的锻炼习惯。
3. 结合自身的实际情况，制定一份阶段性的运动处方。

第二章 武术

第一节 武术概论

一、武术的形式与分类

武术的内容丰富多彩，按其运动形式可分为套路运动与搏斗运动两类。

（一）套路运动

套路运动是武术动作以攻守进退、动静急徐、刚柔虚实等矛盾运动的变化规律编成的整套练习形式。主要内容包括拳术、器械、对练、集体表演。其中，拳术是徒手练习的套路运动。主要有长拳、太极拳、南拳、形意拳等。器械包括刀、剑、枪、棍等长短器械。对练，是在单练基础上，两人或两人以上，在预定的条件下进行攻防的假设性实战练习，包括徒手对练、器械对练、徒手与器械对练等。集体表演是以6人以上的徒手或器械集体演练，可变换队形与图案和采用音乐扮奏，要求队形整齐，动作协调一致。

（二）搏斗运动

搏斗运动是两人在一定条件下按照一定的规则进行斗智较力的对抗练习形式，包括散手、推手、短兵三项。

二、武术的特点和作用

（一）武术的特点

武术要求“内外合一、形神兼备”“外修其身，内修其心”。武术的“内外合一、形神兼备”的特点主要是通过武术功法和技法表现出来。“内练精气神、外练筋骨皮”是各家各派练功的准则。例如，太极拳强调身心合修，天人合一；形意拳强调“内三合，外三合”，少林拳强调精、力、气、骨、神内外兼修。而以“手眼身法步，精神气力功”八法的变化来锻炼身心是中华武术在漫长的发展过程受到哲学、医学、美学等方面影响而形成的自己的特点。

“外修其身，内修其心”强调的是修武之人关键在于利用武术强身健体，通过武术运动的修为达到促进人体机能水平、提高适应能力和健康水平的目的。同时，更为重要的是习武之人武德的修养。武德，顾名思义就是武术的道德，即习武之人道德品质的修养。武德作为中国传统伦理的一个组成部分，其道德精神的表现实质上是中国传统伦理精神在武术领域内的具体体现。它的内容虽然也随着各个不同时期的发展而不断地补充和丰富，但其本质仍表象为仁、义、礼、智、信、勇等。

(二) 武术的作用

1. 长期从事武术运动对人体健康具有积极的促进作用

研究表明，长期从事长拳和太极拳运动，对提高心肺功能都有良好的作用，其中太极拳的效果优于长拳，而长拳运动对青少年前庭器官的发育具有积极的作用。另外，武术运动是青少年社会化塑造过程中的有效发挥途径，长期从事武术运动可以有效地促进青少年社会化的进程。

2. 长期从事武术运动能够提高防卫能力

武术具有技击的特点，通过各种方式的学习，如套路和格斗的练习，在增强体质的同时，可以学会各种技法，掌握格斗的技术。通过长期的练习，就能够增长劲力、抗击摔打，具备一定的防卫能力。

3. 长期从事武术运动能够磨炼意志、培养道德情操

武术练习讲究勤学苦练，持之以恒，精益求精。经过长期的训练可以培养习武者勤奋刻苦、勇敢果断和坚忍不拔的意志品质。同时，武术讲究身心兼修，重在内在的修为，即武德的修养。这种武术道德的要求，对培养人的道德情操具有意的作用。

4. 丰富社会文化生活，增进交流促进

武术以其形式、内容丰富多彩，套路结构和技术动作造型的艺术性，深受广大群众的喜爱。无论是参加武术运动的比赛、表演还是观看都会给人带来良好的感受体验。同时，由于武术博大精深，功夫技艺无止境，人们在练武的时候就会不断地进行交流，提高技艺水平，这个过程在潜移默化中促进了交流，加强了沟通，增进了友谊。

三、武术段位制简介

中国武术段位制度，是国家体育总局武术研究院和武术运动管理中心本着振奋民族精神，增强人民体质，进一步推动武术运动的发展，建立规范的全民武术锻炼体系，全面评价习武者的武术水平而制定的一项全民武术锻炼的等级制度。

中国武术段位制规定，根据个人从事武术锻炼和武术活动的年限，掌握武术技术和理论的水平、研究成果、武德修养，以及对武术发展所作出的贡献，将武术段位定为“九个段位”并有相应的等级标志，即初段位：一段（青鹰）、二段（银鹰）、三段（金鹰）；中段位：四段（青虎）、五段（银虎）、六段（金虎）；高段位：七段（青龙）、八段（银龙）、九段（金龙）。

四、武术基本功练习

(一) 手型手法练习

1. 手型

拳：拳握紧，拳面平，直腕（图 2–1）。

掌：四指并拢伸直，拇指弯曲紧扣于虎口处（图 2–2）。

勾：五指第一指节捏拢在一起，屈腕（图 2–3）。

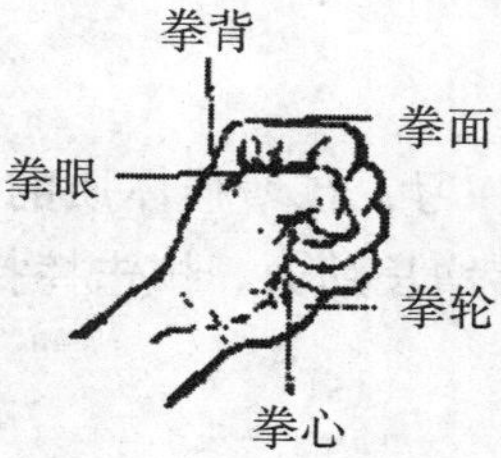

图 2–1　拳

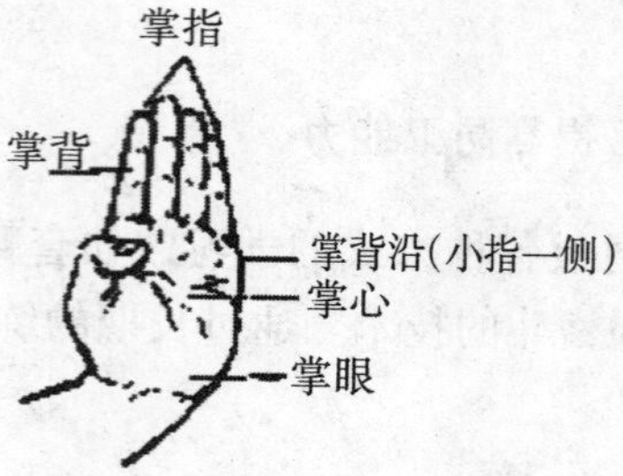

图 2–2　掌

图 2–3　勾

2. 手法

冲拳：出拳要快速有力，要有寸劲，做好拧腰、顺肩、急旋前臂的动作（图 2–4）。

推掌：挺胸、收腹、直腰。出掌要快速有力，有寸劲；同时还要做好拧腰、顺肩、沉腕、翘掌等动作（图 2–5）。

亮掌：抖腕、亮掌与转头要同时完成（图 2–6）。

图 2–4　冲拳

图 2–5　推掌

图 2–6　亮掌

(二) 步型步法练习

1. 步型

弓步：前腿弓，后腿绷；挺胸、塌腰、沉髋；前脚同后脚成一直线（图 2–7）。

马步：挺胸、塌腰、脚跟外蹬（图 2–8）。

虚步：挺胸、塌腰、虚实分明（图 2–9）。

仆步：挺胸、塌腰、沉髋（图 2–10）。

歇步：挺胸、塌腰、两腿靠拢并贴紧（图 2–11）。

丁步：挺胸、塌腰、虚实分明（图 2–12）。

图 2–7　弓步

图 2–8　马步

图 2–9　虚步

图 2–10　仆步

图 2–11　歇步

图 2–12　丁步

第二节　散　打

散打，就是两人徒手面对面地打斗。散打是武术一个主要的表现形式，以踢、打、摔、拿四大技法为主要进攻手段。另外，还有防守、步法等技术。散打也是现代体育运动项目之一，双方按照规则，利用踢、打、摔等攻防战术进行徒手搏击、对抗，是中国传统武术的擂台形式。

1979 年散打在我国成为竞技比赛项目。2000 年首届中国武术散打王争霸赛在湖南长沙市举行，湖南卫视对赛事作了全程报道，这是中国武术散打发展史上的里程碑，中国武术散打进入了专业赛制的时期。2001 年中国武术散打王争霸赛在竞赛组织方面的最大突破是邀请外国选手正式组队参加常规比赛。这标志着中国武术散打王争霸赛的国际化理念由设想变成为现实。2001 年中国武术散打王争霸赛分为资格晋级赛、八强赛、半决赛、决赛（各级别冠军赛）、总决赛（王者争霸赛）、超级散打王争霸赛等 6 个阶段进行比赛。

散打基础套路

【动作名称】

第一段

1. 实战姿势
2. 左冲拳
3. 右冲拳
4. 蹬腿冲拳
5. 马步掼拳
6. 右弹拳
7. 左掼拳
8. 弓步右鞭拳

第二段

9. 弓步右抄拳
10. 弓步前切
11. 弓步架拳
12. 左勾踢腿
13. 转身右踹腿
14. 实战姿势
15. 收势

【动作说明】

预备势

两脚并步站立，两臂垂于身体两侧，五指并拢贴靠腿外侧，眼向前平视。

【要点】头要端正，颌微收，挺胸，塌腰，收腹。

第一段

1. 实战姿势

(1) 右脚向右侧开步，右掌由下向左平举至左肩侧，掌心向后；目视左前方。

(2) 双腿屈蹲成马步。右手变拳回收，手臂弯曲，肘关节夹角小于 90°，上臂紧贴右侧肋部，同时，左手握拳由下向左侧屈臂抬起，微向外撑出，肘关节夹角为 90°~110°，左拳与鼻同高，目视左前方。

【要点】身体重心在两腿之间，两手结束动作时要短促有力。

2. 左冲拳

向前冲出，力达拳面；目视前方。

【要点】冲拳时，上体不可前倾，腰略向右转；拳面领先上臂催前臂，臂微内旋，肘微屈。

3. 右冲拳

右脚向前半步；转腰送肩的同时，右拳直线向前冲出，力达拳面；左拳半握回收至右肩内侧；目视前方。

【要点】右冲拳的发力顺序是起于右脚，传送到腰、肩、肘，最后达到拳面；上体向左转（头不转），以加大冲拳力量。

4. 蹬腿冲拳

重心前移至左腿，右腿屈膝提起，脚尖勾起，猛力向前蹬出伸直，高与腰平。右拳收至腰侧，左拳向前冲出；目视前方。

【要点】冲拳与蹬腿要同时，上下协调。

5. 马步掼拳

右脚向前落步，右脚尖内扣向前，上体左转。左拳变掌，收至右肩前，两腿下蹲成马步，右拳向前弧线掼出；目视右拳。

【要点】成马步时，大腿要平，脚跟外蹬，挺胸，塌腰；掼拳力从腰发，腰绕纵轴向右转动，发力时，臂微屈，肘尖抬至与肩平。

6. 右弹拳

重心前移成右弓步；同时，右拳以伸肘弹腕的力量反臂向前弹出，力达拳背；目视右拳。

【要点】成弓步时，左腿充分蹬直，脚跟不要离地，弹拳时右臂肌肉尽量放松；以气催力，弹拳发力时含胸拔背，顺肩，送肘，甩手腕，放长击远。

7. 左掼拳

左脚向前上步。脚尖里扣，上体右转。右拳变掌收至左肩前，两腿屈蹲成马步；左拳向前弧线掼出；目视左拳。

8. 弓步右鞭拳

右脚原地抬起，向左脚后插步，左脚以前脚掌为轴向右后转体，右掌变拳反臂向右侧横向鞭打，拳眼朝上，力达拳背；左拳变掌随转体收至右肩前；目视右拳。

【要点】转体要快，以头领先，不能停顿，支撑要稳；鞭拳时，以腰带臂，前臂鞭打甩拳。

第二段

9. 弓步右抄拳

以右脚跟为轴内扣，身体左转，左脚插至右脚后侧，左掌变拳随转体由下向后、向上摆至左侧，高与肩平，拳眼朝前；右拳经体侧向前上方抄出，拳心朝里，目视右拳。

【要点】做动作时臂应先微内旋再外旋，拳呈螺旋形运动，发力短促。

10. 弓步前切

(1) 右脚向前半步，前脚掌蹬地，右拳变掌向前抄出，手臂外旋弯曲，上臂紧贴肋部，前臂水平，手心朝上；同时左手回收手臂紧贴腹部，立掌，手心朝外，手指朝上；目视右手。

【要点】上臂紧贴躯干，两手成钳子状。

(2) 左脚经右脚后插步，前脚掌着地；右脚尖外展，同时右手变拳回收至腰间；左掌经胸前向下方切出；目视左掌。

(3) 右脚经左脚前向后撤步蹬直成左弓步，同时，左掌变拳收至腰间，右臂屈肘以前臂为力点向前格出，右拳高与胸齐，拳心向里；目视右拳。

【要点】步与手的动作要协调一致，右腿落步与右手前格同时发力。

11. 弓步架拳

左腿蹬直，右腿弯曲，重心右移，上体右转，成右弓步，右拳向上架于头上方，拳眼朝下，左拳至腰侧不动；目视前方。

12. 左勾踢腿

(1) 右脚尖外展，左脚掌蹬地，上体稍右转。右拳变掌由头上下落于左手腕下，左拳变掌两手交叉成十字；目视双手。

(2) 左脚蹬地提起，身体右转，收腹合胯，带动左腿直腿勾脚向前、向左弧线擦地勾踢，脚背屈紧并内扣，力达脚弓内侧。右手掌上撑在头右侧上方，掌心向右；左手掌下撑至身体左腰侧方，掌心向左后方；目视前方。

【要点】不带预摆，勾踢加速，力点准确，保持平衡。

13. 转身右踹腿

(1) 左脚顺势在左侧落地，脚掌着地，身体右转 180°，右脚尖外转。右掌下落至左掌外侧，左掌合于右掌内侧，两手交叉成十字，目视右前方。

(2) 重心移至左腿，右腿屈膝提起，向右上方猛力踹出，脚尖勾起，力达脚掌，左掌经体前向左、向上划弧撑出，掌心向左后方；右掌由体前向下、向上划弧撑于身体右前方，掌心向右；目视右侧。

【要点】转身落步时，上体稍向左倾斜，腿臂的动作要一致。侧踹高度不能低于腰，上体可侧倾。

14. 实战姿势

右脚至右侧落地。右掌变拳向下、向前划弧收至左肩侧；左掌变拳屈肘回收到左肩前，同时屈膝成马步。目视左前方。

15. 收势

重心右移，左脚收至右脚旁。两拳变掌自然下垂于大腿外侧，成并步站立；目视前方。

【要点】同起势。

第三节　三路长拳

一、动作名称

预备势

1. 虚步亮掌
2. 并步对拳

第一段

1. 弓步冲拳
2. 弹腿冲拳

3. 马步冲拳
4. 弓步冲拳
5. 弹腿冲拳
6. 大跃步前穿
7. 弓步击掌
8. 马步架掌

第二段

1. 虚步栽拳
2. 提膝穿掌
3. 仆步穿掌
4. 虚步挑掌
5. 马步击掌
6. 叉步双摆掌
7. 弓步击掌
8. 转身踢腿马步盘肘

第三段

1. 歇步抡砸拳
2. 仆步亮掌
3. 弓步劈拳
4. 换跳步弓步冲拳
5. 马步冲拳
6. 弓步下冲拳
7. 叉步亮掌侧踹腿
8. 虚步挑拳

第四段

1. 弓步顶肘
2. 转身左拍脚
3. 右拍脚
4. 腾空飞脚
5. 歇步下冲拳
6. 仆步抡劈拳
7. 提膝挑掌
8. 提膝劈掌弓步冲拳

结束

1. 虚步亮掌
2. 并步对拳
3. 还原

二、动作说明

预备势

两脚并步站立，两臂垂于身体两侧，五指并拢贴靠腿外侧，眼向前视。

1. 虚步亮掌

(1) 右脚向右后方撤步成左弓步。右掌向右、左上、向前划弧，掌心向上；左臂屈肘，左掌提至腰侧，掌心向上。目视右掌。

(2) 右腿微屈，重心后移。左掌经胸前从右臂上向前穿出伸直；右臂屈肘，右掌收至腰侧，掌心向上。目视左掌。

(3) 重心继续后移，左脚稍向右移，脚尖点地，成左虚步。左臂内旋向左、向后划弧成勾手，勾尖向上；右手继续向后、向右、向前上划弧，屈肘抖腕，在头前上方成亮拳（即横掌），掌心向前，掌指向左。目视左方（图 2–13）。

2. 并步对拳

(1) 右腿蹬直，左腿提膝，脚尖里扣，上肢姿势不变。

(2) 左脚向前落步，重心前移。左臂屈肘，左勾手变掌经左肋前伸；右臂外旋向前下落

图 2–13　预备动作虚步亮掌

于左掌右侧两掌同高，掌心均向上。

(3) 右脚向前上一步，两臂下垂后摆。

(4) 左脚向右脚并步，两臂向外向上经胸前屈肘下按，掌变拳，拳心向下，停于小腹前。目视左侧（图 2–14）。

图 2–14　并步对拳

第一段

1. 弓步冲拳

(1) 左脚向左上一步，脚尖指向斜前方；右腿微屈，成半马步。左臂向上、向左格打，拳眼向后，拳与肩同高；右拳收至腰侧，拳心向上。目视左拳（图 2–15）。

(2) 右腿蹬直成左弓步。左拳收至腰侧，拳心向上；右拳向前冲出，高与肩平，拳眼向上。目视右拳。

2. 弹腿冲拳

重心前移至左腿，右腿屈膝提起，脚面绷直，猛力向前弹出伸直，高与肩平。右拳收至腰侧；左拳向前冲出。目视前方（图 2–16）。

3. 马步冲拳

右脚向前落步，脚尖里扣，上体左转。左拳收至腰侧，两腿下蹲成马步；右拳向前冲出。目视右拳（图 2–17）。

图 2-15　弓步冲拳

图 2-16　弹腿冲拳

图 2-17　马步冲拳

4. **弓步冲拳**

(1) 上体右转 90°，右脚尖外撇向斜前方，成半马步。右臂屈肘向右格打，拳眼向后。目视右拳。

(2) 左腿蹬直成右弓步。右拳收至腰侧；左拳向前冲出。目视左拳（图 2-18）。

5. **弹腿冲拳**

重心前移至右腿，左腿屈膝提起，脚面绷直，猛力向前弹出伸直，高与腰平。左拳收至腰侧。右拳向前冲出。目视前方（图 2-19）。

图 2-18　弓步冲拳

图 2-19　弹腿冲拳

6. **大跃步前穿**

(1) 左腿屈膝。右拳变掌内旋，以手背向下挂至左膝外侧，上体前倾。目视右手。

(2) 左脚向前落步，两腿微屈。右掌继续向后挂，左拳变掌，向后向下伸直。目视右掌。

(3) 右腿屈膝向前提起，左腿立即猛力蹬地向前跃出。两掌向前、向上划弧摆起。目视左掌。

(4) 右腿落地全蹲，左腿落地向前铲出成仆步。右掌变拳抱于腰侧，左掌由上向下划弧成立掌，停于右胸前。目视左脚（图 2-20）。

7. **弓步击掌**

右腿猛力蹬直成左弓步。左掌经左脚面后划弧至身后成勾手，左臂伸直，勾尖向上；右拳由腰侧变掌向前推出，掌指向上，掌外侧向前，目视右掌（图 2-21）。

图 2–20　大跃步前穿

图 2–21　弓步击掌

8. **马步架掌**

(1) 重心移至两腿中间，左脚脚尖里扣成马步，上体右转。右臂向左侧平摆，稍屈肘；同时左勾手变掌由后经左腰侧从右臂内向前上穿出，掌心均朝上。目视左手。

(2) 右掌立于左胸前；左臂向左上屈肘抖腕亮掌于头部左上方，掌心向前。目右视（图 2–22）。

图 2–22　马步架掌

第二段

1. **虚步栽拳**

(1) 右脚蹬地，屈膝提起；左腿伸直，以前脚掌为轴向右后转体 180°。右掌由左胸前向下经右腿外侧向后划弧成勾手；左臂随体转动并外旋，使掌心朝右。目视右手。

(2) 右脚向右落地，重心移至右腿，下蹲成左虚步。左掌变拳下落于左膝上，拳眼向里，拳心向后；右勾手变拳，屈肘向上架于头右上方，拳心向前。目视左方（图 2–23）。

2. **提膝穿掌**

(1) 右腿稍伸直。右拳变掌收至腰侧，掌心向上；左拳变掌右下向左、向上划弧盖压于头上方，掌心向前。

(2) 右腿蹬直，左腿屈膝提起，脚尖内扣。右掌从腰侧经左臂内向右前上方穿出，掌心向上；左掌收至右胸前成立掌。目视右掌（图 2–24）。

图 2–23　虚步栽拳图

2–24　提膝穿掌

3. 仆步穿掌

右腿全蹲，左腿向左后方铲出成仆步。右臂不动，左掌由右胸前向下经左腿内侧，向左脚面穿出。目随左掌转视（图 2–25）。

4. 虚步挑掌

（1）右腿蹬直，重心前移至左腿，成左弓步。右掌稍下降，左掌随重心前移挑起。

（2）右脚向左前方上步，左腿半蹲，成右虚步。身体随上步左转 180°。在右脚上步的同时，左掌由前向上、向后划弧成立掌，右掌由后向下、向前上挑成立掌，指尖与眼平。目视右掌（图 2–26）。

图 2–25　仆步穿掌

图 2–26　虚步挑掌

5. 马步击掌

（1）右脚落实，脚尖外撇，重心稍升高并右移；左掌变拳收至腰侧；右掌俯掌向外掳手。

（2）左脚向前上一步，以右脚为轴向右后转体 180°，两腿下蹲成马步。左掌从右臂上成立掌向左侧击出；右掌变拳收至腰侧。目视左掌（图 2–27）。

图 2–27　马步击掌

6. 叉步双摆掌

(1) 重心稍右移，同时两掌向下、向右摆，掌指均向上。目视右掌。

(2) 右脚向左腿后插步，前脚掌着地。两臂继续由右向上、向左摆，停于身体左侧，均成立掌，右掌停于左肘窝处。目随双掌转视（图 2–28）。

7. 弓步击掌

(1) 两腿不动。左掌收至腰侧，掌心向上；右掌向上、向右划弧，掌心向下。

(2) 左腿后撤一步，成右弓步。右掌向下、向后伸直摆动，成勾手，勾尖向上；左掌成立掌向前推出。目视左掌（图 2–29）。

图 2–28　叉步双摆掌

图 2–29　弓步击掌图

8. 转身踢腿马步盘肘

(1) 两脚以前脚掌为轴向左后转体 180°。在转体的同时，左臂向上、向前划半立圆。

(2) 上动不停，两脚不动，右臂由后向上、向前划半立圆，左臂由前向下、向后划半立圆。

(3) 上动不停，右臂向下成反臂勾手，勾尖向上；左臂向上成亮拳，掌心向前上方。右腿伸直，脚尖勾起，向额前踢。

(4) 右脚向前落地，脚尖里扣。右手不动，左臂屈肘下落至胸前，左掌心向下。目视左掌。

(5) 上体左转 90°，两腿成马步。同时左掌向前向左平掳变拳收至腰侧，右勾手变拳，右臂伸直，由体后向右、向前平摆，至体前时屈肘，肘尖向前，高与肩平，拳心向下。目视肘尖（图 2–30）。

2–30　转身踢腿马步盘肘

第三段

1. 歇步抡砸掌

(1) 重心稍升高，右脚尖外撇。右臂由胸前向上、向右抡直；左拳向下、向左使臂抡直。目视右拳。

(2) 上动不停，两脚以前脚掌为轴，向右后转体 180°。右臂向下、向后抡摆，左臂向上、向前随身体转动。

(3) 紧接上动，两腿全蹲成歇步。左臂随身体下蹲向下平砸，拳心向上，臂部微屈；右臂伸直向上举起。目视左拳（图 2–31）。

图 2–31　歇步抡砸掌

2. 仆步亮掌

(1) 左脚由右腿后抽出前上一步，左腿蹬直，右腿半蹲，成右弓步。上体微向右转。左拳收至腰侧，右拳变掌向下经胸前向右横击掌。目视右掌。

(2) 右脚蹬地屈膝提起，上体右转。左拳变掌从右掌上向前穿出，掌心向上；右掌平收至左肘下。

(3) 右脚向右落步，屈膝全蹲，左腿伸直成仆步。左掌向下、向后划弧微屈，抖腕成亮掌，掌心向前。头随右手转动，至亮掌肘，目视左方（图 2–32）。

图 2–32　仆步亮掌

3. 弓步劈拳

(1) 右腿蹬地立起，左腿收回并向左前方上步。右掌变拳收至腰侧，左勾手变掌由下向前上经胸前向左做掳手。

⑵ 右腿经左腿前方向左绕上一步，左腿蹬直成右弓步。左手向左平掳后再向前挥摆，虎口朝前。

⑶ 再左手平掳的同时，右拳向后平摆，然后再向前、向上做抡劈拳，拳高与耳平，拳心向上，左掌外旋接扶右前臂。目视右拳（图 2-33）。

图 2-33 弓步劈拳

4. **换跳步弓步冲拳**

⑴ 重心后移，右脚稍向后移动。右拳变掌臂内旋以掌背向下划弧挂至右膝内侧；左掌背贴靠右肘外侧，掌指向前。目视右掌。

⑵ 右腿自然上抬，上体稍向左扭转。右掌挂至体左侧，左掌伸向右腋下。目随右掌转视。

⑶ 右脚以全脚掌用力向下震跺，与此同时，左脚急速离地抬起。右手由左向上、向前掳盖而后变拳收至腰侧；左掌伸直向下、向上、向前屈肘下按，掌心向下。上体右转，目视左掌。

⑷ 左脚向前落步，右腿蹬直成左弓步。右拳向前冲出，拳高与肩平；左掌藏于右腋下，掌背贴靠腋窝。目视右拳（图 2-34）。

图 2-34 跳换步弓步冲拳

5. **马步冲拳**

上体右转 90°，重心移至两腿中间，成马步。右拳收至腰间，左掌变拳向左冲出，拳眼向上。目视左拳（图 2-35）。

6. **弓步下冲拳**

右脚蹬直，左腿弯曲，上体稍向左转，成左弓步。左拳变掌向下经体前向上架于头左上方，掌心向上，右拳自腰侧向左斜下方冲出。目视右拳（图 2–36）。

图 2–35　马步冲拳

图 2–36　弓步下冲拳

7. **叉步亮掌侧踹腿**

（1）上体稍右转。左掌由头上下落于右手腕上，右拳变掌，两手交叉成十字。目视双手。

（2）蹬地并向左腿后插步，以前脚掌着地。左掌由体前向下、向后划弧成勾手，勾尖向上；右掌由前向右向上划弧抖腕亮掌，掌心向前。目视左侧（图 2–37）。

（3）重心移至右腿，左腿屈膝提起，向左上方猛力蹬出。上肢姿势不变，目视左侧。

8. **虚步挑拳**

（1）左脚在左侧落地。右掌变拳稍后移，左勾手变拳由体后向左上挑，拳背向上。

（2）上体左转 180°，微含胸前俯。左拳继续向前、向上划弧上挑，右拳向下、向前划弧挂至右膝外侧，同时右膝提起。目视右拳。

（3）右脚向左前方上步，脚尖点地，重心落于左脚，左腿下蹲成右虚步。左拳向后划弧收至腰侧，拳心向上；右拳向前屈臂挑出，拳眼斜向上，拳与肩同高。目视右拳（图 2–38）。

图 2–37　叉步亮掌侧踹腿

图 2–38　虚步挑拳

第四段

1. 弓步顶肘

(1) 重心升高，右脚踏实。右臂内旋向下直臂划弧以拳背下挂至右膝内侧，左拳不变。目视前下方。

(2) 左腿蹬直，右腿屈膝上抬。左拳变掌，右拳不变，两臂向前、向上划弧摆起。目随右拳转视。

(3) 左脚蹬地起跳，身体腾空，两臂继续划弧至头上方。

(4) 右脚先落地，右腿屈膝，左脚向前落步，以前脚掌着地。同时两臂向右、向下屈肘停于右胸前，右拳变掌，左掌变拳。右掌心贴靠左拳面。

(5) 左脚向左上一步，左腿屈膝，右腿蹬直成左弓步。右掌推左拳，以左肘尖向左顶出，高与肩平。目视前方（图 2–39）。

图 2–39　弓步顶肘

2. 转身左拍脚

(1) 以两脚前脚掌为轴向右后转体 180°。随着转体，右臂向上、向右、向下划弧抡摆，同时左拳变掌向下、向后、向前上抡摆。

(2) 左腿伸直向前上踢起，脚面绷平。左掌变拳收至腰侧，右掌由体后向前拍击左脚面（图 2–40）。

3. 右拍脚

(1) 左脚向前落地，左拳变掌向下向后摆，右掌变拳收至腰侧。

(2) 右腿伸直向前上踢起，脚面绷平。左拳变掌由后向上、向前拍击右脚面（图 2–41）。

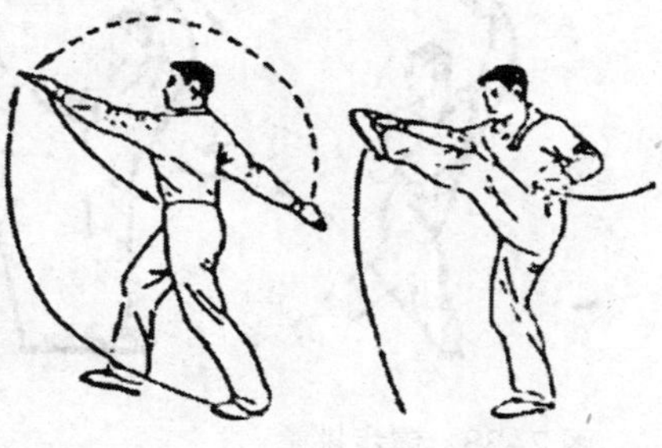

图 2–40　转身左拍脚

图 2–41　右拍脚

4. **腾空飞脚**

(1) 右脚落地。

(2) 左脚向前摆起，右脚猛力蹬地跳起，左腿屈膝继续前上摆。同时右拳变掌向前、向上摆起，左掌先上摆而后下降拍击右掌背。

(3) 右腿继续上摆，脚面绷平。右手拍击右脚面，左掌由体前向后上举（图 2–42）。

图 2–42　腾空飞脚

5. **歇步下冲拳**

(1) 左、右脚先后相继落地。左掌变拳收至腰侧。

(2) 身体右转 90°，两腿全蹲成歇步。右拳抓握、外旋变拳收至腰侧；左拳由腰侧向下方冲出，拳心向下。目视左拳（图 2–43）。

6. **仆步抡劈拳**

(1) 重心升高，右臂由腰侧向体后伸直，左臂随身体重心升高向下摆起。

(2) 以右脚前脚掌为轴，左腿屈膝提起，上体左转 270°，左拳由前向后下划立圆一周；右拳由后向下、向前上划立圆一周。

(3) 左腿向后落一步，屈膝全蹲，右腿伸直，脚尖里扣成右仆步。右拳由上向下抡劈，拳眼向上；左拳后上举。目视右拳（图 2–44）。

图 2–43　歇步下冲拳

图 2–44　仆步抡劈拳

7. **提膝挑掌**

(1) 重心前移成右弓步。同时右拳变掌由下向上抡摆，左拳变掌稍下落，右掌心向左，左掌心向右。

(2) 左、右臂在垂直面上由前向后各划立圆一周。右臂伸直停于头上，掌心向左，掌指向上，左臂伸直停于身后成反勾手。同时右腿屈膝提起，左腿挺膝伸直独立。目视前方（图2–45）。

8. 提膝劈掌弓步冲拳

(1) 下肢不动。右掌由上向下猛劈伸直，停于右小腿内侧，用力点在小指一侧；左勾手变掌，屈臂向前停于右上臂内侧，掌心向左。目视右掌。

(2) 右脚向右后落地；身体右转 90°。同时左掌变拳收至腰侧，右臂内旋向右划弧做劈掌。

(3) 上动不停，左腿蹬直成右弓步。右手抓握变拳收至腰侧，左拳由腰侧向左前方冲出。目视左拳（图 2–46）。

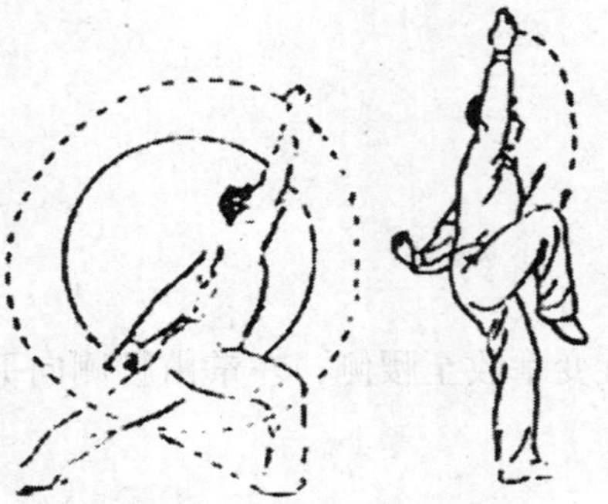

图 2–45　提膝挑掌

图 2–46　提膝劈掌弓步冲拳

结束

1. 虚步亮掌

(1) 右脚扣于左膝后，两拳变掌，两臂右上、左下屈肘交叉于体左前。目视右掌。

(2) 右脚向后落步，重心后移动，右腿半蹲，上体稍右转。同时右掌向上、向右、向下划弧停于左腋下；左掌向左、向上划弧停于右臂上与左胸前，两掌心左下右上，目视左掌。

(3) 左脚尖稍向右移动，右腿下蹲成左虚步。左臂伸直向左、向后划弧成反勾手；右臂伸直向下、向右、向上划弧抖腕亮掌，掌心向前。目视左方。

2. 并步对拳

(1) 左腿后撤一步，同时两掌从两侧向前穿出伸直，掌心向上。

(2) 右腿后撤一步，同时两臂分别向体后下摆。

(3) 左脚后退半步向右脚并拢。两臂由后向上经体前屈臂下按，两掌变拳，停于腹前，拳心向下，拳面相对。目视左方。

还原两臂自然下垂。目视正前方。

第四节　简化太极拳

一、动作名称

1. 起势
2. 左右野马分鬃
3. 白鹤亮翅
4. 左右搂膝拗步
5. 手挥琵琶
6. 左右倒卷肱
7. 左揽雀尾
8. 右揽雀尾
9. 单鞭
10. 云手
11. 单鞭
12. 高探马
13. 右蹬脚
14. 双峰贯耳
15. 转身左蹬脚
16. 左下势独立
17. 右下势独立
18. 左右穿梭
19. 海底针
20. 闪通背
21. 转身搬拦捶
22. 如封似闭
23. 十字手
24. 收势

二、动作说明

1. 起势

(1) 身体自然直立，两脚开立，与肩同宽，脚尖向前；两臂自然下垂，两手放在大腿外侧；眼向前平视。

【要点】头颈正直，下颌微向后收，不要故意挺胸或收腹，精神集中（起势由立正姿势开始，然后左脚向左分开，成开立步）。

(2) 两臂慢慢向前平举，两手高与肩平，两脚开立与肩同宽，手心向下。

(3) 上体保持正直，两腿屈膝下蹲；同时两掌轻轻下按，两肘下垂与两膝相对；眼平视前方（图 2–47）。

图 2–47　起势连续动作

【要点】两肩下沉，两肘松垂，手指自然微屈。屈膝松腰，臀部不凸出，身体重心落于两腿中间。两臂下落和身体下蹲的动作要协调一致。

2. **野马分鬃**

(1) 上体微向右转，身体重心移至右腿上；同时右臂收在胸前平屈，手心向下，左手经体前向右下划弧放在右手下，手心向上，两手心相对成抱球状；左脚随即收到右脚内侧，脚尖点地；眼看右手。

(2) 上体微向左转，左脚向左前方迈出，右脚跟后蹬，右腿自然伸直，成左弓步；同时上体继续向左转，左右手随转体慢慢分别向左上、右下分开，左手高与眼平（手心斜向上），肘微屈；右手落在右胯旁，肘微屈，手心向下，指尖向前；眼看左手。

(3) 上体慢慢后坐，身体重心移至右腿，左脚尖翘起，微向外撇（45°~60°），随后脚掌慢慢踏实，左腿慢慢前弓，身体左转，身体重心再移至左腿，同时左手翻转向下，左臂收在胸前平屈，右手向左上划弧放在左手下，两手心相对成抱球状；右脚随即收到左脚内侧，脚尖点地；眼看左手。

(4) 右腿向右前方迈出，左腿自然伸直，成右弓步；同时上体右转，左右手随转体分别慢慢向左下、右上分开，右手高与眼平（手心斜向上），肘微屈；左手落在左胯旁，肘微屈，手心向下，指尖向前；眼看右手。

(5) 与 (3) 相同，只是左右相反。(6) 与 (4) 相同，只是左右相反（图 2–48~图 2–50）。

【要点】上体不可前俯后仰，胸部必须宽松舒展。两臂分开时要保持弧形。身体转动时要以腰为轴。弓步动作与分手的速度要均匀一致。做弓步时，迈出的脚先脚跟着地，然后脚掌慢慢踏实，脚尖向前，膝盖不要超过脚尖；后腿自然伸直；前后脚夹角为 45°~60°（需要时后脚脚跟可以后蹬调整）。野马分鬃的弓步，前后脚的脚跟分别在中轴线两侧，它

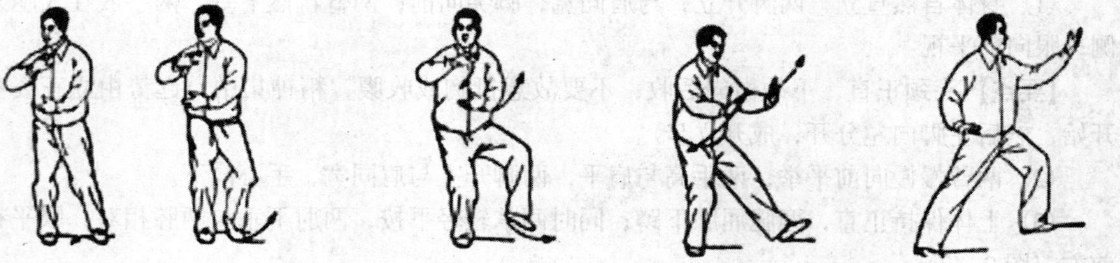

图 2–48　左右野马分鬃连续动作

图 2–49　左右野马分鬃连续动作

图 2-50　左右野马分鬃连续动作

们之间的横向距离（即以动作行进的中线为纵轴，其两侧的垂直距离为横向）应该保持10~30 厘米。

3. **白鹤亮翅**

⑴ 上体微向左转，左手翻掌向下，左臂平屈胸前，右手向左上划弧，手心转向上，与左手成抱球状；眼看左手。

⑵ 右脚跟进半步，上体后坐，身体重心移至右腿，上体先向右转，面向右前方，眼看右手；然后左脚稍向前移，脚尖点地，成左虚步，同时上体再微向左转，面向前方，两手随转体慢慢向右上、左下分开，右手上提停于右额前，手心向左后方，左手落于左胯前，手心向下。指尖向前；眼平看前方（图 2-51）。

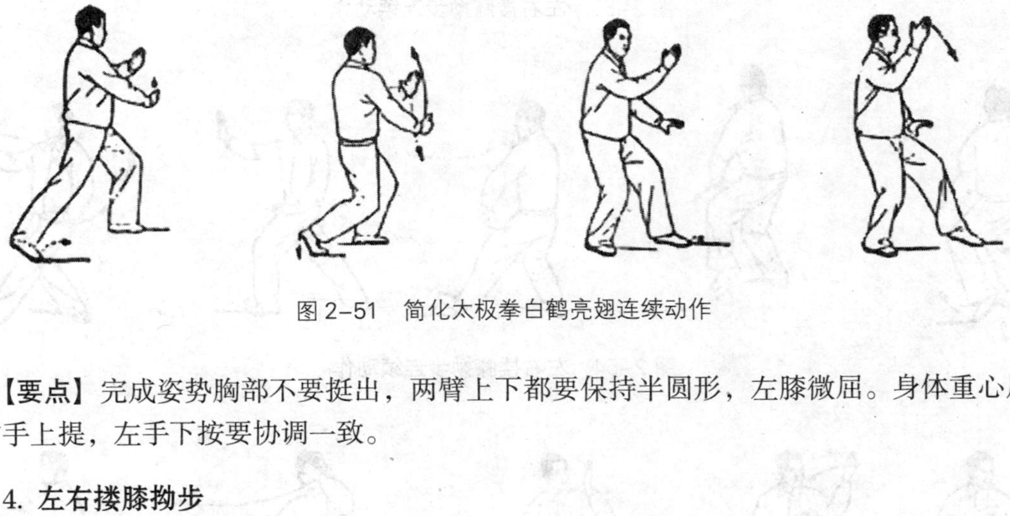

图 2-51　简化太极拳白鹤亮翅连续动作

【要点】完成姿势胸部不要挺出，两臂上下都要保持半圆形，左膝微屈。身体重心后移和右手上提，左手下按要协调一致。

4. **左右搂膝拗步**

⑴ 右手从体前下落，由下向后上方划弧至右肩外侧，肘微屈，手与耳同高，手心斜向上；左手由左下向上、向右下方划弧至右胸前，手心斜向下；同时上体先微向左再向右转；左脚收至右脚内侧，脚尖点地，眼看右手。

⑵ 上体左转，左脚向前（偏左）迈出成左弓步；同时右手屈回由耳侧向前推出，高与鼻尖平，左手向下由左膝前搂过落于左胯旁，指尖向前；眼看右手手指。

⑶ 右腿慢慢屈膝，上体后坐，身体重心移至右腿，左脚尖翘起微向外撇，随后脚掌慢慢踏实，左腿前弓，身体左转，身体重心移至左腿，右脚收到左脚内侧，脚尖点地；同时左手向外翻掌由左后向上划弧至左肩外侧，肘微屈，手与耳同高，手心斜向上，右手随转体向

上、向左下划弧落于左胸前，手心斜向上，眼看左手。

(4) 与 (2) 相同，只是左右相反。(5) 与 (3) 相同，只是左右相反。(6) 与 (2) 相同（图 2–52~图 2–55）。

图 2–52　左右搂膝拗步连续动作

图 2–53　左右搂膝拗步连续动作

图 2–54　左右搂膝拗步连续动作

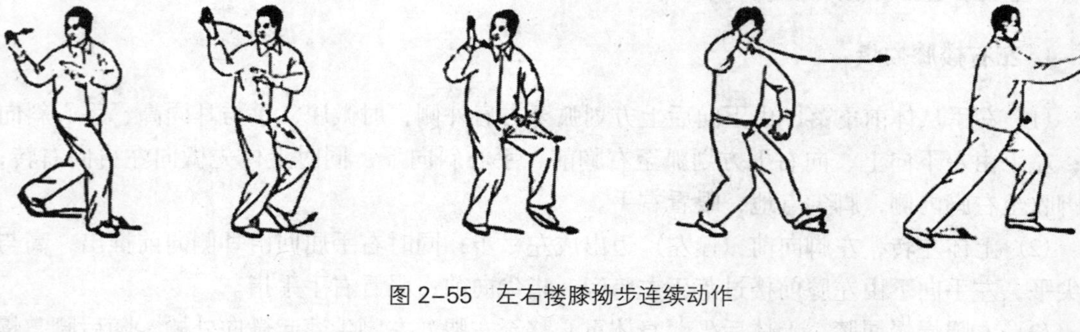

图 2–55　左右搂膝拗步连续动作

【要点】前手推出时，身体不可前俯后仰，要松腰松胯，推掌时要沉肩垂肘、坐腕舒掌，同时须与松腰、弓腿上下协调一致。搂膝拗步成弓步时，两脚跟的横向距离保持约 30 厘米左右。

5. **手挥琵琶**

右脚跟进半步，上体后坐，身体重心转至右腿上，上体半面向右转，左脚略提起稍向前移，变成左虚步，脚跟着地，脚尖翘起，膝部微屈；同时左手由左下向上挑举，高与鼻尖平，掌心向右，臂微屈；右手收回放在左臂肘部里侧，掌心向左；眼看左手食指（图2–56）。

图 2–56　手挥琵琶连续动作

【要点】身体要平稳自然，沉肩垂肘，胸部放松。左手上起时不要直向上挑，要由左向上、向前，微带弧形。右脚跟进时，脚掌先着地，再全脚踏实。身体重心后移和左手上起、右手回收要协调一致。

6. **左右倒卷肱**

⑴ 上体右转，右手翻掌（手心向上）经腹前由下向后上方划弧平举，臂微屈，左手随即翻掌向上，眼的视线随着向右转体先向右看，再转向前方看左手。

⑵ 右臂屈肘折向前，右手由耳侧向前推出，手心向前，左臂屈肘后撤，手心向上，撤至左肋外侧；左脚轻轻提起向后（偏左）退一步，脚掌先着地，然后全脚慢慢踏实，身体重心移到左脚上，成右虚步，右脚随转体以脚掌为轴扭正；眼看右手。

⑶ 上体微向左转，同时左手随转体向后上方划弧平举，手心向上，右手随即翻掌，掌心向上；眼随转体先向左看，再转向前方看右手。

⑷ 与 ⑵ 相同，只是左右相反。⑸ 与 ⑶ 相同，只是左右相反。⑹ 与 ⑵ 相同。⑺ 与 ⑶ 相同。⑻ 与 ⑶ 下同，只是左右相反（图 2–57~图 2–59）。

图 2–57　左右倒卷肱连续动作

图 2-58　左右倒卷肱连续动作

图 2-59　左右倒卷肱连续动作

【要点】 前推的手不要伸直，后撤手也不可直向回抽，随转体仍走弧线。前推时，要转腰松胯，两手的速度要一致，避免僵硬。退步时，脚掌先着地，再慢慢全脚踏实，同时，前脚随转体以脚掌为轴扭正。退左脚略向左后斜，退右脚略向右后斜，避免使两脚落在一条直线上。后退时，眼神随转体动作先向左右看，然后再转看前手。最后退右脚时，脚尖外撇的角度略大，便于接做“左揽雀尾”的动作。

7. 左揽雀尾

⑴ 上体微向右转，同时右手随转体向后上方划弧平举，手心向上，左手放松，手心向下；眼看左手。

⑵ 身体继续向右转，左手自然下落逐渐翻掌经腹前划弧至右肋前，手心向上；右臂屈肘，手心转向下，收至右胸前，两手相对成抱球状；同时身体重心落在右腿上，左脚收到右脚内侧，脚尖点地；眼看右手。

⑶ 上体微向左转，左脚向左前方迈出，上体继续向左转，右腿自然蹬直，左腿屈膝，成左弓步；同时左臂向左前方掤出（即左臂平曲成弓形，用前臂外侧和手背向前方推出），高与肩平，手心向后；右手向右下落放于右胯旁，手心向下，指尖向前；眼看左前臂。

【要点】 掤出时，两臂前后均保持弧形。分手、松腰、弓腿三者必须协调一致。揽雀尾弓步时，两脚跟横向距离不超过 10 厘米。

⑷ 身体微向左转，左手随即前伸翻掌向下，右手翻掌向上，经腹前向上、向前伸至左前臂下方；然后两手下捋，即上体向右转，两手经腹前向右后上方划弧，直至右手手心向上，高与肩齐，左臂平屈于胸前，手心向后；同时身体重心移至右腿；眼看右手。

【要点】 下捋时，上体不可前倾，臀部不要凸出。两臂下捋须随腰旋转，仍走弧线。左脚全掌着地。

(5) 上体微向左转，右臂屈肘折回，右手附于左手腕里侧（相距约 5 厘米），上体继续向左转，双手同时向前慢慢挤出，左手心向后，右手心向前，左前臂要保持半圆；同时身体重心逐渐前移变成左弓步；眼看左手腕部。

【要点】 向前挤时，上体要正直。挤的动作要与松腰、弓腿相一致。

(6) 左手翻掌，手心向下，右手经左腕上方向前、向右伸出，高与左手齐，手心向下，两手左右分开，宽与肩同；然后右腿屈膝，上体慢慢后坐，身体重心移至右腿上，左脚尖翘起；同时两手屈肘回收至腹前，手心均向前下方；眼向前平看。

(7) 上式不停，身体重心慢慢前移，同时两手向前、向上按出，掌心向前；左腿前弓成左弓步；眼平看前方（图 2-60~图 2-62）。

图 2-60　左揽雀尾连续动作

图 2-61　左揽雀尾连续动作

图 2-62　简化太极拳左揽雀尾连续动作

【要点】 向前按时，两手须走曲线，手腕部高与肩平，两肘微屈。

8. 右揽雀尾

(1) 上体后坐并向右转，身体重心移至右腿，左脚尖里扣；右手向右平行划弧至右侧，然后由右下经腹前向左上划弧至左肋前，手心向上；左臂平屈胸前，左手掌向下与右手成抱球状；同时身体重心再移至左腿上，右脚收至左脚内侧，脚尖点地；眼看左手。

(2) 同“左揽雀尾”(3)，只是左右相反。

(3) 同“左揽雀尾”(4)，只是左右相反。

(4) 同“左揽雀尾”(5)，只是左右相反。

(5) 同“左揽雀尾”(6)，只是左右相反。

(6) 同“左揽雀尾”(7)，只是左右相反（图 2–63~图 2–65）。

图 2–63 右揽雀尾连续动作

图 2–64 右揽雀尾连续动作

图 2–65 右揽雀尾连续动作

【要点】均与“左揽雀尾”相同，只是左右相反。

9. **单鞭**

(1) 上体后坐，身体重心逐渐移至左脚上，右脚尖里扣；同时上体左转，两手（左高右低）向左弧形运转，直至左臂平举，伸于身体左侧，手心向左，右手经腹前运至左肋前，手心向后上方；眼看左手。

⑵ 身体重心再渐渐移至右腿上，上体右转，左脚向右脚靠拢，脚尖点地；同时右手向右上方划弧（手心由里转向外），至右侧方时变勾手，臂与肩平；左手向下经腹前向右上划弧停于右肩前，手心向里；眼看左手。

⑶ 上体微向左转，左脚向左前侧方迈出，右脚跟后蹬，成左弓步；在身体重心移向左腿的同时，左掌随上体的继续左转慢慢翻转向前推出，手心向前，手指与眼齐平，臂微屈；眼看左手（图 2–66）。

图 2–66 单鞭

【要点】上体保持正直，松腰。完成式时，右臂肘部稍下垂，左肘与左膝上下相对，两肩下沉。左手向外翻掌前推时，要随转体边翻边推出，不要翻掌太快或最后突然翻掌。全部过渡动作，上下要协调一致。如面向南起势，单鞭的方向（左脚尖）应向东偏北（大约为 15°）。

10. 云手

⑴ 身体重心移至右腿上，身体渐向右转，左脚尖里扣；左手经腹前向右上划弧至右肩前，手心斜向后，同时右手变掌，手心向右前；眼看左手。

⑵ 上体慢慢左转，身体重心随之逐渐左移；左手由脸前向左侧运转，手心渐渐转向左方；右手由右下经腹前向左上划弧，至左肩前，手心斜向后；同时右脚靠近左脚，成小开立步（两脚距离为 10~20 厘米）；眼看右手。

⑶ 上体再向右转，同时左手经腹前向右上划弧至右肩前，手心斜向后；右手向右侧运转，手心翻转向右；随之左腿向左横跨一步；眼看左手。

⑷ 同 ⑵ （图 2–67~图 2–69）。

【要点】身体转动要以腰脊为轴，松腰、松胯，不可忽高忽低。两臂随腰的转而同转，要自然圆活，速度要缓慢均匀。下肢移动时，身体重心要稳定，两脚掌先着地再踏实，脚尖向前。眼的视线随左右手而移动。第三个“云手”，右脚最后跟步时，脚尖微向里扣，便于接“单鞭”动作。

图 2–67 云手连续动作图

图 2-68　云手连续动作图

图 2-69　云手连续动作图

11. **单鞭**

⑴ 上体向右转，右手随之向右运转，至右侧方时变成勾手；左手经腹前向右上划弧至右肩前，手心向内；身体重心落在右脚上，左脚尖点地；眼看左手。

⑵ 上体微向左转，左脚向左前侧方迈出，右脚跟后蹬，成左弓步；在身体重心移向左脚的同时，上体继续左转，左掌慢慢翻转向前推出，成“单鞭”式（图 2-70）。

【要点】与前“单鞭”式相同。

12. **高探马**

⑴ 右脚跟进半步，身体重心逐渐后移至右腿上；右勾手变成掌，两手心翻转向上，两肘微屈；同时身体微向右转，左脚跟渐渐离地；眼看左前方。

⑵ 上体微向左转，面向前方；右掌经右耳旁向前推出，手心向前，手指与眼同高；左手收至左侧腰前，手心向上；同时左脚微向前移，脚尖点地，成左虚步；眼看右手（图 2-71）。

图 2-70　单鞭

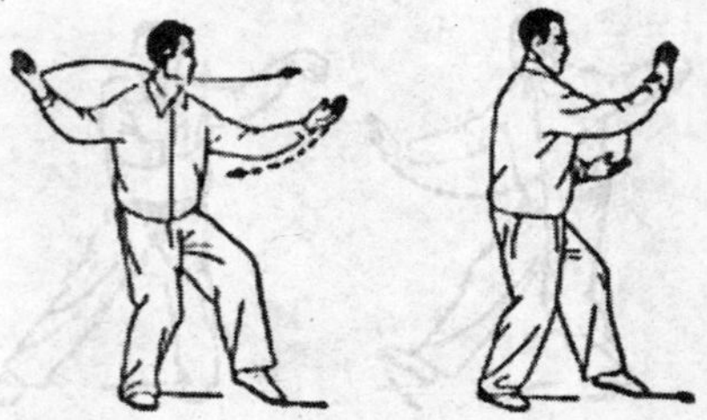

图 2-71 高探马

【要点】上体自然正直，双肩要下沉，右肘微下垂。跟步移换重心时，身体不要有起伏。

13. 右蹬脚

(1) 左手手心向上，前伸至右手腕背面，两手相互交叉，随即向两侧分开并向下划弧，掌心斜向下；同时左脚提起向左前侧方进步（脚尖略外撇）；身体重心前移，右腿自然蹬直，成左弓步；眼看前方。

(2) 两手由外圈向里圈划弧，两手交叉合抱于胸前，右手在外，手心均向后；同时右脚向左脚靠拢，脚尖点地；眼平看右前方。

(3) 两臂左右划弧分开平举，肘部微屈，手心均向外；同时右腿屈膝提起，右脚向右前方慢慢蹬出；眼看右手（图 2–72、图 2–73）。

图 2–72　右蹬脚连续动作

图 2–73　右蹬脚

【要点】身体要稳定，不可前俯后仰。两手分开时，腕部与肩齐平。蹬脚时，左腿微屈，右脚尖回勾，劲使在脚跟。分手和蹬脚须协调一致。右臂和右腿上下相对。如面向南起势，蹬脚方向应为正东偏南（约 30°）。

14. 双峰贯耳

(1) 右腿收回，屈膝平举，左手由后向上、向前下落至体前，两手心均翻转向上，两手同时向下划弧分落于右膝盖两侧；眼看前方。

(2) 右脚向右前方落下，身体重心渐渐前移，成右弓步，面向右前方；同时两手下落，慢慢变拳，分别从两侧向上、向前划弧至面部前方，成钳形状，两拳相对，高与耳齐，拳眼都斜向内下（两拳距离为 10~20 厘米）；眼看右拳（图 2–74）。

【要点】完成式时，头颈正直，松腰松胯，两拳松握，沉肩垂肘，两臂均保持弧形。双峰贯耳式的弓步和身体方向与右蹬脚方向相同。弓步的两脚跟横向距离同“揽雀尾”式。

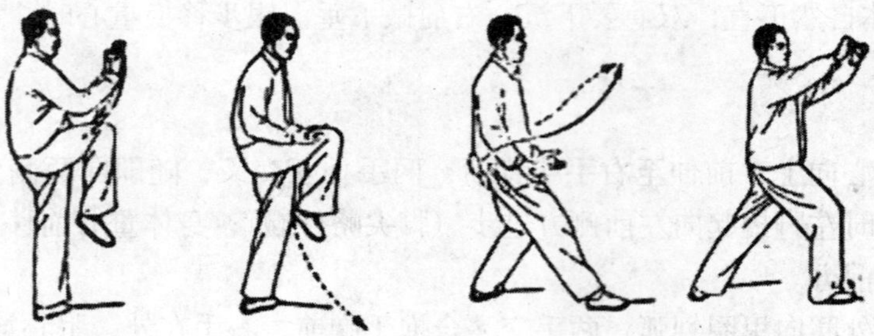

图 2–74　双峰贯耳

15. **转身左蹬脚**

(1) 左脚屈膝后坐，身体重心移至左腿，上体左转，右脚尖里扣；同时两拳变掌，由上向左右划弧分开平举，手心向前；眼看左手。

(2) 身体重心再移至右腿，左脚收到右脚内测，脚尖点地；同时两手由外圈向里圈划弧合抱于胸前，左手在外，手心均向后；眼平看左方。

(3) 两臂左右划弧分开平举，肘部微屈，手心均向外；同时左腿屈膝提起，左脚向左前方慢慢蹬出；眼看左手（图 2–75）。

【要点】与右蹬脚式相同，只是左右相反。左蹬脚方向与右蹬脚成 180°（即正西偏北，约 30°）

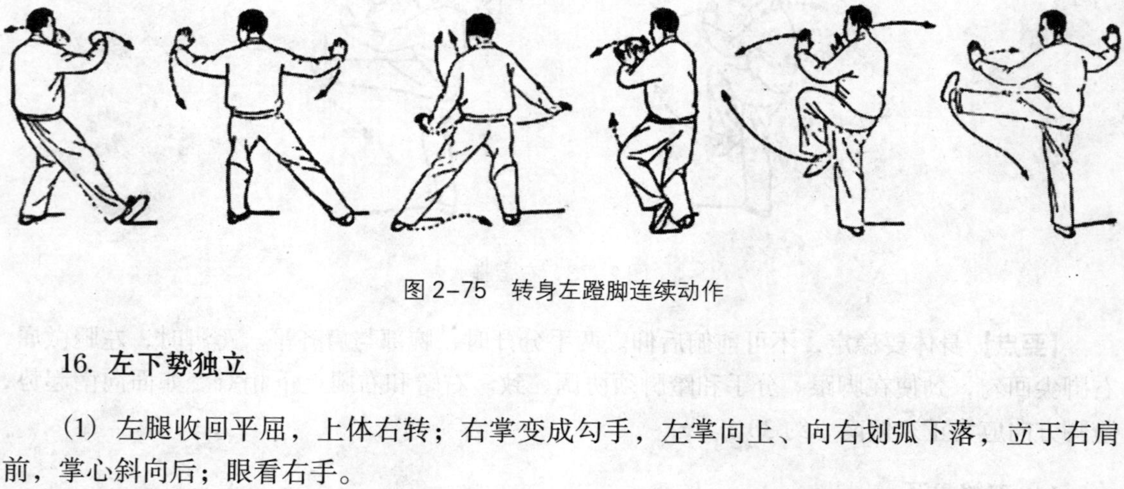

图 2–75　转身左蹬脚连续动作

16. **左下势独立**

(1) 左腿收回平屈，上体右转；右掌变成勾手，左掌向上、向右划弧下落，立于右肩前，掌心斜向后；眼看右手。

(2) 右腿慢慢屈膝下蹲，左腿由内向左侧（偏后）伸出，成左仆步；左手下落（掌心向外）向左下顺左腿内侧向前穿出；眼看左手。

【要点】右腿全蹲时，上体不可过于前倾。左腿伸直，左脚尖须向里扣，两脚脚掌全部着地。左脚尖与右脚跟踏在中轴线上。

(3) 身体重心前移，左脚跟为轴，脚尖尽量向外撇，左腿前弓，右腿后蹬，右脚尖里扣，上体微向左转并向前起身；同时左臂继续向前伸出（立掌），掌心向右，右勾手下落，勾尖向后；眼看左手。

(4) 右腿慢慢提起平屈，成左独立式；同时右勾手变掌，并由后下方顺右腿外侧向前弧行摆出，屈臂立于右腿上方，肘与膝相对，手心向左；左手落于左胯旁，手心向下，指尖向前一眼看右手（图 2–76）。

图 2–76　转身左下势独立连续动作

【要点】上体要正直，独立的腿要微屈，右腿提起时脚尖自然下垂。

17. 右下势独立

(1) 右脚下落于左脚前，脚掌着地，然后左脚前掌微轴脚跟转动，身体随之左转，同时左手向后平举变成勾手，右掌随着转体向左侧划弧，立于左肩前，掌心斜向后；眼看左手。

(2) 同“左下势独立”(2)，只是左右相反。

(3) 同“左下势独立”(3)，只是左右相反。

(4) 同“左下势独立”(4)，只是左右相反（图 2–77）。

图 2–77　转身右下势独立连续动作

【要点】右脚尖触地后必须稍微提起，然后再向下仆腿。其他均与“左下势独立”相同，只是左右相反。

18. 左右穿梭

(1) 身体微向左转，左脚向前落地，脚尖外撇，右脚跟离地，两腿屈膝成半坐盘式；同时两手在左胸前抱球状（左上右下）；然后右脚收到左脚的内侧，脚尖点地；眼看左前臂。

(2) 身体右转，右脚向右前方迈出，屈膝弓腿，成右弓步；同时右手由脸前向上举并翻掌停在右额前，手心斜向上；左手先向左下再经体前向前推出，高与鼻尖平，手心向前；眼看左手。

(3) 身体重心略向后移，右脚尖稍向外撇，随即身体重心在移至右腿，左脚跟进，停于右脚内侧，脚尖点地；同时两手在右胸前成抱球状（右上左下）；眼看右前臂。

(4) 同（2），只是左右相反（图 2–78）。

【要点】完成姿势面向斜前方。手推出后，上体不可前俯。手向上举时，防止肩上耸。一手上举一手前推要与弓腿松腰上下协调一致。做弓步时，两脚跟的横向距离同搂膝拗步，保持在 30 厘米左右。

图 2–78　左右穿梭连续动作

19. **海底针**

右脚向前跟进半步，身体重心移至右腿，左脚稍向前移，脚尖点地，成左虚步；同时身体稍向右转，右手下落经体前向后、向上提抽至右耳旁，再随身体左转，由右耳旁斜向前下方插出，掌心向左，指尖斜向下，与此同时，左手向前、向下划弧落于左胯旁，手心向下，指尖向前；眼看前下方（图 2–79）。

【要点】身体要先向右转，再向左转。完成姿势时面向正西。上体不可太前倾。避免低头和臀部外凸。左腿要微屈。

20. **闪通臂**

上体稍向右转，左脚向前迈出，屈膝弓腿成左弓步；同时，右手由体前上提，屈臂上举，停于右额前上方，掌心翻转斜向下，拇指朝下；左手上起经胸前向前推出，高与鼻尖平，手心向前；眼看左手（图 2–80）。

图 2–79　海底针连续动作

图 2–80　闪通臂

【要点】完成姿势上体自然正直，松腰、松胯；左臂不要完全伸直，背部肌肉要伸展开。推掌、举掌和弓腿动作要协调一致。弓步时，两脚跟横向距离同“揽雀尾”式（不超过10厘米）。

21. 转身搬拦捶

(1) 上体后坐，身体重心移至右腿上，左脚尖里扣，身体向右后转，然后身体重心再移至左腿上；与此同时，右手随着转体向右、向下（变拳）经腹前划弧至左肋旁，掌心向下；左掌上举于头前，掌心斜向上；眼看前方。

(2) 向右转体，右拳经胸前向前翻转撇出，拳心向上；左手落于左胯旁，掌心向下，指尖向前；同时右脚收回后（不要停顿或脚尖点地）即向前迈出，脚尖外撇；眼看右拳。

(3) 身体重心移至右腿上，左脚向前迈一步；左手上起经左侧向前上划弧拦出，掌心向前下方；同时右拳向右划弧收到右腰旁，拳心向上；眼看左手。

(4) 左腿前弓成左弓步，同时右拳向前打出，拳眼向上，高与胸平，左手附于右前臂里侧；眼看右拳（图2–81、图2–82）。

图2–81 转身搬拦捶连续动作

图2–82 转身搬拦捶连续动作

【要点】右拳不要握得太紧。右拳回收时，前臂要慢慢内旋划弧，然后再外旋停于右腰旁，拳心向上。向前打拳时，右肩随拳略向前引申，沉肩垂肘，右臂要微屈。弓步时，两脚横向距离同“揽雀尾”式。

22. 如封似闭

(1) 左手由右腕下向前伸出，右拳变掌，两手手心逐渐翻转向上并慢慢分开回收；同时身体后坐，左脚尖翘起，身体重心移至右腿；眼看前方。

(2) 两手在胸前翻掌，向下经腹前再向上、向前推出，腕部与肩平，手心向前；同时左腿前弓成左弓步；眼看前方（图2–83）。

图 2-83　如封似闭连续动作

【要点】身体后坐时，避免后仰，臀部不可凸出。两臂随身体回收时，肩、肘部略向外松开，不要直着抽回。两手推出宽度不要超过两肩。

23. 十字手

（1）屈膝后坐，身体重心移向右腿，左脚尖里扣，向右转体；右手随着转体动作向右平摆划弧，与左手成两臂侧平举，掌心向前，肘部微屈；同时右脚尖随着转体稍向外撇，成右侧弓步；眼看右手。

（2）身体重心慢慢移至左腿，右脚尖里扣，随即向左收回，两脚距离与肩同宽，两腿逐渐蹬直，成开立步，同时两手向下经腹前向上划弧交叉合抱于胸前，两臂撑圆，腕高与肩平，右手在外，成十字手，手心均向后；眼看前方（图 2-84）。

图 2-84　十字手

【要点】两手分开和合抱时，上体不要前俯。站起后，身体自然正直，头要微向上顶，下颌稍向后收。两臂环抱时须圆满舒适，沉肩垂肘。

24. 收势

两手向外翻掌，手心向下，两臂慢慢下落，停于身体两侧；眼看前方（图 2-85）。

【要点】两手左右分开下落时，要注意全身放松，同时气也徐徐下沉（呼气略加长）。呼吸平稳后，把左脚收到右脚旁，再走动休息。

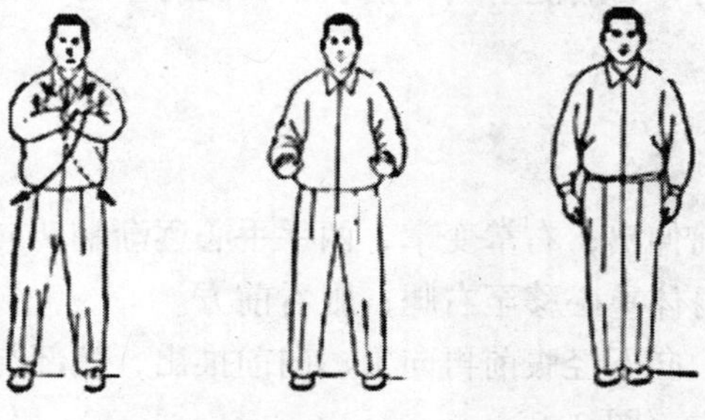

图 2-85　收式

第三章 篮 球

第一节 篮球运动简介

一、篮球运动的起源

篮球运动起源于19世纪末期，即1891年由美国体育教师詹姆斯·奈·史密斯发明。奈·史密斯博士在均衡足球、橄榄球、曲棍球等各种运动项目的特点之后，综合利弊，决定自行设计一种用手能直接控制球，且趣味性强、又能在室内运动的新型体育项目。经过各种尝试，又受到摘桃时投入篮子中这一动作的启示，最后决定把皮球往篮子里投，以投入的多少定胜负，将篮子定在室内两侧的墙上，高度为10英尺，约等于3.05米，这便是今日篮筐高度的由来。由于运动方式是用皮球往竹制的篮子里投，故取名为篮球。在当时的初级阶段，场上两个队每队各9人，没有明确规则，场地和器材也没有固定标准，只要求比赛在两个15分钟内完成，中间休息5分钟，若平局经双方同意比赛延至谁先命中一球为止。随着社会的文明、人类的进步，一个多世纪以来，场地、器材、规则、技战术等几经演变，数次改革，最终形成了今天这种逐步完善，基本定型的格局。

二、篮球运动的发展过程

美国是篮球运动的发源地，早在1926年便有了职业篮球联赛，之后伴随着文化以及宗教的扩张，先后向欧洲、亚洲、非洲等国家和地区传播。在1936年德国举行的第十一届奥运会上，篮球被正式列入男子比赛项目。同年国际篮球竞赛规则诞生。自此，篮球作为一项现代竞技运动正式登上了国际舞台。

随着篮球事业的蓬勃发展，我国篮球运动管理中心，于1997年正式成立，中国篮球在不断提供商机的同时，正向产业化、国际化迈进。大批外国球员来到国内给职业联赛注入了新鲜的血液，精湛的球艺和顽强的作风使我们找到了差距，同时又有王治郅、姚明、巴特尔、易建联等一批我国自己培养出来的优秀球员被NBA选中，在这一运动的顶级舞台展示着自己的才华，他们代表着中华民族的崛起，倍受世人关注。职业篮球比赛的特殊魅力和经济效益日益在规范中完善，逐渐形成一种新兴产业。

三、场地的界线与区域

（一）完整场地的界线

标准的篮球场地为28米×15米的长方形。如图3-1所示，28米为边线，15米为端线，丈量时从内沿算起。场地上所有线的宽度均为 0.05 米，颜色要求相同，障碍物、广告牌以及球队席距离界限至少应空出 2 米（图 3–1）。

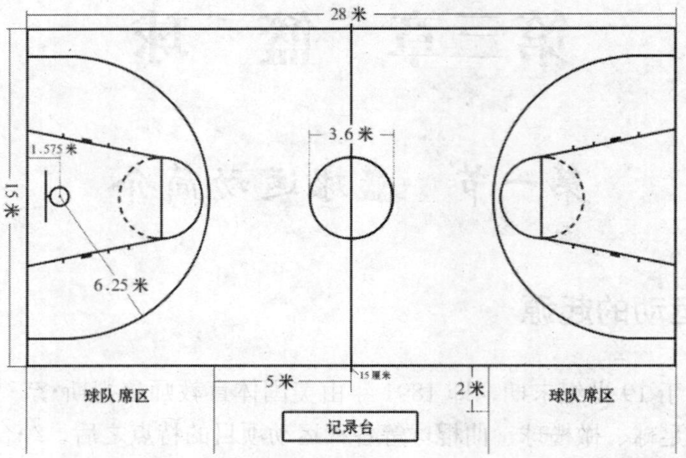

图 3–1 场地

（二）中线

连接两条边线的中点画一条平行于端线的线段叫中线，中线需向两边线外各延长 0.15 米。

（三）罚球线

罚球线是与端线平行，长 3.60 米的线段，它的外沿距端线内沿为 5.80 米。

（四）中圈

中圈为球场的中央，是以中线的正中点为圆心，以 1.80 米为半径画成的标准圆，其面积从圆的外沿开始计算，如果在中圈内部着色，它的颜色必须与限制区内部的着色相同。

（五）限制区

从罚球线两侧画两条线段至距离端线中点各 3 米处所构成的梯形区域叫限制区，其面积从外沿计算。

（六）罚球区

以罚球线中点为圆心，1.80 米为半径，向限制区外所画出的半圆区域叫罚球区。

如图 3–2 所示，在连接罚球区半圆的弧线两端应以 1.80 米为半径，在限制区内再用虚线画一半圆，其实线部位为 0.35 米，虚线部分为 0.40 米，使之形成一个以罚球线正中点为圆心，以 3.60 米为直径的标准圆。罚球区两侧梯形斜线上的线段是执行罚球时的队员站位区，其丈量方式应从罚球区两侧的端线开始，第一位置区为 0.85 米，与中立区相邻，中立区为 0.40 米，第二位置区与中立区相邻，长度为 0.85 米，第三位置区与第二位置区相邻，长度仍为 0.85 米，用来相隔这些区域的线段长度均为 0.10 米，并与罚球区的梯形斜线相垂直。

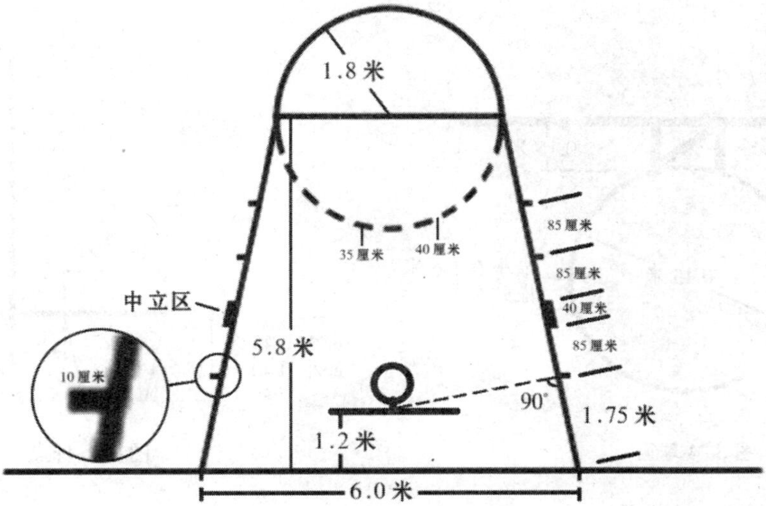

图 3–2 罚球区

（七）三分线

1. 以篮圈圆心到地面的垂点为圆心，以 6.25 米为半径画半圆（从外沿计算）。

2. 分别距边线内沿 1.25 米处从端线引出两条平行线。

3. 将两条平行线与半径为 6.25 米的半圆相连接，由此形成一个 1/2 的椭圆，这条 1/2 椭圆的弧线称为三分线，从线的外沿算起，进攻队在线内投篮均为 2 分，在这条线外场内任何一处投篮入筐均为 3 分。

四、器材与设备

（一）篮板

如图 3–3 所示，长为 1.80 米，宽为 1.05 米，其中间的长方形为 0.59 米 × 0.45 米，篮板的安装应与地面垂直，下沿距地面的高度为 2.90 米，与端线平行，篮板前沿与地面的垂线应与端线内沿 1.20 米，如有外力使篮板发生横向移动时，应在 4 秒钟内恢复静止状态。

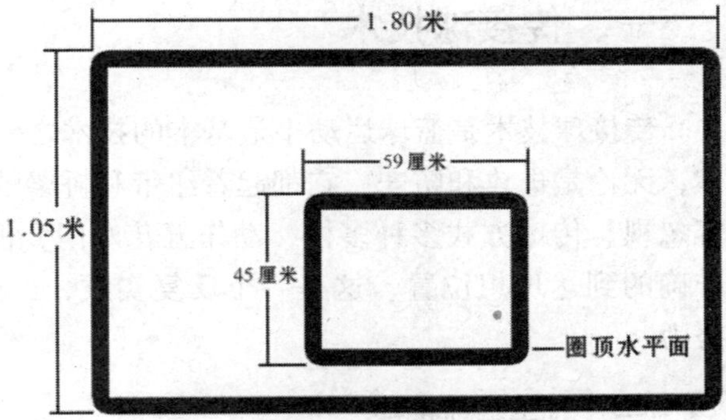

图 3–3 篮板

（二）球篮

篮圈是用实心的钢材制造而成，

它的内径为0.45米（图3–4），其上沿与地面的高度为3.05米，安装在篮板正中央与小长方形底边的上沿成水平，与篮板垂直，篮板正面的前沿距篮圈内沿的最近点为0.15米，篮圈下沿与篮网相接，网的长度应为0.40～0.45米（图3–4、图3–5）。

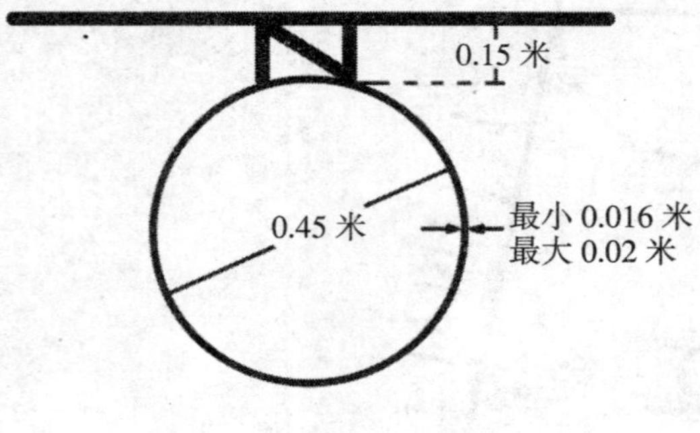

图3–4 球篮

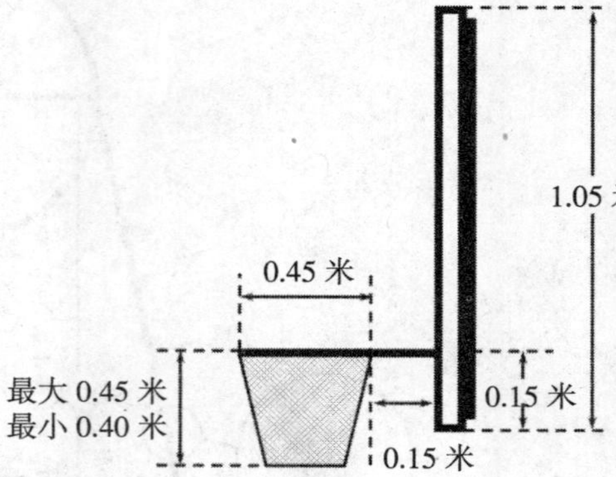

图3–5 球篮

（三）篮球

篮球为标准圆球形状，其外表由皮革或橡胶制造而成，周长为0.75～0.78米，重量为600～650克。标准的比赛用球应在满足上述条件下充气之后，从1.80米（底部计算）的高度自由下落，弹起之后高度不得高于1.40米（顶部计算），不得低于1.20米（底部计算）。

（四）灯光

标准比赛场地的灯光应在地面上方1.50米处测量，其明亮度不得少于1500勒克斯。

第二节　篮球基本技术

篮球的技术包括传接球、运球、投篮、脚步移动等。

一、传接球技术

传接球技术是篮球运动中最基本的技术之一，它可将场上队员连接贯穿成一个有机整体，无论是进攻和防守，它都起着纽带和桥梁的作用，所以动作要领和技术细节的掌握不容忽视，传球方式多种多样，动作五花八门，但目的只有一个，即摆脱干扰，使球顺利、准确的到达理想位置，这是一个反复实践，经验积累的过程，因此需要我们付出不懈的努力。

（一）双手胸前传球

持球时双手的五指自然张开，拇指对称呈“八”字形状，脚前后站立，含胸收腹，肘外展，持球于胸腹之间，球出手时，借助身体重心前移的惯性，迅速伸臂，同时拇指下压，手腕前屈，食指中指用力拨球。接球时双臂伸出迎球，手指自然张开，双手拇指同样呈“八”字形状，双手在体前形成半圆状，做迎球的准备姿势。指尖触球的瞬间双臂随球后引以缓冲球的力量，使球自然置于胸前。由于双手胸前传球多用于前方没有防守队员的情况，所以练习时可两人一组对面站立，接球动作的结束即是传球动作的开始，要求做到传出的球要准确到位，落点在同伴胸前；传球的弧线不得高于头顶，球的运行轨迹尽量与地面保持平行。

（二）单手肩上传球

单手五指张开持球于体侧，肘外展，肩放松，用拇指与小拇指控制球的方向，大臂由后向前挥动的同时，腕关节前屈，球出手瞬间指尖下压，使球即有方向、弧度，又有速度、力量地抛向预想位置。由于这种传球方式多用于长传快攻或远距离转移，练习时两脚前后站立，持球侧的上臂向后引球，此时胸和肩关节完全打开，在重心从后脚向前脚移动的同时，腰部带动上体发力，从而借助下肢和腰部的力量来连贯地完成这一动作。练习时可 2～3 人一组进行远距离传接球，要充分体验腕关节前屈和指尖下压，着重强调传球的准确性，控制好方向和力度。也可找一参照物，面对墙壁或篮板，假设其某一点为目标反复练习，从而达到理想效果。

（三）双手头上传球

双手持球的侧下方置球于头上，拇指对称呈“八”字形状，两脚平行站立，球出手前以一侧脚为轴，重心应落在轴心脚上，用另一侧脚的移动来寻找目标和机会。球出手前，腰腹肌收缩发力至上体，然后两侧腕关节同时前屈，双手均衡地用力将球抛出，使球沿抛物线在防守者的头上越过。

（四）击地反弹传球

在防守者手臂上举或身体腾空时，可通过地面反弹的方式将球传给同伴。首先要选好击地的落点，找好反弹的角度，其次持球方式与双手胸前传球相同。球出手时，向前下方伸臂，肘迅速打开，在屈腕的同时，拇指、食指和中指向前下方拨球，使球沿横轴自身上旋，这种球反弹后会加速到达理想的位置。

（五）单手体侧传球

首先要使防守者的重心产生变化，将其注意力分散，然后从另一侧将球传出。例如，双脚平行站立，以右脚为轴，左脚迈向左前方，身体向左侧移动，但重心不变，这一过程是为了迷惑对方，使其防守的注意力倾向于左侧，此时右手迅速将球向右侧方引拉，经体侧做弧线摆动，上臂伸直，手腕前屈，指尖拨球，声东击西地将球从右侧绕过防守，到达同伴所处位置。

（六）背后传球

在身体前方所有传球路线都被封锁的情况下，可采用背后传球的方式将球传给同伴。首先要用余光找好确切的位置和传球路线，然后从腰部将球引向背后，在屈腕的同时指尖拨球，将球传出。这种方式的优点是隐蔽性强，不宜暴露意图和传球路线，缺点是准确性差，方向和落点不宜控制。

以上是常用的传球方法和动作要领，学习这些技术动作只是一个认识的过程，在实际应用时，由于场上的情况瞬息万变，经常出乎意料，若要正确掌握并能够根据情况变化而运用自如还需付出艰辛的努力，下面为几种常用练习的方法，仅供参考。

（七）传接球练习方法

1. 行进间传接球往返上篮

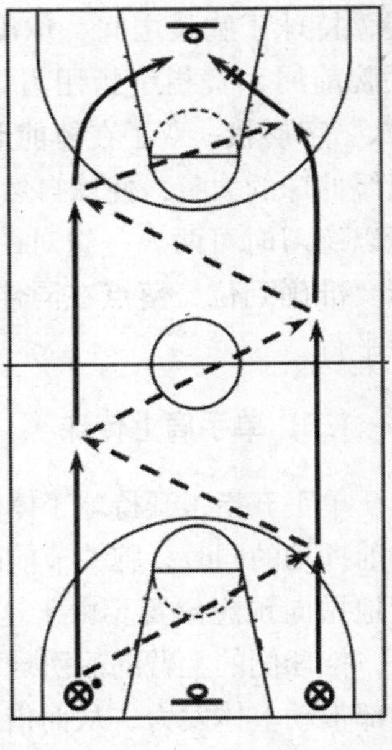

图 3–6　两人行进间传球

如图 3–6 所示，两人一组，在跑动中双手胸前传接球，到限制区后行进间投篮，另一人拿到篮板球后各自按原路线传球返回。熟练之后，在三个圈内增设 3 名防守队员进行抢断，传球失误者进圈防守。

【要求】

(1) 不许运球，不要持球，跑动速度不要过快，但传球频率要尽量加快。

(2) 传球的弧线不要高过头顶，落点要在胸前部位，根据同伴的跑动速度合理地给出提前量。

(3) 跑动时不要跳跃，身体重心轨迹尽量与地面保持平行。

2. 3 人一组绕“8”字传球

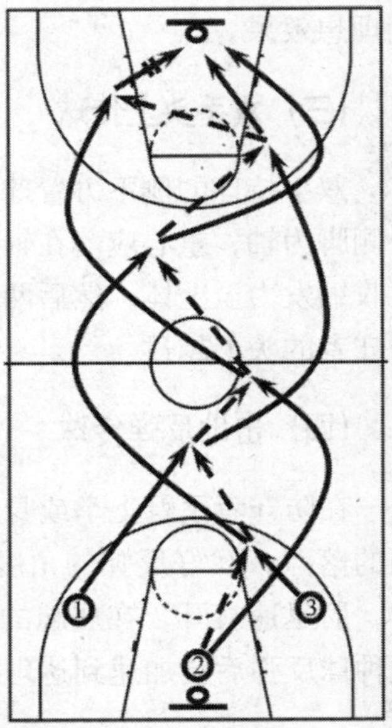

图 3–7　3 人行进间传球

如图 3–7 所示，队员①②③呈“V”字形站立，由②持球开始，任意选择传球方向，当选择右侧将球传给③时，传球结束后立即从③的后侧绕弧线加速跑领先，③将球传给①，然后从①的后侧绕弧线加速跑领先，此时①再将球传给②，之后从②的后侧绕弧线加速，②再将球传给③…… 以此类推，按顺序轮回，最后到篮下投篮。

【要求】

(1) 传球的目标要明确，跑动的路线要清晰。

(2) 控制球队员要根据情况掌握节奏，如接球队员速度较慢没到位时，可做运球调整。

(3) 传球结束后的无球队员要从接球队员身后绕弧线急加速，为下一次及时到位接球做好充分的准备。

3. 原地传接球与抢断球练习

如图 3–8 所示，每 3 人一组，利用中圈或罚球区，以 3.60 米为直径，两人传接球，一人抢断。

【要求】

(1) 圈内的抢断者要积极主动，尽量封锁传球路线和角度，同时可手脚并用，破坏和干扰传球。

(2) 抢断者身体任何部位触球即算防守成功，之后和造成失误者交换角色。

(3) 传接球的距离不得大于3.60米，传球的路线要隐蔽，不要暴露传球意图，既要声东击西，又要传球到位，尽量减少失误。

(4) 可采取各种传球方式（单手、双手、击地、背后等），选择各种传球路线（体侧、头上、胯下等），但不允许传高吊球。

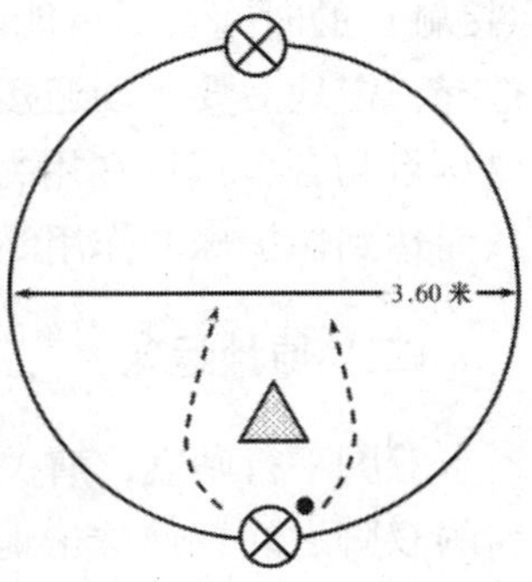

图3–8 原地传接球与抢断

4. 四角传球练习

如图3–9所示，队员在半场的四个角站好队形，各角的人数要均等，在跑动中接球后双手胸前传球至对角，然后在对角的队尾等候接球，对角的排头原地接球后持球等候上一组队员前来要球，球传出后沿弧线侧身跑接下一组队员的传球，接球后再传至对角。例如，④将球传给跑动中的③，③在行进间将球传给①后在①的队尾等候，①接③传来的球后再传给跑动中的④，④在跑动中接①的传球再将球传给②，之后在②的队尾等候，②接球后将球传球传给跑动中的①……如此循环往复。

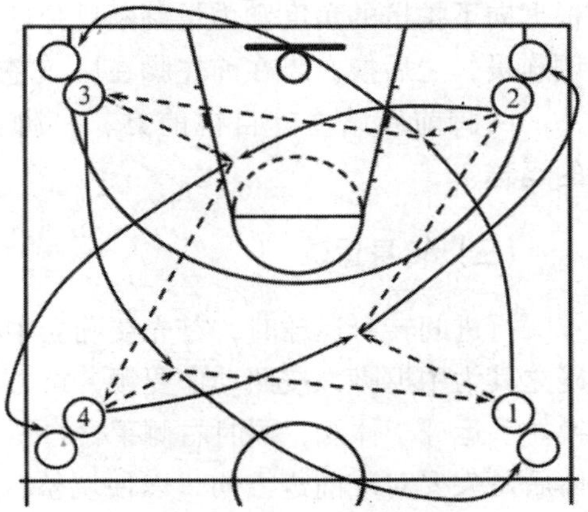

图3–9 四角传球

【要求】

(1) 跑动路线要明确，传球目标要清楚，时机掌握要得当。

(2) 要沿弧线侧身跑动，尽量到传球者身前去要球，不允许运球。

(3) 逆时针方向结束后变顺时针方向练习，熟练后加至两个球同时进行，增加传接球频率。

二、运球技术

运球是比赛中个人进攻或寻找机会与同伴配合的主要技术环节，既能调整节奏又可拖延时间，随着篮球场上竞争的日益激烈，运球技术也在不断的完善和提高，为了适应实战的需要，单一的低手运球已逐渐被淘汰，取而代之的是高手、体侧、胯下、背后运球、转身运球等，这些技术改革的目的是为了更好地保护球和支配球，所以熟练地掌握这些技术尤为重要。

（一）运球基本要领

运球时首先五指要自然张开，掌跟、掌心以及指尖部分要与球充分接触，尽量加大手与球的接触面积。运球时肩关节要自然放松，肘关节要外展，屈伸的幅度要大，手作用于球

（接触）的时间要尽可能延长，这样才能更有效地控制球。击地的落点和角度可根据需要来选择，击地后要主动迎接地面反弹起来的球，同时随球的力量向上缓冲，同时手的形状和球要尽量吻合，然后在用力向下拍按，另一侧手臂屈肘自然抬起，其作用是使球远离防守者，从而达到保护球的作用。

（二）原地运球

双脚平行站立，肩关节放松，上体前屈，臂左右横向在体前大幅度摆动，球的落点在体前的双脚之间，使球击地反弹后的运行轨迹在体前形成“V”字。之后如出一辙，双腿膝关节微屈，臂横向在体后大幅度摆动，球的落点在体后的双脚之间，使球的运行轨迹在体后形成“V”字。

双脚前后站立，左脚在前右脚在后，右手运球，抬头目视前方，肩放松，臂前后摆动，根据向下拍按的角度和力量判断反弹球的速度和方位，按照一推一拉的节奏，使动作逐渐协调连贯，之后换右脚在前左脚在后，左手运球，要求同上。

两脚前后站立，目视前方，一脚在前一脚在后，左右手依次交替完成以胯下为落点的运球。

（三）转身运球

行进间转身运球时，首先要确立中枢脚，如右手运球，右路被封堵时，则应以左脚在前确立其为中枢脚，按照动作要领，重心下降，转体的瞬间要以髋关节为轴带动上体突然转身换左手运球于体侧，同时右侧手臂自然抬起，在维持身体平衡的同时起到保护球的作用。转体后足尖要对准前进方向，以便调整身体重心移动，整个技术动作要协调连贯，一气完成。教学过程中可先进行徒手转身动作的练习，着重强调重心下降、转跨、足尖方向等环节，转身运球前最好给对方造成强行右路突破的假象，使防守者的重心大幅度移动，从而达到转身后的摆脱效果。

（四）背后运球

在一对一的进攻中，使球在身体的后面改变方向，不但能起到保护球的作用，还可以有效摆脱防守，其要领是在换手前最后一次拍按球的瞬间加力，在迎接弹起的球时延长手对球的控制时间，充分地将球引向臀上后腰部，与此同时肘关节外展、屈腕，中指、无名指、小拇指拨球，上臂绕腰部将球送至身体另一侧，脚步动作要连贯，上下配合要协调，左右侧的运球方法相同。

在分别掌握了上述动作要领之后，可将胯下运球、背后运球、转身运球等结合脚步动作穿插起来进行练习，也可将各种运球方法形成固定模式和路线，结合行进间投篮，用时间加以限制进行技术评估，作为学生的考核标准和考试内容。

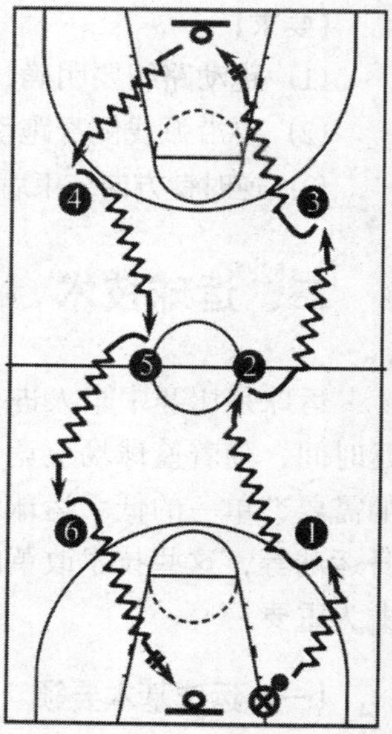

图 3–10

胯下、背后、转身运去的结合练习

如图 3–10 所示，设置 6 个标志杆，以罚球区外的端线为起点，右手运球至 1 号标志杆做胯下运球，然后变向换左手运球至2号标志杆做转身运球，再换右手运球至3号标志杆做背后运球，之后换左手运球上篮（如投篮不中，继续补篮，直到投入为止）。拿到篮板球后右手运球返回至4号标志杆做胯下运球，变向后换左手运球至5号标志杆做转身运球，在换右手运球至6号标志杆做背后运球，之后行进间上篮结束。时间要求和往返次数可根据年龄、体力和性别决定。

三、投篮技术

篮球比赛的胜负最终由分数来决定，双方在投篮机会等同的情况下，命中率的高低便是胜负的决定因素，因此，掌握正确的投篮技术对提高命中率至关重要。常见的投篮方式大体上可分为原地投篮和行进间投篮两种，随着攻防技术的不断发展和提高，空间高度和对抗强度的不断增加，在此基础上又演变出了多种与激烈对抗相适应的投篮方式，如勾手投篮、直臂投篮、后仰投篮、抛投篮等，同时也包括补篮和扣篮，现将常用的投篮方法介绍如下。

（一）原地投篮技术

这种方式多用于中远距离，其方法分为双手投篮、单手肩上投篮和跳起投篮三种。

1. 双手投篮

双手持球于胸前或略高的位置，握球时双手的五指自然张开，左右手的拇指相对呈"八"字形，肘关节自然下垂，双膝微屈，身体重心在两脚之间，目视篮圈。出手时随下肢的发力上体伸展，肘关节打开的同时两臂向上方伸，左右侧腕关节用等同的力度前屈并同时外翻，双手的拇指、食指、中指用相同的力度拨球，使球具有准确的方向性沿抛物线飞行。双手投篮的优点是稳定性好，方向性强，命中率高，投篮距离相对较远。但致命的弱点是出球点低，容易被封盖，所以这种投篮方式目前已经基本被淘汰，只有在亚洲的日本、韩国等身材矮小、速度较快的女队里才能看到一些痕迹。

2. 单手肩上投篮

持球时五指要尽量张开，掌心留出空隙，指尖着力，置球于头上中央位置，拇指与小拇指所起的作用是控制球的方向不出现偏差，其余三指（食指、中指、无名指）随腕下压同时前屈拨球。身体的姿势要含胸收腹，肘关节内收，足尖指向篮圈，腕、肘、足尖要尽量在人体矢状面的同一条线上，臂与躯干的夹角要大于或等于90°，这是保证出手高度的前提，另一只手扶住球的侧面以增加出手前的稳定性（图3-11）。投篮的瞬间腰腹肌收缩带动上体发力，当球置于临界点时腕关节前屈，五指下压，用掌指关节的前屈带动指尖拨球，最后完成投篮动作，使球沿着一条方向稳定的抛物线运行，同时自身向后旋转，根据流体力学中的马格努思效应，下旋的球在运行过程中可形成一条缓缓上升而急剧下降的曲线，这样势必会增大球入筐时的入射截面，从而提高命中率（图3-12）。

图3-11 单手肩上投篮

通常情况下，出手角度决定入射角度，但在出手角度相同时向后旋转的球入射角度变会增大，入射角度的大小与入射截面成正比关系，当入射角度等于 90°时，入射截面是一个标准圆，此时球入筐的概率最大，在实际中，除扣篮之外所有的投篮方式都不可能使入射角达到 90°，只要入射角小于 90°，入射截面便会形成椭圆形状，这个椭圆的长轴永远不变（45 厘米），但随着入射角的变小，短轴变小。当短轴小于球的直径时，投篮则徒劳无意（图 3–13）。

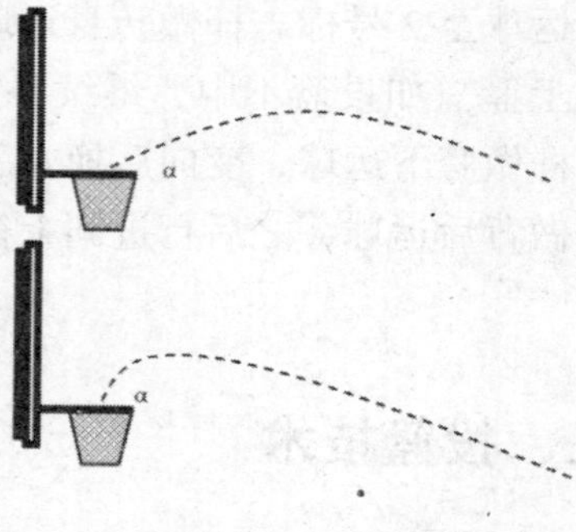

图 3–12　球入篮时的抛手线

图 3–13　球的入射角度

3. **跳起投篮**

跳投技术是在原地投篮的基础上，为了增加出手高度而将身体腾空后再将球出手的投篮方式。可分为原地跳起投篮和急停跳投，其特点是出手点高、突然性强、出其不意，所以较难防守。起跳时要双脚保持一致，下肢蹬伸之后用腰腹肌的收缩固定躯干，以维持身体在空中的平衡与稳定，同时将肩关节锁住，当身体在空中升至最高点滞空停留的瞬间，抬肘伸臂，手腕前屈，这一过程上体的动作与原地单手肩上投篮相同，球出手后，双脚的前脚掌着地，然后屈膝缓冲，以维持身体的相对平衡。急停跳投是在移动过程中突然摆脱对手的投篮方法，常见的有运球摆脱后起跳投篮和徒手摆脱后再接球起跳投篮，无论哪一种，其作用都是为了增加出手高度。

4. **原地投篮练习方法**

（1）原地投篮练习：

按动作要领在罚球线按顺序依次投篮，之后自己拿回篮板球在排尾等候进行下一次练习（图 3–14）。

（2）急停跳投练习：⊗为持球队员，排头传球给△后跑向底角，再接△的回传球跳投，之后△拿到篮板球变为⊗运至排尾等候，⊗投篮后变为△的角色防守，以此类推（图 3–15）。

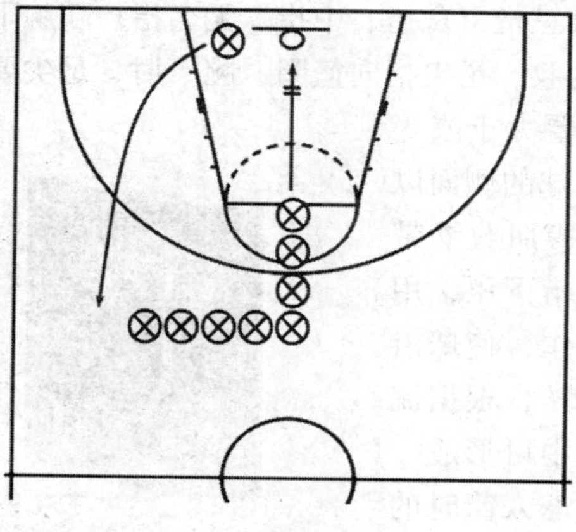
图 3–14　罚球线上原地投篮

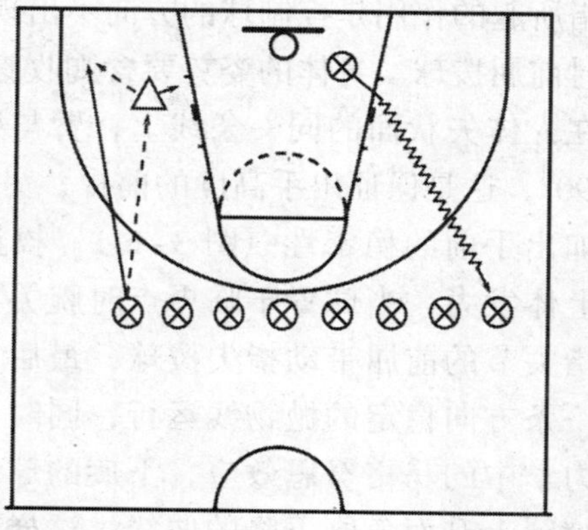
图 3–15　急停跳投练习

5. **易犯错误和纠正方法**

(1) 手指、手腕内旋，肘关节外展，容易造成方向的偏差，要及时纠正手型，多做徒手练习，让学生自己找到正确动作的感觉。

(2) 腕力不足，借助身体力量前冲。可用辅助器械的练习增加腕关节屈肌的力量。

(3) 跳起后投篮不到位，身体不能滞空。其原因是腰腹肌力量不够，应采用仰卧起坐等练习方法增加腰腹肌力量。

(4) 随时用示范动作引导，使学生加深正确技术动作的概念。

(二) 行进间投篮技术

这种投篮方式多数是在切入至篮下时运用，其特点是选择性广，机动性大，出球点多，可使球与篮圈的距离尽可能地缩短，从而达到极高的命中率。

1. **行进间低手投篮**

这是目前广泛运用的投篮方法，以右手投篮为例。接球的同时右脚向前跨一步，然后左脚登地起跳使身体腾空，双手在保护球的同时置球于头的前上方后左手离开，右手控制球使之尽量接近篮圈，当身体腾空至最高点时，手臂充分伸直，五指朝前，掌心向上托球，借助身体移动的惯性屈腕，手指拨球打板反弹入筐或直接使球空心入网。

2. **行进间高手投篮**

俗称跑投（篮），脚步动作同上，仍是单脚起跳。这种投篮方法不但可应用于篮下，也可应用于中远距离。当身体腾空后置球于头上，掌心向上，指尖朝后，借助身体的惯性将球投出，其动作与单手肩上投篮相同。

3. **勾手投篮**

这种投篮方法不但出球点高，远离防守，同时还可以用身体保护球，不易被对手封盖，在篮下进攻时尤为奏效。以右手投篮为例，左侧臂屈肘，使身体拉开与防守者的距离，左肩侧对篮筐，右手持球以右肩为轴从身体后侧向上方绕弧线置球于头上最高点，当肘关节完全伸展后屈腕，手指拨球使球擦板入筐或空心入网。

4. **行进间投篮的练习方法**

(1) 学生在圈顶处站一横排，从排头开始沿45°运球至篮下，完成投篮后自己拿篮板球再到排尾等候，按顺序进行，数次后交换至另一侧（图3-16）。

(2) 传接球上篮，⊗为有球队员，X为无球队员，⊗将球传给×后沿45°跑向篮下再接×的回传球上篮，然后到无球队员一侧队尾等候，×传完球至篮下拿篮板球到有球队员一侧队尾等候，

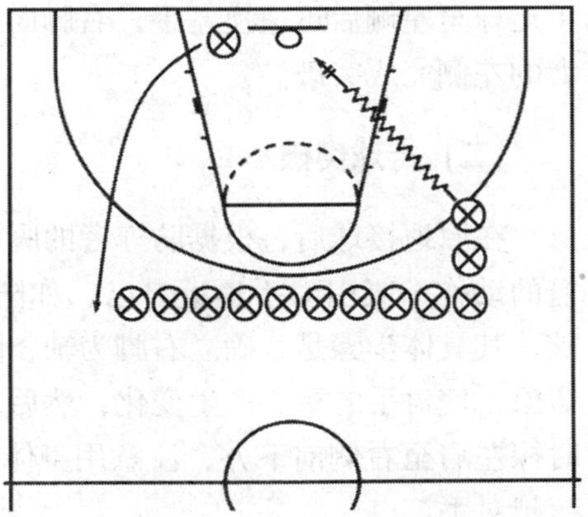

图3-16 45° 运球上篮

按顺序完成数次后交换角色（图 3–17）。

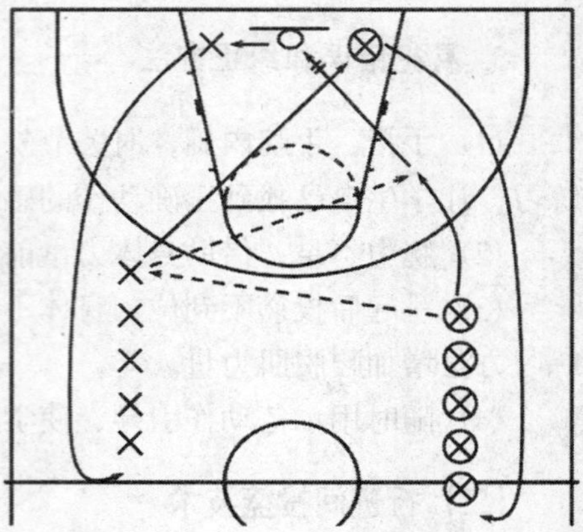

图 3–17　传接球上篮

5.　**易犯错误和纠正方法**

(1) 时机掌握不准确，起步过早造成身体腾空后离篮圈太远；起步过晚造成身体腾空后篮圈在头上方。应根据个人特点及时调整步幅与起步点。

(2) 起跳脚的概念模糊，导致身体腾空后动作不协调。要明确右手投篮时应左脚起跳，手脚的配合要协调一致。

(3) 屈胯、蹬腿，附带多余动作。腾空后上体要充分伸展，使球尽量接近篮圈，用示范动作为学生建立正确的动力定型。

四、突破技术

突破是完成个人进攻的主要手段之一，它是以运球和脚步动作为基础，通过突然的变向、加速、转身及跨步等，完成超越或摆脱对手的过程。突破的同时可结合投篮和传球，使之更具备攻击性和灵活性。

（一）运球突破

行进间运球时用假动作迷惑对方，利用其重心的移动和变化，突然摆脱对手，之后完成投篮或传球。

1. 同侧步运球突破

如右手运球时，头和上体向左侧做假动作，使防守重心移动，然后左脚迅速蹬地，右脚快速向右侧迈步从防守者右侧运球突破。

2. 交叉步运球突破

在右手运球时，头和上体向左侧做假动作，当防守者重心产生变化时，以左脚为轴，右手运球至左侧后迅速换左手，右脚向左前方跨一大步，同时探右侧肩用身体保护球，在防守者的左侧完成突破。

（二）持球突破

在原地接球后，根据防守者的脚步姿势和具体情况，有意图地选择突破路线。首先做瞄篮的动作，吸引对手逼近自己，如防守者两脚前后站立，当左脚在前时，则应选择右侧突破，其具体步骤是，确立右脚为轴，降低身体重心，含胸收腹，向左侧摆头做从左侧突破的假象，使对手的重心产生变化，然后左脚突然跨至右前方与防守者前脚平行的位置，与此同时探左肩至右侧前下方，注意用身体保护球，在右手运出的球接触地面之后快速抬起右脚，超越对手。

（三）持球突破练习方法

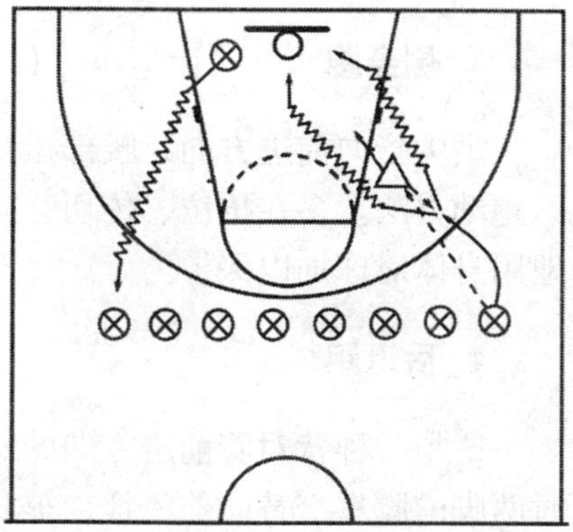

图 3–18

学生站一横排，如图 3–18 所示，排头将球传至△处，然后徒手跑到△身前接△的回传球，根据△的脚步站位选择从左侧或右侧突破上篮，之后⊗与△交换角色，投篮队员防守，△拿下篮板球运至队尾等候，按顺序依次进行，数次后交换到另一侧。

（四）持球突破的要点

1. 瞄篮时假动作要逼真，造成假象使对手逼近或重心产生移动，为下一环节做好充分准备。

2. 突破时尽可能探肩使身体超越对方，从哪侧过人用哪侧手运球并用身体加以保护，切记球接触地面后再抬起中枢脚。

3. 蹬地要突然，摆脱要迅速，整个过程要快速、敏捷、协调、连贯，一气呵成。

五、脚步移动技术

篮球比赛是攻守转换的过程，由于场上的情况起伏跌宕，变幻莫测，一个失误便会导致攻防阵型瞬间颠倒，为了适应这种突然、频繁的转变，首先要从脚下开始做起。脚步移动是一切技战术配合正常发挥的基础，无论进攻与防守，为了尽快占领有利位置，需要的是速度和高度，但在有限的时间和空间之内，在严密的盯防之下，要实现这一目的就必须掌握灵活多变的脚步移动技术。移动技术包括走、跑、跳、急停、转身、滑步、跨步、交叉步、后撤步等，其动作结构是下肢多个复合动作再加上肢动作的配合来完成。

（一）跑

跑是由静止状态转为运动状态的一个过程，是身体位移的方法之一，是在走的基础上频率不断加快，由双脚支撑变为单脚支撑的结果。篮球场上经常运用的跑动方法有以下几种：

1. 变速跑

即用速度的改变来达到目的的一种跑动方式。进攻时可摆脱对手，防守时可封堵路线。变速跑是比赛中最常用的脚步动作，加速时要上体前倾、重心前移，前脚掌迅速向后蹬地，步幅要小、频率要快，上体手臂快速摆动与之配合来维持瞬间的相对平衡。减速时步幅加大，上体挺胸直起，重心后移，摆臂频率减慢，脚掌搓地以增大阻力来降低速度。

2. 变向跑

即用方向的改变来达到目的的一种跑动方式。变向时，要注意最后一步反侧脚的前脚掌内侧用力蹬地，如向左变向时，右脚蹬地同时脚尖内旋、屈膝，腰部带动上体向左前倾，当右脚变支撑脚后，左脚向左前方跨出并用力蹬地，右脚随后跟上继续加速前进。

3. 侧身跑

足尖指向前进方向，腰部扭转，上体和头对着侧面有球方向，使重心轨迹形成一条弧线的跑动方法。多在抢位、传切、接应等场合运用，其特点是即能保持一定的速度，又能合理地用身体对球加以保护。

4. 后退跑

这是一种背对着前进方向的特殊跑动方法。一般是在防守中确认身后无人时采用，跑动时两脚前脚掌交替向前蹬地，提膝向后摆动腿的同时上体放松，屈肘摆臂配合下肢节奏以保持身体平衡，同时更好地观察和判断场上的所有情况。

（二）跳

跳是篮球场上争夺高度和远度的主要手段，无论是投篮争抢篮板或抢断球，凡是空中动作，起跳质量都将起着决定性作用，这里的质量包括起跳高度、弹速、起跳远度、滞空时间等。跳是通过屈膝、脚掌蹬地、踝关节伸、股四头肌和小腿三头肌迅速收缩将身体腾空的过程，其方式有单脚起跳和双脚起跳两种，在实际中可根据具体情况任意选择。

1. 单脚起跳

多用于行进间投篮、冲抢篮板球、抢断球等，一般是在有助跑的情况下完成，起跳前踏跳腿屈膝，前脚掌用力蹬地，同时臂上摆将水平速度完全转换为垂直上升的速度，身体上升的同时髋关节打开，借以增加上体的相对高度，当身体升至最高点时摆动腿自然伸直与起跳腿合并，使腾空动作进一步协调并保持相对的平衡与稳定。

2. 双脚起跳

多用于跳起投篮、跳球、争抢防守篮板球等，一般是在原地或跨步后完成，起跳时双脚的前脚掌蹬地，上体前倾的同时双臂上摆，身体在空中要自然伸展，用腰腹肌的伸缩来控制腾空之后的相对平衡。

（三）急停

急停是在行进间突然制动使速度为零，身体相对静止的变化过程。它是各种脚步衔接和变化的过渡动作，利用这一过程不但可以有效地摆脱防守，还可以更好地结合起动、变向、转身等完成其他动作，从而圆满达到目的。急停的方法有跳步急停和跨步急停两种，前者是指停步之前一脚蹬地跳起并腾空，之后双脚同时平行落地，后者是指双脚依次前后落地。以上无论哪种方法，在停步之前都要适当降低身体重心，落地后两腿屈膝，重心保持在两脚之间，上体略前倾，为更好的完成下一动作做好充分准备。

（四）跨步

跨步是在身体相对静止时，以一脚为轴，另一只脚向其他方向跨出，用以摆脱防守的脚步方法。经常是在持球后作为过渡性动作诱骗对手时运用，使之位置移动或抢占空间，从而获得超越、摆脱，最后完成传球和投篮。

（五）转身

即在规则允许的范围内，以一只脚为轴，另一只脚蹬地使身体向前或向后转体，从而改变前进方向的一种动作方法。在实际中应用较为广泛，经常与其他动作结合使用，在完成这一动作的过程中，首先要屈膝、降低重心，确立中枢脚后用前脚掌碾地，转身时注意用转胯带动上体转动，同时要保持身体重心平稳，不要产生起伏，转身后重心仍然要落在两脚之间，确保身体相对平衡，以便衔接下一动作。

（六）滑步

即用双脚滑动的方式向各个方向平移，左右滑动时用移动方向反侧腿的前脚掌内侧蹬地，前后滑动时用移动方向后侧腿的前脚掌做蹬搓动作，用力脚蹬离地面后不要过高抬起，应紧贴地面滑动，从而克服重心起伏来维持相对平衡。滑步的原则是，向右滑动时左脚不要落在右脚的右侧；向左滑动时右脚不要落在左脚的左侧；向前滑动时后脚不要超过前脚的前侧；向后滑动时前脚不要超过后脚的后侧。滑步多在防守过程中采用，因易于保持身体在平衡中移动，所以具有一定的实用性，在滑动时应脚跟抬起脚掌着地，重心下降保持在两脚之间，双手扬起或一手在上一手在下，目的是封锁传球路线，随时破坏和干扰进攻。

（七）后撤步

后撤步是防守时常用的脚步移动方法，经常与滑步结合运用，可随时保持有利的防守位置。其方法是前脚掌内侧蹬地，以另一侧脚为支点，在以腰、胯为轴转动的同时前脚变为后脚，重新面对进攻队员，但仍然保持原有的防守姿势，也可视为通过脚步移动调整防守位置的一种方法。

（八）交叉步

在防守过程中，为了及时地移动或调整脚步，抢占有利的防守位置，通常运用交叉步结合其他脚步动作来达到目的。其动作方法是在移动过程中脚掌内侧蹬地，灵活转髋带动上体随之移动，蹬地腿绕支撑腿前后交叉摆动，为了与速度衔接，重心要紧随支撑腿移动。

脚步移动不仅仅是单一的动作过程，在实际中经常是由多个动作组合完成，如跑——急停——跨步——跳——滑步——转身等，有时是变向跑与加速跑的组合，有时是急停与转身的组合，所以脚步移动具有综合性、连贯性的特点，它对控制身体平衡、调整身体重心、改变身体姿势具有十分重要的意义，只有合理地运用才能争取在时间和空间上的主动，只有熟练掌握才能在进攻时摆脱自如，防守时迅速到位。

第三节　篮球基本战术

篮球战术即通过队员之间的默契配合，有目的的达成固定套路和组织形式，为充分发挥本方的技术特长，有效制约对方而制定的方法和部署。篮球战术的作用是将队员已经具备的身体素质、技术水平、心理因素、环境特征等条件，根据具体情况综合考虑，合理运用，从而掌握主动，争取胜利。

从整体上讲，篮球战术分为进攻战术和防守战术两大部分，这里方式方法是战术组成的核心，行动配合是具体内容，其中包括行动程序、位置安排、动作选择、移动路线、时间要求、区域范围等。战术的运用要应时机、地点、条件而定，要从实际情况出发，扬己之长，攻彼之短。战术的选择首先要做到知己知彼，合理部署。其次要做到攻守兼备，快慢结合，内外结合，点面结合。此外还要善于观察战局的转变，捕捉战机，灵活掌握攻守转换，出其不意，攻其不备，先发制人。

一、战术基础配合

战术基础配合包括进攻和防守两个部分，是小范围有组织、按顺序的默契合作，它是组成全队战术配合的基础，是整体战术配合不可分割的一部分，因此基础配合运用数量的多少与质量的优劣直接影响到全队水平的发挥，同时也是决定胜负的关键。

（一）进攻战术的基础配合

进攻战术基础配合是指在进攻过程中，两三个人之间按固定套路和组织形式来完成的简单合作，其中包括传切配合、掩护配合、策应配合和突分配合。

1. 传切配合

进攻队员之间利用传球和切入技术组成的简单配合。如图 3–19 所示，⑦⑧为进攻队员，⑦将球传给⑧后立即摆脱对手△，向篮下空切，同时接⑧的回传球投篮。三人之间组成的传切配合如图 3–20 所示，⑦⑧⑨为进攻队员，⑦将球传给⑧，⑨伺机空切篮下接⑧的传球后投篮。以上配合简单明了，路线清晰，目的明确。

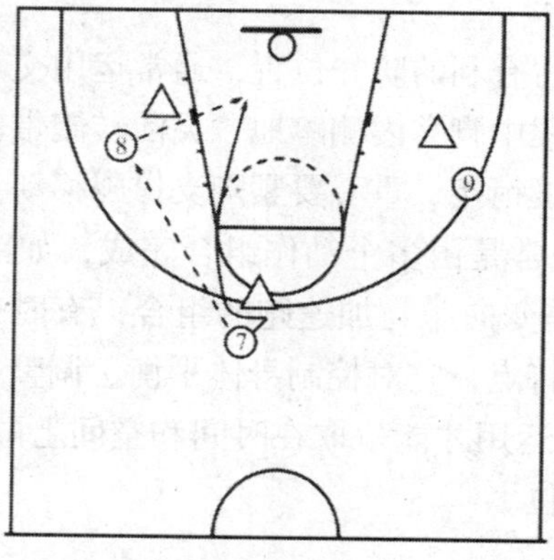

图 3–19　两人传切配合

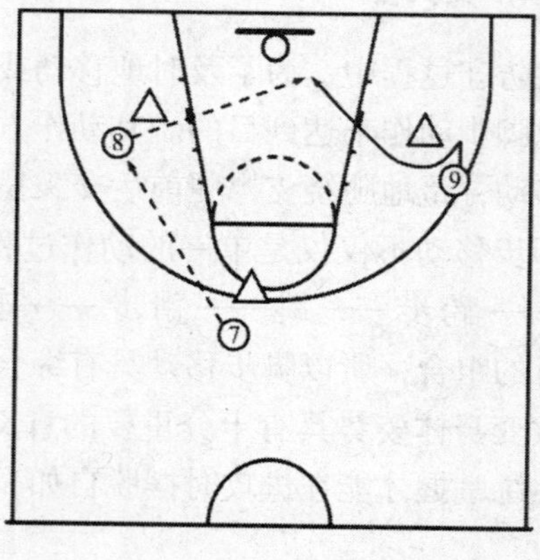

图 3–20 三人传切配合

【运用提示】

(1) 首先要掌握好切入时机，用速度和方向的改变来摆脱对手，及时抢占篮下无人区。

(2) 控球队员要善于利用假动作吸引或牵制对手，寻找最佳时机和最佳路线将球传出。

2. **掩护配合**

进攻队员之间采用正当合理的行为，用身体阻挡同伴防守者的移动路线，从而使同伴摆脱防守的配合方法。

(1) 如图 3–21 所示，⑦将球传给⑧后做左侧空切的假动作，然后迅速摆脱去给⑧做掩护，⑧利用⑦的掩护从△和⑦的左侧运球突破或投篮完成进攻，此为侧掩护。

(2) 如图 3–22 所示，⑧为控球队员，首先将球传给⑦，然后向反方向跑动去给无球队员⑨做掩护，⑨摆脱防守空切篮下接⑦的传球后投篮，此为反掩护。

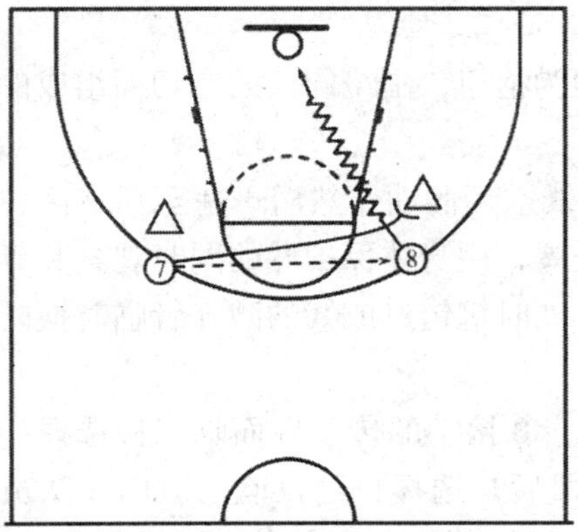

图 3–21 侧掩护

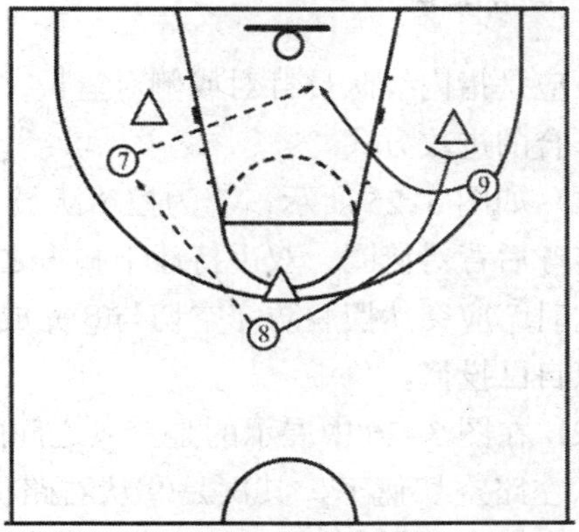

图 3–22 反掩护

(3) 如图 3–23 所示，⑦控制球，首先传球给⑧然后伺机等待，⑧可用瞄篮、运球等方式分散防守者的注意力，⑨从防守者右路空切后再返回，在后面给⑦做掩护，⑦可先做左路空切的假动作，然后迅速从右路至篮下无人区并随时准备接⑧的传球后投篮。这种配合方式称之为后掩护。

(4) 如图 3–24 所示，⑦为控制球队员，⑧前去用身体挡住⑨的防守者，这时⑨可借机摆脱，接⑦的传球投篮或重新组织进攻，这种掩护配合的方式称之为前掩护。

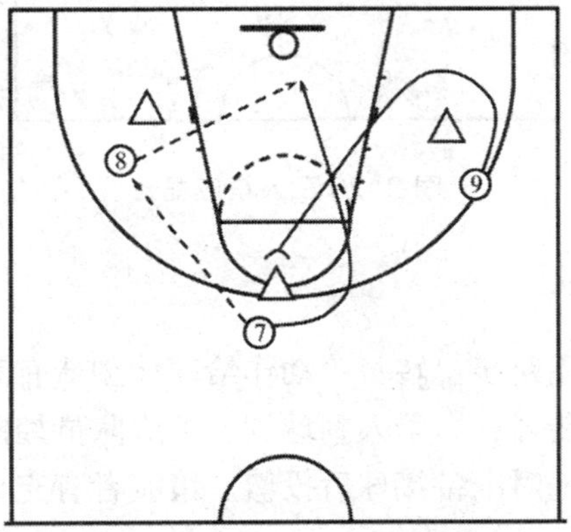

图 3–23 后掩护

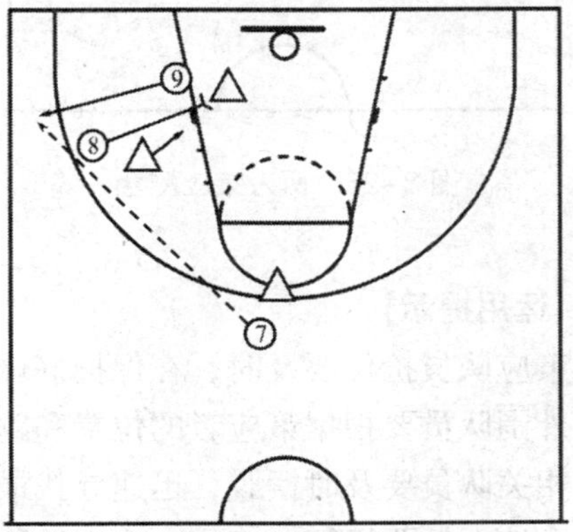

图 3–24 前掩护

此外根据移动路线和位置的变化有时还可出现二次进攻的机会，总之掩护配合的方法不一，形式多样，有前锋和中锋之间的配合，有中锋与后卫之间的配合，也有后卫与前锋之间的配合，但无论是怎样形式的配合，其宗旨都是争取时间和空间的主动，创造进攻机会。

【运用提示】

(1) 掩护时的动作要在规则允许的范围内，要被动自然地和对方接触，不要主动去碰撞。

(2) 摆脱时机的选择要准确，配合要达成默契，各环节的衔接要协调有序。

(3) 结合各种假动作的运用，不要过早暴露行动的真实意图。

3. 策应配合

策应是指内线队员背对或侧对篮板，接球后以他为枢纽，围绕同伴的空切而组成的一种里应外合的进攻方式。

(1) 如图 3-25 所示，⑦为控球队员，⑧做从底线空切假动作然后迅速至罚球区，在接⑦的传球后背对篮圈，双手持球于胸腹之间，双臂外展，用身体保护球的同时观察和等待时机，这时⑦应突然摆脱防守空切与⑧完成策应配合，如时机错过或⑧的防守者临时换防，⑧也可以自己投篮。

(2) 在图 3-26 中展示的是三人之间的策应配合，⑧接⑦的传球后面临三种选择，首先是⑦从左路空切篮下，其次是⑨从右路徒手切入，最后是选择自己投篮。对内线队员⑧来讲，三个机会可任选其一，从时间、顺序、时机、合理性等诸方面考虑，⑧有充分的选择，这样便可进一步提高成功率。

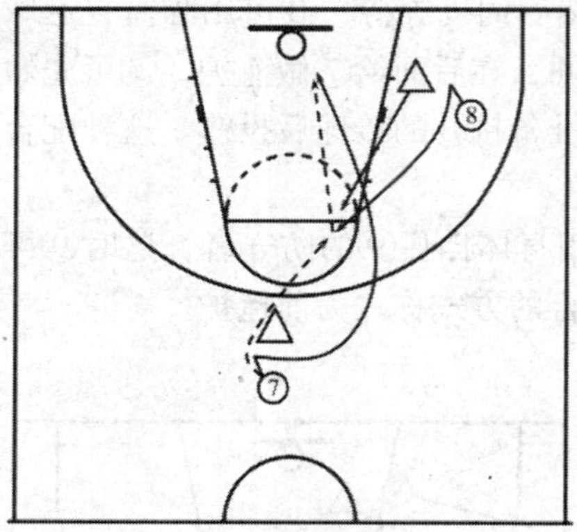

图 3-25　两人策应配合

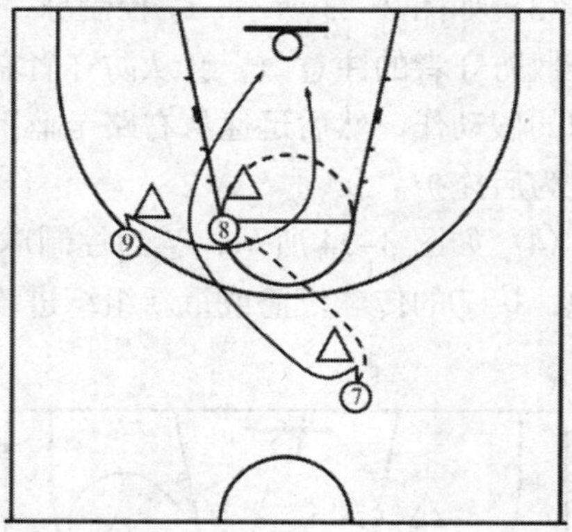

图 3-26 三人策应配合

【运用提示】

策应队员抢位要及时，在保护好球的前提下可利用跨步、转身等动作给同伴创造有利条件。外围队员要根据策应者的位置和跑动路线，及时传球，力争人到球到。策应队员控制球后，相关队员要及时摆脱，迅速寻找最佳进攻路线，随时准备接球后投篮。策应者有充分的选择余地，但要机智、清醒、合理地处理球。

4. 突分配合

即持球队员在突破过程中主动或应变地寻找更加合理的机会，与同伴协作进行攻击的配合方式。

(1) 如图 3–27 所示，持球队员⑧在运球突破过程中遇到自己防守者和防守⑨的队员共同夹击，此时⑨已及时跑至篮下无人区，⑧应迅速传球给⑨，使之在无人防守的情况下轻松得分。

(2) 在图 3–28 的布局中，进攻队员⑦运球从底线突破，其防守者紧跟不舍，同时防⑧的队员和防⑨的队员都有可能前来协防，对⑦形成威胁，这时⑦可根据具体情况合理将球传给⑧或⑨，让其选择投篮或其他进攻方式。

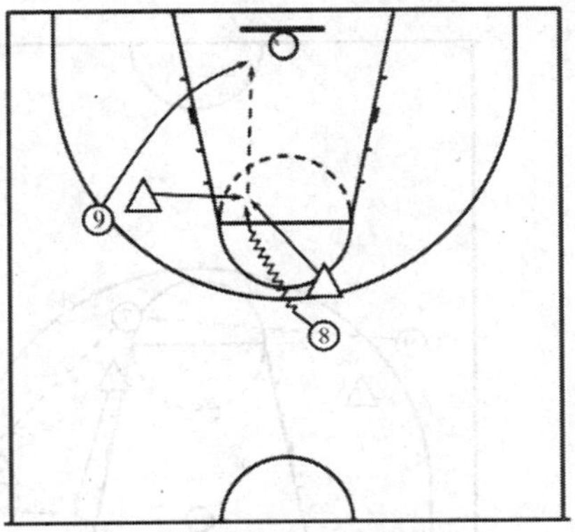

图 3–27 两人突分配合

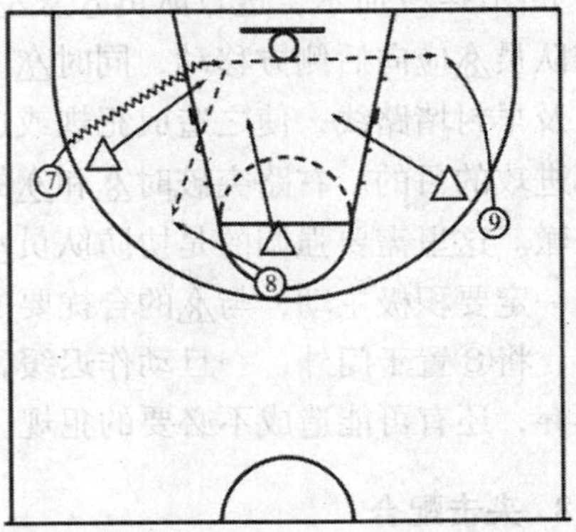

图 3–28 三人突分配合

【运用提示】

(1) 持球突破的队员动作要果断、坚决，同时要随时观察其他队员的位置变化。

(2) 在同伴突破过程中，其他队员要灵活掌握时机，及时到达有利位置。

(3) 突破后的传球要准确到位，给同伴在第一时间创造投篮机会。

(二) 防守战术的基础配合

防守战术的基础配合是指两三个人之间为破坏对方进攻而组成的简单、默契合作，其中包括防守掩护的配合、关门、夹击、补防等。

1. 防守掩护配合

(1) 挤过配合：在对方进行掩护时，无论防有球队员与无球队员，都要在掩护队员靠近自己的瞬间迅速向前跨出，从掩护者和进攻队员之间挤过，继续紧跟自己的对手，此为破坏掩护配合行之有效的方法之一。

(2) 穿过配合：当进攻队员进行掩护时，防掩护队员要及时示意或提醒同伴后撤，使同伴能够顺利从自己和防守队员之间的空隙穿过，从而继续防住各自的对手，此为破坏掩护配合行之有效的方法之二。

(3) 绕过配合：防掩护的队员主动紧贴对手，及时调整位置，创造机会让同伴从自己的身旁绕过，继而防住各自的目标，此为破坏掩护配合行之有效的方法之三。

(4) 交换防守配合：为了有效地破坏进攻队员的掩护配合，防守队员及时呼应或默契调整，相互交换自己的防守目标，从而使防守力量达到新的均衡，此为破坏掩护配合行之有效的方法之四。

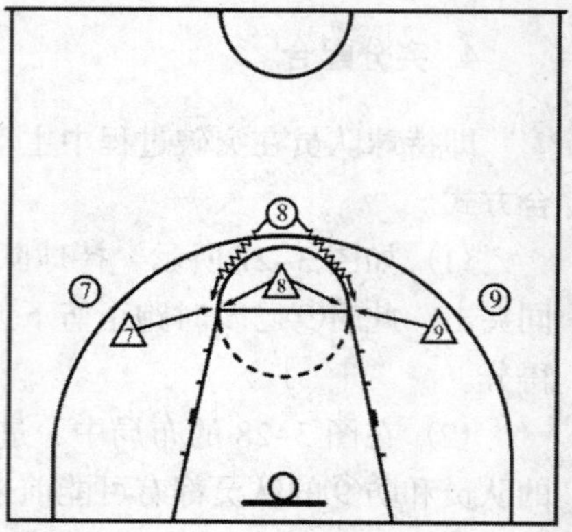

图 3–29　关门配合

2. 关门配合

两名防守队员同时利用合理的脚步动作使身体靠拢，抢先占领空间，封堵进攻队员的突破路线，这种阻止或破坏进攻的方式叫关门配合。

如图 3-29 所示，进攻队员⑧从左路运球突破时，防守队员△8应向后侧方移动，同时△7应立即滑步向靠拢，及早封堵路线，使之造成犯规或违例，从而达到破坏进攻的目的。右路突破时△8和△9的配合同上，如出一辙。这里需要强调的是协防队员△7和△9在配合过程中一定要积极主动，与△8的合拢要像两扇拉门一样关闭，将⑧置于门外，一旦动作迟缓，所有努力将前功尽弃，还有可能造成不必要的犯规。

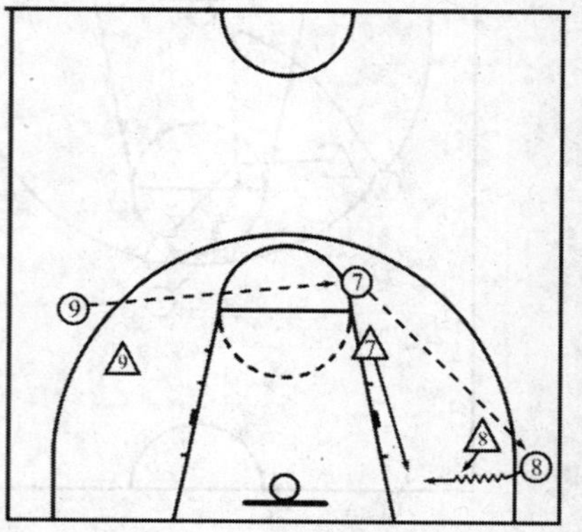

图 3–30　夹击配合

3. 夹击配合

两名防守队员为共同目的一起采取行动，封堵和包夹持球者，造成局部的以多打少，从而完成断球或使之失误。

如图 3-30 所示，⑧为进攻队员从底线突破，△7及时前去封堵⑧的切入路线，果断地和△8共同对⑧造成夹击。这里需要提示的是，夹击的最好时机是在进攻队员埋头运球或停球犹豫的瞬间，突然、果断、快速地采取行动，最佳区域应选择边角附近，因为此时持球队员所处位置减小了传球的角度和观察视野，前有堵截，后无退路，侧有包夹，此时极易造成 5 秒违例、回线及传球失误。在形成局部以多防少的局面之后，其他队员一定要及时轮换补位并随时准备断球。

二、快攻与防守快攻

(一) 快攻战术的概念与特点

在防守转入进攻时，以最快的速度，在最短的时间内将球推进至前场，瞬间造成人数和位置上的优势，从而果断、合理地进行攻击，这是一种速战速决的进攻方式，固称之为快攻。

快攻战术的特点是发动突然、攻击迅速、过程简单、成功率高，因此它是现代篮球进攻战术中的锐利武器，同时也是重要的得分手段。

（二）快攻战术的组织形式与配合

快攻战术有长传快攻和短传结合运球快攻两种，发动的时机有以下几种情况：

1. 抢到后场篮板球时发动，突然转守为攻，造成对方措手不及。
2. 掷后场界外球时发动，趁对方防守没有完成落位，攻其不备。
3. 在后场或中场抢断球后发动，攻击时形成局部的以多打少。
4. 在跳球获得球后发动，结合短传推进，抢占位置，创造机会。

快攻的发动要审时度势，不失时机地掌握好节奏，同时要和阵地进攻有机地结合。在得到球权的瞬间，首先要观察场上同伴队员的位置及跑动路线，看是否有人领先快下，是否有人占领了有利位置，及时准确地判断可行性的大小，一旦出现机会，迅速组织发动，毫不犹豫。

（三）快攻的方法

1. 长传快攻

由发动和结束两个阶段组成，带有偷袭性质，其特点是时间短、配合简单、成功率高。如图 3–31 所示，对方投篮命中后，由距离球最近点的④抢发端线球，此时⑦和⑧沿边线成弧形线路领先快下，④可根据具体情况任意选择⑦和⑧后长传，⑦或⑧接球之后投篮，整个过程在几秒中内便可完成，只有发动（长传）和结束（投篮）两个阶段，即简单便捷又有实际效果。

2. 短传结合运球快攻

在得到球权之后，由于防守严密或领先队员还没有到达理想位置，可利用传球和运球推进到前场，同时观察场上变化，出现机会立即传球。在图 3–32 中，内线队员④抢到篮板球

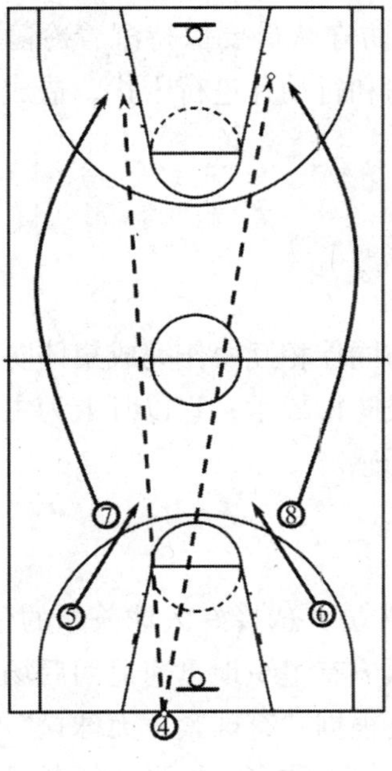

图 3–31　端线长传快攻

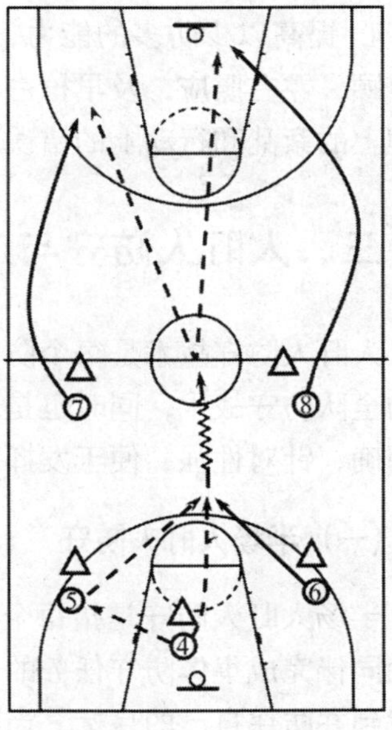

图 3–32　短传结合运球快攻

后，由于防守队员的干扰不能及时长传，可将球先给插上的进攻队员⑥，⑥接球后沿中路运球推进，因中路视野宽阔，选择范围大，⑦和⑧一旦摆脱防守出现机会应立即将球传出。此外在图中④抢到篮板球后也可传给⑤，这时⑥插上要球，之后运球推进，结束部分相同。以上过程包括三个阶段，即发动与接应、中路推进、投篮结束。

(四) 快攻的注意事项

1. 场上队员要强化快攻意识，发动时机的选择要准确，领先队员在快下的同时要保持合理的位置和跑动路线。

2. 接应队员要随时观察场上的情况变化，及时将球传到最佳攻击点，尽量减少不必要的运球。

3. 主动争抢后场篮板球，在中后场要积极抢断，以多打少，尽可能地创造机会。

4. 进攻一旦受阻，要及时调整节奏，如果机会错过应迅速转入阵地进攻。

(五) 如何防守快攻

防守快攻第一步要从拼抢篮板球开始，得到一次进攻篮板球便可有效瓦解一次快攻。如果失去球权，首先要封堵第一传，尽量破坏和干扰一传的质量，为其他队员的防守落位赢得时间。接应队员得球后，要积极对其进行堵截，边退边防，尽可能延缓对方的推进速度，打乱进攻节奏，同时其他队员要迅速回防，及时落位。失去球权的瞬间即是由攻转守的开始，因此提高场上队员的攻守转换能力，有效遏制快攻并削减其威力，应尽量做到以下几点：

1. 提高进攻成功率，减少传球失误，积极拼抢前场篮板球，这是制约快攻最为行之有效的方法。

2. 堵截接应点，封锁第一传，设法延缓快攻的发动和推进，可采取夹击防守、切断接应路线等方式，延缓其进攻速度，争取时间布防。

3. 严防快下队员，在中场进行积极追截，不给进攻队员长驱直入篮下的机会，从而赢得时间和防守力量上的平衡。

4. 提高以少防多的能力，在一防二或二防三的情况下，防守队员要保持沉着冷静，前后兼顾，左右照应，及早抢占有利位置，注意观察对方的意图和行动并进行干扰，造成对手心理上的紊乱和行动上的错误。

三、人盯人防守与进攻人盯人防守

人盯人防守战术是每个防守队员盯住一名进攻队员，并与同伴相互协作完成集体防守任务的全队防守战术，同时也是运用最普遍、具有攻击性的积极防御战术，它以盯人为主，分工明确，针对性强，便于发挥和调动队员的防守积极性及责任感。

(一) 半场人盯人防守

半场人盯人防守是指每个防守队员在后场盯住一名进攻队员，选择好人球兼顾的位置，协助同伴完成集体防守任务的全队战术。在由攻转守时，全队应有组织地迅速退回后场，及时找到并防住自己的目标，当球进入攻击范围时，防守队员要根据“有球紧、无球松”的原则，来确定各自的防守位置，要做到有球时以多防少，无球时以少防多，尽可能切断持球队员与无球队员之间的联系，同时随着球的不断转移，防守队员应快速调整防守位置与防守姿势。

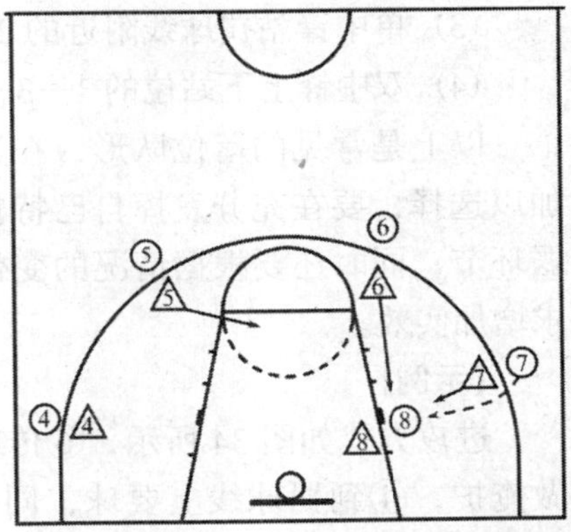

图 3-33　缩小防区的人盯人防守

1. 半场缩小人盯人防守

它是以加强内线防守，保护篮下为主要目的的防守战术。其范围在距离球篮 6～7 米之间，这种防守战术多用于对方篮下攻击力较强，外线投篮威胁不是很大的情况，它的防区较小，便于协防，可有效控制内线进攻、抢篮板球和组织快攻反击。具体方法如图 33 所示，当进攻队员⑧在篮下威胁较大，而其他队员⑥⑤④中远距离投篮不准，但又善于切入时，在⑧接到外围⑦的传球后不仅要全力以赴，也应向⑧靠拢及时协防，同时、、都要相应缩小防区。当对方进行掩护配合时，要不失时机地运用挤过、绕过等方法，破坏对方的进攻配合。

2. 半场扩大人盯人防守

当对方外围投篮准确，内线相对较弱，突破及全队的整体进攻配合质量较差时，采用半场扩大人盯人防守战术可有效遏制对方的习惯打法，这种防守战术一般是在距球篮 8～10 米范围，用于加强外线防守，切断内外联系，从而达到“制外防内”的理想效果。它的优点是防守目的明确，主动性、攻击性强，缺点是扩大了防区，队员体力消耗大，不利协防，容易出现漏人现象。

3. 半场人盯人防守的基本要求

(1) 要掌握以人为主的防守原则，对持球队员应采取平步贴身紧逼防守姿势，扩大防守面积，积极拼抢和破坏对方传球配合，轻易不给其造成投篮、突破的机会。

(2) 由于是人盯人防守，势必导致强度的增加，所以要求队员具备充沛的体力和良好的意志品质，要正确观察和判断场上的攻守情况，及时合理地调整防守位置，在严密控制对手的同时随时准备协防、补防、断球等，充分体现防守的整体性、主动性和攻击性。

(3) 由攻转守时要迅速回防，对无球队员应采取错位防守，努力做到人、球、区兼顾，当球进入边角地带时，要不失时机地组织夹击，对高大队员应及时绕前防守，控制篮下。

(4) 在防守过程中要分工明确，势均力敌，充分考虑到队员的特点，力求做到高对高、矮对矮、快对快、慢对慢、强对强、弱对弱。

(二) 进攻半场人盯人防守

由于半场阵地进攻的形式多种多样，各有特点，所以要根据防守的阵形和本队的特点来加以选择及运用，既要有针对性又要有合理性，这样才能收到理想效果。

1. 进攻半场人盯人防守的队形

(1) 单中锋进攻的 2—3 队形。

(2) 双中锋进攻的 1—2—2 队形。

(3) 单中锋站罚球线附近的 2—1—2 队形

(4) 双中锋上下站位的 1—3—1 队形。

以上是常见的落位队形，在运用时要有针对性地加以选择，要在充分发挥自己特长的基础上攻击其薄弱环节，同时还要根据情况的变化做相应的调整，以求增加实效。

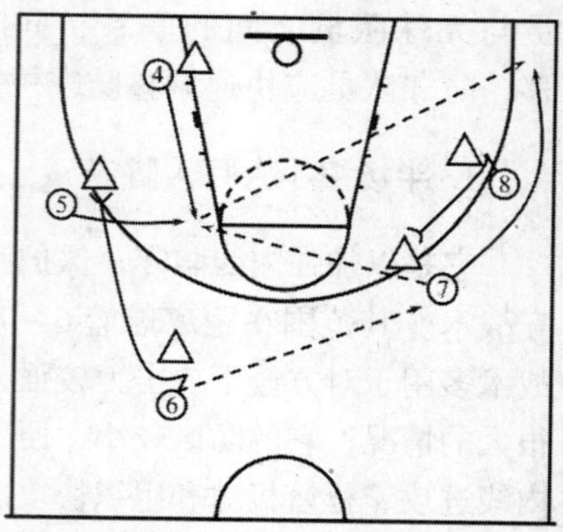

图 3–34　进攻半场人盯人战术

【示例】

进攻方式如图 34 所示，⑥传球给⑦，之后去给⑤做掩护，④到罚球线上要球，同时⑧去给⑦做掩护，⑦将球传给④后借⑧的掩护向底线快下，⑤借⑥的掩护插到圈顶，此时④可根据情况与⑤做策应，也可将球传给⑦在外围投篮，两者任选其一。这一进攻中既有掩护配合，又有中锋策应，既有内外结合又体现了战术的灵活性，所以创造机会找到了薄弱环节。此外还可以根据场上的不同情况制定空切、突分、掷边线球和端线球的战术配合，有针对性地破坏和瓦解半场人盯人防守。

2．全场紧逼人盯人防守

全场紧逼人盯人战术是指由攻转守时，每个队员立即看住临近的对手，并在全场范围内紧紧盯住目标，通过个人的积极防守和全队的协同配合，达到转守为攻之目的，是破坏性极强的防御战术。这种防守移动面积大，争夺激烈，速度转换快，对抗强度高。其优点是能充分发挥整体力量和个人特长来有效地制约对方，打乱其部署，瓦解其战术，造成对方心理紧张和技术失误，从而取得场上的主动权。缺点是队员分散，不利协防，如果局部攻防力量不均，倾刻便会出现漏洞，导致全线防守坍塌，随后将造成致命的攻击。

3．全场紧逼人盯人的战术形式

全场紧逼人盯人防守可分为前场、中场、后场三个区域，根据各区域的不同特点应采取不同的防守形式。前场的防守如图 3–35 所示，在对方⑤掷界外球时，可采用一对一的紧逼形式，积极阻挠⑤的发球，前场其他队员错位防守，卡断传球路线并准备抢断球，中后场防守队员应抢前防守，与对方保持稍远的距离，随时准备断长传球，如接应队员速度快、控制球能力较强时，也可放弃发球队员⑤，与共同完成协防，阻止其顺利接发球。一旦球进入中

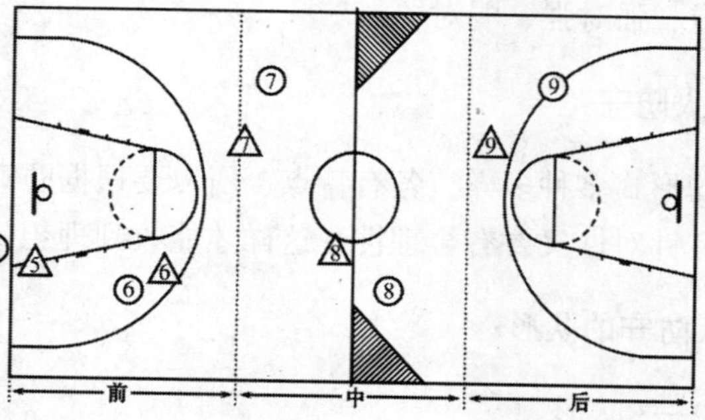

图 3–35　前场人盯人防守

场区域，原则上要堵住中路，将人球逼向边角，在最佳地带迅速形成包夹，使之造成违例或失误，后场防守可按照半场扩大人盯人防守的原则进行。

思考题

1. 你在参加篮球赛的过程中，是否因输球而不快，如何摆脱输球的困扰？
2. 简述怎样欣赏篮球比赛。
3. 如何理解篮球运动是以体能为保障的技巧性运动。
4. 在参加篮球赛的过程中，怎样做到与同伴密切配合？

第四章　足　球

第一节　足球基本技术

一、踢球技术

踢球是指运动员有目的地用脚把球击向预定目标的技术。此技术主要用于比赛中的传球和射门。

（一）技术动作结构分析

踢球的方法很多，动作要领也有所不同，但是每一种踢法都是由助跑、支撑脚站位、踢球腿摆动、脚触球和踢球后的随前动作五个环节所组成。

1. 助跑

是指踢球前的几步跑动，它的作用在于调整人与球的方向、距离，以便在踢球时使支撑脚能够处于所需要的正确位置，从而增加击球的力量。助跑的最后一步要跨大一些，这为踢球腿的充分摆动、增大摆腿速度、制动身体的前冲和提高击球的准确性创造了条件。助跑分直线助跑和斜线助跑。助跑的方向与踢球方向相同为直线助跑。助跑的方向与踢球方向交叉是斜线助跑。

2. 支撑脚的站位

支撑脚的位置要以踢球腿的摆动能达到最大的摆幅、发挥最大的速度和有利于踢球脚准确地接触球的合适部位为原则。它的位置一般视所使用的脚法来决定。凡采用的踢法需要踩在侧方的，一般距离为 10～15 厘米。凡采用的踢法需要踩在球的侧后方的，一般距离球 25～30 厘米。踢活动球时，更要掌握好支撑脚的位置，因为支撑脚落地时球仍在继续运行之中，要把踢球腿的后摆时间计算在内。例如，追踢向前滚动的球时，支撑脚落地的位置要稍靠前，这样才能和球保持合适的位置和距离。支撑脚要积极踏地以制动身体前冲力量，膝关节要微屈，以维持身体的平衡和保证充分地摆腿和自如地踢球。因此，支撑脚实际上起着固定支点的作用。

3. 踢球腿的摆动

击球力量的大小，由多方面的因素决定，而主要取决于踢球腿的摆动。它是踢球力量的主要来源。摆幅大、摆速快，踢出去的球力量就大，球的运行速度就快，球的运行距离就远。因此，踢球腿摆动的正确与否，直接关系到踢球力量、击出球的速度和球的运行距离。

踢球腿的摆动是在支撑脚跨步时（助跑的最后一步）顺势向后摆起的，在支撑脚着地的同时以髋关节为轴，大腿带动小腿由后向前摆。当膝关节摆到接近球的垂直上方的刹那，小腿加速前摆击球。

4. 脚触球

包括踢球脚的部位和击球的部位。一般来说，用脚的某一部位击球的后中部，作用力通过球心，出球平直。当踢各种活动来球时，应准备判断来球的速度、方向、角度。根据出球的目标，合理选择踢球脚以及脚与球的部位。

在现代足球比赛中，运动员已广泛地采用了弧线球踢法，这种踢球的脚法主要运用脚背内侧或外侧击球，击球的作用力不通过球心，使球产生旋转，并沿着一定弧线运行。这种球具有一定的隐蔽性。此外，也可以用脚背正面抽踢前旋球。

5. 踢球后的随前动作

踢球后随腿的前摆与送髋，使身体重心向前移动，这样既易于控制出球方向和加大踢球力量，又能缓和因踢球急速前摆而产生的前冲惯性，以维持身体的平衡。踢球后的随前动作还能与下一个动作衔接。

在上述五个环节中，支撑脚的站位，踢球腿的摆动，脚触球是主要因素。

（二）各种踢球技术动作要领

踢球的方法很多，但主要有脚内侧踢球、脚背正面踢球、脚背内侧踢球、脚背外侧踢球，以用脚尖踢球和脚跟踢球。

1. 脚内侧踢球

它是脚内侧部位（跖趾关节、舟骨、跟骨等所形成的平面）踢球的一种方法。其特点是脚与球接触面积大，出球准确平稳，且易掌握。但由于踢球时要求大腿前摆到一定程度时需要外展且屈膝，故大腿与小腿的摆动都受到限制，因此出球力量相对较小（图 4–1）。

图 4–1　脚内侧踢球

2. 脚背正面踢球

脚背正面踢球时，由于踢球腿的摆幅和脚背与球的接触面相对较大，因此踢球的力量和准确性也较强。在比赛中经常使用脚背正面踢定位球、地滚球、空中球、反弹球、倒勾球。球的性质多为不旋转的直线球，但也可能踢出抽击性前旋球（图 4–2）。

图 4–2　脚背正面踢球

3. **脚背内侧踢球**

斜线助跑，助跑方向与出球方向约成 45°，最后一步稍大，支撑脚积极着地，脚尖指向出球方向，踏在球侧后方 20~25 厘米处，膝关节微屈。在支撑的同时，踢球腿完成后摆，并以髋关节为轴大腿带动小腿由后向前摆动，当大腿摆至与支撑腿接近同一平面时，小腿做爆发式摆动，此时脚尖外转，脚背绷直，以脚背内侧部位触击球的底部。击球后踢球腿及身体继续随球向前（图 4–3）。

图 4–3　脚背内侧踢球

4. **脚背外侧踢球**

脚背外侧踢球是用第三、四、五跖骨部位接触球的一种方法。由于踢球时脚踝灵活性较大，摆腿方向变化较多，且助跑时又是正常的跑动姿势，故其出球隐蔽性较强，足球比赛中各种距离的弧线球及非弧线球均可使用。

5. **脚尖踢球**

这是用脚尖部位捅球后中部的方法，雨天场地泥泞时多使用这种方法。

6. **脚跟踢球**

这是用脚跟跖骨的后面）接触球的一种方法。球在支撑脚外侧时，踢球脚在支撑脚前面交叉摆到支撑脚外侧用脚跟击球。

(三) 易犯错误

1. 踢定位球

(1) 支撑脚位置偏后，踢球时身体后仰或臀部后坐，脚触球的后下部，踢出球偏高。

(2) 踢球腿的后摆较小或没有后摆，而仅是将球踢出以至前摆过分，造成踢球无力或出球较高。

(3) 在前摆过程中小腿爆发式摆动过早，使得脚触球时并非是小腿摆动最大之时，因而出球无力（对出球方向也有影响）。

(4) 踢球腿摆动方向不正，以至踢球施力方向没通过球的中心，出球旋转。

(5) 脚趾屈得不够，以至不能用脚的正确部位踢球，出球力量和方向均受到影响，且易损伤脚趾。

(6) 踢球脚与球接触时没能按要求接触球的合理部位，影响了出球的准确性，对出球的力量及性质也相应地产生影响。

2. 踢地滚球

(1) 支撑脚站位不当，没有根据来球的方向、速度、性能等选择支撑脚的位置，也没有对踢球腿的摆动速度加以控制。

(2) 没有根据来球的方向和速度合理选择助跑路线和脚法。

3. 踢空中球

(1) 支撑脚位置或摆腿击球时间不当，出现踢空现象。

(2) 踢球部位不准，出球偏离预定目标。

4. 踢旋转球

(1) 削球太“薄”，出球乏力。

(2) 削球太厚，球的转速差，弧度小。

(3) 踢球时踢球腿未沿球面弧形摆动，影响球的旋转效果。

二、接球技术

接球是指运动员有目的地用身体合理部位把运行中的球接下来，控制在所需要的范围内，以便更好地衔接下一个技术动作。接球是为下一个动作服务的，接球质量的好坏直接影响下一动作的顺利完成。由于比赛中来球性质、状态不同，所以接球应根据不同情况，采用不同的动作方法。

(一) 技术动作结构分析

无论采用哪一种接球方法，动作结构都是由四个环节组成。

1. 观察和移动

为了更好地完成接球动作，事先注意观察来球的情况，如球的运行路线，球的旋转与速度等，迅速判断落点，及时移动，使自己处于接球时所需要的最佳位置。

2. 选择接球的部位和方法

接球时的不同部位和所采用的方法，各有其不同的作用，因此，必须视临场情况及下一步动作的需要，恰当地选择接球的部位与接球的方法。

3. 改变球的力量

根据来球力量的大小和接球的实际需要，可分别采取加力或减力（缓冲）方法。根据来球力量的方向和接球的实际需要，还可以按照反向定律调整入射角，获取理想的反射角。

4. 随球移动

接球动作一做完就要随球移动，衔接下一个动作，在接球和处理中间不能有停顿。

（二）技术动作要领

接球的方法有多种，常用的有脚内侧、脚背正面、脚背外侧、脚底、大腿、腹部、胸部、头部等部位的接球。

1. 脚内侧接球

这是脚内侧部位接球的一种技术。由于脚触球面积大，动作简单，较易掌握，比赛中常使用这种技术接各种地滚球、平球、反弹球、空中球（图 4–5）。

图 4–4　脚内侧接地滚球

支撑脚脚尖正对来球，膝关节微屈，同侧肩正对来球。接球腿提膝，大腿外展，脚尖微翘，脚底基本与地面平行，脚内侧正对来球并前迎，当脚内侧与球接触的一刹那迅速后撤，把球接在脚下。若需将球接在侧面时，支撑脚脚尖应向同一侧斜指，脚内侧与来球方向成一定角度触球，同时支撑脚提踵，以前脚掌为轴身体做适当转动。当来球力量不大时，只需将脚提到一定高度，并使脚内侧与地面形成锐角轻触球，也可在触球时用下切动作使球前进之力部分转变为旋转力，而将球接在脚下。

2. 脚背正面接球

这种方法多用于接有较大抛物线的来球。根据球的落点，及时移动到位，脚背正面上迎下落的球，当球与脚面接触的一瞬间，接球脚与球下落的速度同步下撤，此时大腿膝关节、踝关节、脚趾均保持适度的紧张，脚尖微翘将球接到需要的地方。

3. 脚底接球

由于脚底接球技术便于掌握，易于将球接到位置，故常被用来接各种地滚球和反弹球。

(1) 脚底接地滚球：身体正对来球方向，移动前迎，支撑脚站在球的侧面（或前或后均可），脚尖正对来球方向，膝关节微屈。同时接球腿提起，膝关节微屈，脚略背屈，使脚底与地面约成45°角（脚跟离开地面），一般以前脚掌接触球的上部为宜。在触球瞬间接球脚可轻微跖屈（前脚掌下点）将球停住，也可根据需要在接球同时将球推向前方或拉向身后。

(2) 脚底接反弹球：根据来球落点，及时前移迎球，支撑脚站在落点侧后方，脚尖正对来球方向，球落地瞬间，用前脚掌触球的中上部，微仰膝，用脚掌将球接在体前。若需接在身后则应在触球瞬间继续屈膝，将球后拉，并伴随支撑脚以前脚掌为轴旋转90°。

4. 大腿接球

(1) 大腿接抛物线较大的下落球：面对来球方向，根据球的落点迅速移动到位，接球腿大腿抬起，当球与大腿接触的瞬间大腿下撤将球接到需要的位置上。

(2) 大腿接低平球：面对来球方向，根据来球高度，接球腿大腿微屈送髋前迎来球，当球与大腿接触瞬间收撤大腿，使球落在所需要的位置上。

5. 胸部接球

由于胸部接球部位较高，加之胸部面积大，肌肉较丰满等特点，易于掌握，故是接高球的一种好方法。胸部接球包括挺胸式和收胸式两种方法。

(1) 挺胸式接球：面对来球站立（两脚左右或前后开立），两膝微屈，重心置于支撑面内，上体后仰，下颌微收，两臂自然张开，维持身体平衡。接触球瞬间，两脚蹬地，膝关节伸直、挺胸廓轻托球下部，使球微微弹起于胸部前上方。

图4–5　胸部接球

对于较高的平直球也可采用这种方法将球接在胸前，但接触球瞬间膝关节由直变屈，脚用提踵状态变全脚掌着地，整个身体保持接球时的姿势，下撤将球接在胸前。

(2) 收胸式接球：多用于接齐胸高的平直球。面对来球，两脚左右或前后开立，两臂自然张开，挺胸迎球，触胸瞬间收胸、收腹、臀部后移，将球接在体前。若需将球移在体侧时，则接球瞬间转体将球接在转体后的相应一侧。

三、运球技术

运球技术从狭义上讲，仅是指运球的方法，即用身体某一部位触球，使球随运球者一起运动；从广义上看，则不仅让球随人运动，还必须越过对方的防守，也就是说如何使用这些运球方法达到越过对方防守的目的。

（一）技术动作结构分析

运球技术动作通常由运球方法的选择与准备、跑动中间断触球、为下一动作的连接作好准备三个环节组成。

1. 运球方法的选择与准备

根据临场情况决定采用哪种运球方法，并随时根据需要作出改变。

2. 跑动中间断触球

这一环节是运球技术的关键部分，当开始实施运球技术后，应根据临场情况的需要使用适宜部位去间断触球，并使球始终处在自已的控制范围内，为了达到这个目的，必须注意如何避开或越过对手，注意触球的力量及球运动的方向。运球跑动要自然、重心低、步幅小、频率快。协调自然地跑动，能使得动作自如，而且变向、变速较易进行。重心低便于突然起动，变换方向，而且不易在对抗中失去平衡。频率快是为了利于动作随时变换，并能随时触到球以保持对球的控制。运球过程中眼睛不要只注视在球上而应注意周围情况，这样才能在临场情况发生突然变化时迅速采取措施，并将球控制到所需要的位置上。

3. 为下一动作的衔接做好准备

这里主要是指运球的任务已经结束，接着需要传球和射门。这就需要在运球即将结束时迅速做好准备，这种准备应是在运球过程中自然协调地进行，从而使得运球与传球或射门一气呵成。

（二）技术动作要领

常用的运球技术有脚内侧、脚背正面、脚背外侧、脚背内侧运球（图 4–7）。

1. 脚内侧运球

运球时，支持脚稍向前跨，踏在球的侧前方，膝关节稍屈，上体前倾并向里转。随着身体的向前移动，运球脚提起，用脚内侧推球的后中部（图 4–6）。

图 4–6　脚内侧运球

2. 脚背正面运球

脚背正面运球多在越过对手之后，前方纵深距离较长，仍需要快速运球前进情况下使用。跑动时，身体自然放松，上体稍前倾，两臂自然摆动，步幅不宜过大。运球脚提起时，膝关节弯曲，脚跟提起，脚尖下指，在迈步伸脚着地前用脚背正面向前推拨球前进。

3. 脚背外侧运球

跑动时身体自然放松，上体稍前倾，两臂自然摆动，步幅要稍小。运球脚提起时，膝关节弯曲，脚跟提起，脚尖内扣，在迈步伸脚着地前用脚背外侧向前推拨球。

4. 脚背内侧运球

跑动时身体自然放松，上体稍前倾并稍向运球方向转动，两臂自然摆动，步幅稍小。运球脚提起时，膝关节弯曲，脚跟提起，脚尖外转，在迈步伸脚着地前用脚背内侧向前推拨球。

（三）运球过人方法

前面所述是运球的基本方法，掌握了这些方法以后，在无对手阻拦时可以将球控制在自己的周围。但若想越过对手的阻拦，还必须恰当的综合使用这些方法，抓住对手瞬间出现的漏洞，达到越过对手的目的。其动作方法包括利用速度强行过人；利用变速运球过人；利用身体掩护强行过人；恰当地组合推、拔、挑、拉、颠等动作过人；利用穿裆球过人；人球分路过人；运球假动作过人。

（四）运球过人易犯错误

1. 眼睛只盯球，不能随时观察周围情况，因而不能根据临场情况及早采取措施。
2. 身体僵硬影响了动作协调自如，造成不恰当的触球，或触球时力量过大。
3. 运球技术运用不合理，造成脚尖捅球。
4. 运球时步幅过大、重心偏高，不能随心所欲地控球。
5. 由于触球部位不恰当，运球时球不能按照运球者的意图运行。

四、头顶球技术

头顶球是指运动员有目的地用前额将球击向预定目标的动作。

（一）技术动作结构分析

头顶球技术的动作结构是由移动选位、身体摆动、头触球、触球后的身体平衡四个环节组成。

1. 移动选位

由于头顶球技术是用来处理运行的空中球的一种技术，因此要想处理好来球，首要条件是对来球的速度、运行轨迹作出正确的判断，选好击球点，并及时到达顶球位置或起跳位置，同时还应考虑自己的弹跳力和比赛当时双方的情况，只有充分地估计了这些情况，才能保证完成顶球动作。

2. 身体的摆动

身体摆动的顺序是由下而上，这样才能使击球部位获得最大的速度。这一环节是顶球力量的主要来源，但球所受力的大小并不完全是由于摆动决定的，它还受头触球的部位和来球力量大小的影响。顶出球的方向并非按照垂直碰撞的反射方向顶回，而多与垂直反射方向成一定角度，为了准确将球击到预定目标，必须在身体摆动时考虑来球方向与将球顶出方向间的关系，使身体摆动发挥出最大的作用。

3. 头触球

这一环节的主要任务是保证顶出球的准确性。它有两层含义，一是用什么部位触球，二是触球的哪一部位。比赛中大多数情况下不是将球顶回，而是与来球方向成一定角度，并将球顶到一定距离的预定目标，因此要主动用力。在头触球时，必须使身体摆动所获得的速度与由接触部位造成的反射方向一致并指向预定目标，有时由于比赛情况无法保证身体摆动所获得的速度与由接触部位造成的反射方向一致，因此必须使这两个不同力（或速度）的方向指向预定目标。

4. 触球后的身体平衡

（二）技术动作要领

头顶球技术分前额正面与前额侧面顶球。

1. 前额正面头顶球

这是用额肌覆盖着额骨正面部分击球的一种动作方法，接触部位如图中的阴影部分（图4-7）。

其动作方法包括原地头顶球；跑动头顶球；原地跳起头顶球；跑动跳起头顶球；鱼跃头顶球；向后蹭顶球。

2. 前额侧面头顶球（图 4-8）

其动作方法包括原地头顶球；跑动头顶球；跳起头顶球（分为原地跳起顶球与助跑跳起顶球）。

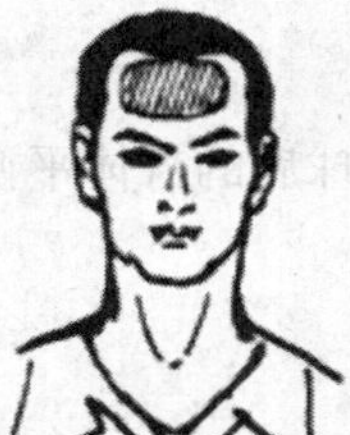

图 4-7 前额正面

图 4-8 前额侧面

（三）易犯错误

1. 由于害怕心理，顶球时闭眼睛，以致造成头顶球部位的错误。
2. 对运行中球的速度、轨迹判断不准确，因而不能很好地选择顶球位置与起跳位置，顶不着球。
3. 掌握不好起跳时机，造成顶不着球（或早或迟），有时虽顶着球，但也顶球无力。
4. 身体摆动环节不能协调有力地进行，影响顶球力量。
5. 由于习惯性闭眼或害怕缩颈等使接触球部位不准，影响出球准确性，这是心理因素的影响，应该在教学、训练中加强“人”的心理因素的培养。

6. 跳起头顶球时，由于不能很好地控制身体，易产生不协调的摆动，不仅影响出球的力量，而且影响出球的准确性。

五、抢截球技术

抢截球是指运动员在规则允许的范围内，用身体的合理部位将对手的控球权夺过来或破坏掉。

（一）技术动作结构分析

抢截球技术的动作结构是由选位、抓住时机实施抢截动作、实施抢截动作与下一动作衔接三个环节组成。

1. 选位

观察对方控制球的情况和接应队员情况。根据观察、分析、判断，及时移动到实施抢截最有利的位置上。

2. 抓住时机、果断实施动作

在实施动作的同时，时机是最重要的因素，过迟或过早都会影响抢截的效果，甚至造成失败。一般说，抢截时机共分两种：一种是对个人控球企图越过防守时的抢截时机，这种情况是在控球者做触球动作后，触球脚即将落地或重心已移至即将落地的触球脚时，此时实施抢截动作，持球者已无法改变的传球路线。另一种是在对方传接球的过程中实施的抢截，这种时机是在对方将球传出前或刚接到球时抢先出击截获或触及球。时机的选择和选位直接有关，而使用抢截动作又与时机的选择有密切的关系。

3. 在实施抢截动作时，应迅速使身体恢复到下一个动作所需要的状态和位置，抢截技术需要在不同情况下使用不同的抢截动作，有时在实施抢截动作时会使身体呈现各种状态，可能不利于下一动作的连接，为保证与下一动作的紧密连结，应使身体恢复到所需要的状态和位置。

（二）技术动作要领

1. 合理冲撞

足球比赛具有双方激烈争抢的特点。在比赛中双方队员不可避免地要发生身体接触。为了能正常地发挥运动员勇敢顽强的精神和技术水平，在足球规则中规定了一条“合理冲撞”，允许运动员在一定条件下利用合理的冲撞动作达到抢球或控球的目的。合理冲撞是指双方运动员在争抢球时，在公平合理的条件下，用肩以下至肘部以上的部位向对方的同样部位做力量适当的冲撞。合理冲撞必须具备几个条件，第一，冲撞的目的必须在于控球或抢球，所以球必须是在球员可控制的范围之内（一般是 1~2 米）；第二，冲撞时，人必须向球跑动，也就是说必须是以球作为目标；第三，冲撞时臂部必须紧贴自己上体体侧；第四，冲撞的力量要适当，不得用力猛撞或做带有危险性的动作。

2. 铲球

铲球是足球运动中抢截球的一种。它是利用倒地时脚或腿的伸、扫、蹬、勾等动作进行抢截或控球、传球、射门的技术。一般在来不及用其他方法触及球时采用。具有快速、突然的特点。抢截时突然倒地滑行，用脚或腿把对方控制、传出或即将接到的球破坏或截获。有正面铲球和侧后铲球之分（图 4–9）。

图 4–9 侧后铲球

（三）易犯错误

1. 正面抢截时，易产生堵抢触球部位不准确造成失误。当双方同时接触球时，未能即时提拉球而被对方抢先造成堵抢失误。还有堵抢时机，或迟、或早都会造成堵抢失误。

2. 侧面合理冲撞时，冲撞动作不正确造成犯规或时机选择不当，不应选择在对手同侧脚支撑时。

3. 铲球时脚离地面超过球的高度，易伤害对手造成犯规。

4. 由于时机选择不当，或时机与实施动作配合不当，铲球时未触及球而铲到对手造成犯规。

5. 动作不协调造成失误或影响下一动作的衔接。

6. 着地动作不正确易使抢球者受伤或铲球后脚触及对手的身体（犯规行为）。

7. “抢断”球的时机选择，以及出击时机与动作配合不及时、不协调造成失误，以至扑空。

六、掷界外球

由于掷界外球不受越位规则的束缚，因此，不仅用于恢复比赛，而且可以为进攻创造有利条件，尤其是在前场 30 米内掷界外球，可将球直接掷入球门前，给对手造成很大威胁（图 4–10）。

（一）技术动作结构分析

1. 掷界外球的动作是一个下肢固定的爆发式的平摆运动，需要稳固的支撑。

2. 根据身高和臂长掌握合理的掷出角（不超过 45°）。它是影响掷球速度的重要因素，一般球出手早掷出角大，反之则小。

图 4–10 掷界外球

3. 球出手速度快则掷得远，这需要力量基础和协调用力能力。
4. 充分利用助跑的初速度有利于将球掷远。

（二）技术动作要领

1. 原地掷界外球

面对出球方向，两脚前后或左右开立，每脚均应有一部分站在边线上或边线外。膝关节弯曲，上体后仰成背弓，重心移到后脚上（左右开立时，重心放在两脚间），两手自然张开，拇指相对，持球的侧后部，屈肘将球置于头后。掷球时，后脚用力蹬地（或两脚用力蹬地），两腿迅速伸直，身体重心由后脚移到前脚，收腹屈体，同时两臂急速前摆。当球摆到头上时用力甩腕将球掷入场内。掷球时，后脚可沿地面向前滑动，两脚均不得离地。

2. 助跑掷界外球

两手持球放在胸前，在助跑迈出最后一步时，上身后仰成背弓，同时将球上举至头后，掷球时的动作与原地掷界外球动作相同。将球掷出后，后脚可在地面上向前滑行，但不得离地。

（三）易犯错误

1. 掷界外球不符合规则要求，造成犯规。
2. 用力不协调、用力不均，掷出角不合理而影响出球的远度。

第二节 足球基本战术

一、比赛阵形

比赛阵形是指比赛中上场队员位置的排列，是本队攻守力量搭配和职责分工的形式。

比赛阵形的选择要根据本队队员的特点与比赛的特点来决定。阵形是比赛战术的一个组成部分。要使每个场上队员在明确基础位置和主要职责的前提下，充分发挥个人的智慧和全队的攻守特点，运用比赛阵形以达到克敌制胜的目的。

（一）阵形演变简史

现代足球的比赛阵形是伴随足球运动的发展而发展的。规则的变化、技术、战术、身体素质诸因素的不断提高，促进了阵形的演变和发展。历史上的主要阵形有以下几个：

1. WM 阵形

1925 年国际足联修改越位规则，将越位的概念由进攻队员与对方球门线间对方队员不足 3 人改为不足 2 人。1930 年英国契莆曼创造了足球史上占有重要地位和作用的“WM 阵形”（图 4–11），其显著特点是攻守人数排列平衡。它对英国人在 50 年代前统治世界足坛起了重要作用。

2. 四前锋阵形

50年代初，匈牙利首创四前锋阵形。这是倡导进攻的阵形，它以技术精湛、配合流畅、进攻犀利、打法新颖而一举成名。1953年和1954年匈牙利队以6:3和7:1大胜英国；1954年又获第5届世界杯亚军，一时四前锋阵形风靡世界。这种敢于进攻和创新精神为足坛树立了榜样，被誉为足球的第一次重大变革。

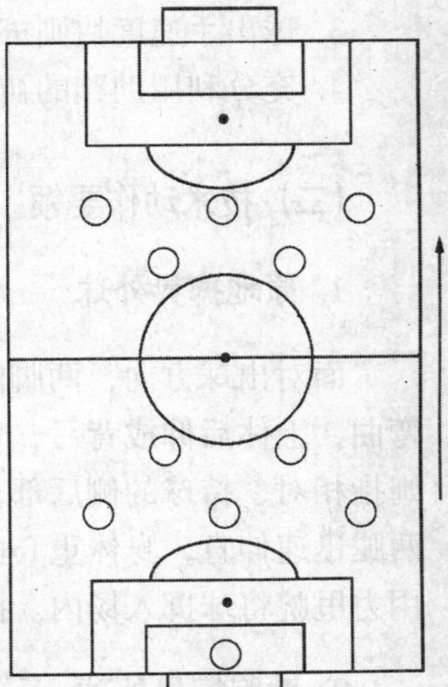

图4–11 WM阵形

3. 1–3–3–3阵形

1974年第十届世界杯上，以荷兰和联邦德国为代表，首创了崭新的全攻全守踢法1–3–3–3阵形。这种踢法要求运动员能攻善守，首先是本位置的专家，其次是其他位置的能手。队员活动范围大，职能增多，不仅对队员个人技战术意识和身体素质提出了全面化要求，而且对全队的整体攻防一体化要求更高。这被誉为足球的第三次重大变革。

4. 3–5–2与5–3–2阵形

这是现代出现在欧锦标赛上和第13届（1986年）世界杯赛上的阵形。实践证明，夺取中场优势是获得比赛主动权的关键，用4名后卫对付普遍采用两名前锋打法的战术是人力的浪费。进攻时，边后卫进入中场以夺取中场优势和主动，并伺机插上助攻；防守时，在中场阻击和瓦解对方的进攻，对方进攻向两边纵深推进时，边后卫势必后撤防守。此时，3–5–2阵形变为5–3–2或4–4–2阵形。因此，3–5–2与5–3–2阵形实际上是根据攻守需要，队员在场上位置布局的变化。

（二）当今几种主要阵形与特点

1. 4–4–2阵形特点

1966年英国运用4–4–2阵形主要是为了加强防守。如今4–4–2阵形赋予的是全攻全守的内涵，两者区别甚大。当今4–4–2阵形主要特点如下：

（1）后场和中场都安排4名队员，力量强，有利于巩固后防，力保大门不失球，同时有利于夺取中场优势和主动权。前锋只安排两名，但两名前锋突破能力强，善于捕捉得分机会。通过积极跑动在中路和边路制造空当，便于前、后插上进攻，有利于组织和发展点多面广的进攻，增强了后卫、前卫进攻的突然性和隐蔽性。

（2）通过合理有序的组织，积极的跑动，完全能达到比赛过程中攻守力量的平衡。

（3）由于各队队员的特点不同，尽管都采用4–4–2阵形，但位置排列上和具体攻守打法上都有所不同，前锋队员主要有双中锋和一边锋、一中锋的两种排列。4名前卫基本上是一字横向排列或菱形排列两种，其分工一名为进攻前卫，一名为防守前卫，另两名为边前卫。

2. 3–5–2阵形特点

（1）3–5–2阵形特点是中场人数多、力量强，有利于夺取中场优势和取得比赛主动权。

（2）通过前锋和中场队员逼迫式防守，既可减轻后防的压力增加对方进攻的难度，又可在中前场抢截成功时发动反攻，其危慑力和成功率远超于后场发动的进攻。

(3) 用3名后卫盯防普遍采用两名前锋，有人数优势，两名队员可大胆紧逼盯人，自由中卫可保护补位并能有效地控制门前危险区域。

(4) 中场队员插上进攻点多面宽，具有突然性和隐蔽性，对手难以防范。

(5) 对边前卫要求甚高，集边锋、前卫、边后卫三位于一体。

(6) 位置排列的变化主要是5名前卫。

3. 3-4-3阵形特点

(1) 攻守平衡、中场力量相对较强。

(2) 排3名前锋既加强了进攻力量，又牵制了对方后卫的助攻。

(3) 转入防守时，前场、中场兵多将广，有利于展开逼迫或防守，减轻后防压力。

(4) 3名后卫看守两名前锋具有人数和心理上的优势。无论对方采用双中锋还是其他排列，均可用两名后卫死盯，一名自由中卫保护补位和控制危险区域。

(5) 攻守转换自然、流畅、队员位置相对稳定，变化较小。

4. 4-5-1阵形特点

这是一个相对侧重防守的阵形。

(1) 4名后卫主要是防守，帮助控制中场和助攻。

(2) 中场力量强，人数多，利于夺取中场优势和获得主动权，能减轻后防的压力。

(3) 进攻力量较弱。进攻的效果一看反击，二看前卫的能力和变化，特别是处于中锋之后左右两名进攻型前卫在进攻中的作用。由守转攻时，中场空区大，进攻点也多，有利于组织快速反击和点多面宽的进攻，能增加进攻的突然性和隐蔽性。

(三) 制定阵形的主要依据及运用时的注意事项

1. 制定阵形的主要依据

现代足球总体要求是全攻全守、攻守平衡，但在实际运用时应注意符合本队队员的特点和实际。普遍是先守好了再进攻，力争不失球，然后再设法进球。

2. 阵形运用时的注意事项

(1) 切忌盲目搬用脱离实际的阵形。

(2) 提高发挥独立应变能力和创作力。

(3) 保持完整队形。

(4) 队员合理组合。

(5) 合理的攻防打法。

二、进攻战术

(一) 阵地进攻类型

当防守队员都退回自己的半场且占据防守区域的位置时，攻方的进攻则成为阵地进攻。

其主要特点是守方没有大的空当，攻防人数基本平衡，因此，要求进攻者用不断地跑动、穿插、策应来打乱守方的防御体系，在局部地区打破攻守双方人数上的平衡。造成以多打少的局面。在发动阵地进攻时，本方必须控制好球，借助集体控球能力利用场地宽度和长度进行机动跑位，不断调动防守者的位置，一旦防守出现不协调就会给进攻者带来机会。

1. 边路传中

球场由于两侧地区防守队员相对较少，空隙较大，攻方便于发动进攻。由边路突破防线的传中，能够创造由中路和异侧同伴包抄射门的机会。

(1) 边路传中的区域：现代足球阵地进攻在边路发展时，一是在对方罚球区域延长线附近；二是在球门线附近，这两个传中点以前者居多。

(2) 边路传中的落点：一是近球柱；二是罚球点附近——这是传中点进攻的最佳位置；三是远门柱，此区域可直接攻门得分。

(3) 边路传中的要点：当今足球比赛对传中技术要求越来越高，一改过去弧度高、球速慢的踢法，普遍要求弧度低、球速快而多以球的向内旋转为主，这对守门员、防守队员判断和抢断、争顶等都有一定难度，而这些都对进攻者有利。此外，还经常采取传平直球，这种高于膝、低于头部的球，在飞行途中射门点比较多，进攻者可在球运行轨迹任何一点攻击球门，而且可以不等球落地既可进行攻门。而传中的时间选在防守者向自己球门跑动，阵脚未稳，尚未调整好位置时最为有利。

(4) 创造边路传中的方法：个人突破和传球配合两种方法。

• 个人突破是个人进攻战术中锐利的武器。运球突破主要有速度型、假动作型及两者结合型。速度型突破者均为起动速度快、爆发力强的队员，运球突破时无需做假动作，利用有利的位置将球推向防守者身后，利用自己的速度优势强行突破。

• 传球配合在边路进攻中的运用居多（图 4-12、图 4-13）。

中路包抄的队员要有明确的分工，例如，谁抢第一点、谁抢第二点、谁在外围争点等。要使包括有一定层次，以使射门机会增多。

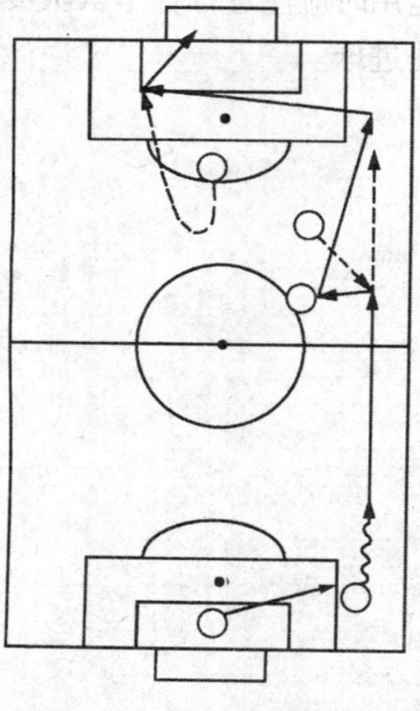

图 4-12　前锋的配合突破

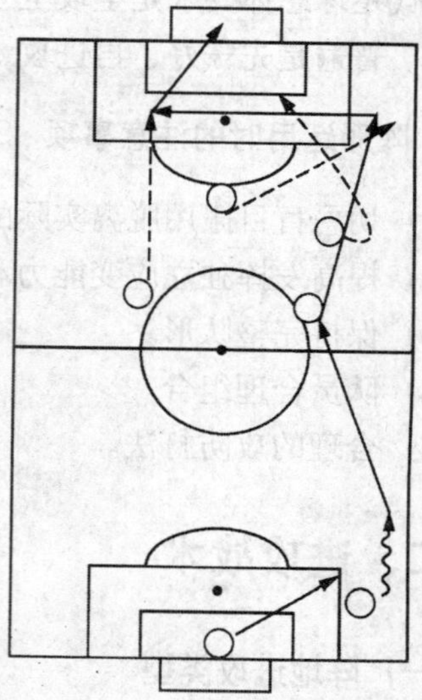

图 4-13　前锋插边

2. **中路渗透**

中路渗透一般有后场发动、中场发动、前场发动进攻三种形式。

(1) 后场发动进攻：守门员发动进攻（图 4–14）；后卫发动进攻（图 4–15）。

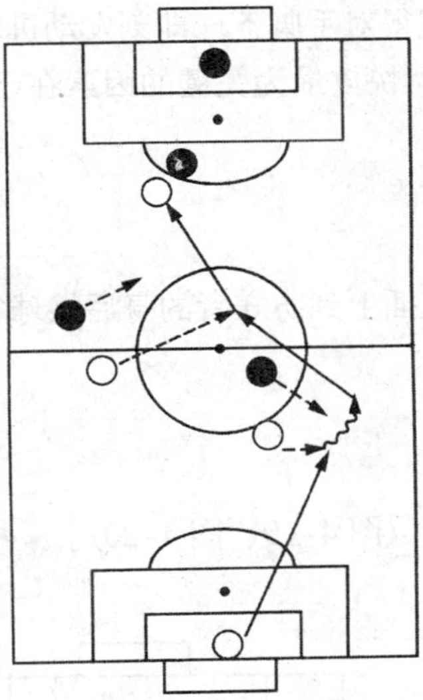

图 4–14　守门员发动进攻

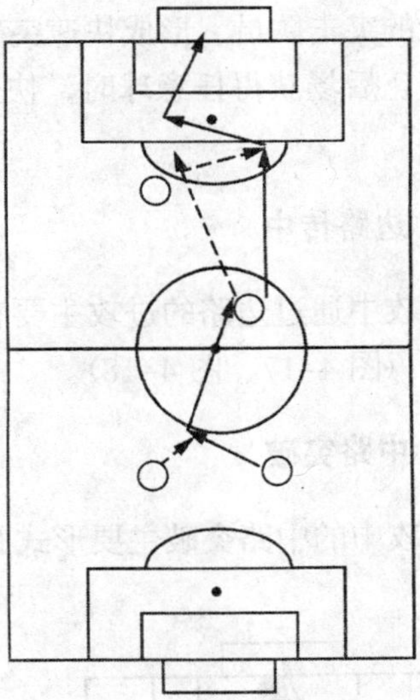

图 4–15　后卫发动进攻

(2) 中场发动进攻：阵地进攻中中路渗透的主要战术配合是由中场发动的。前卫队员担负着组织核心的重要角色。采用方法是短传配合，以各种二过一来摆脱对方的防守（图4–16）。

(3) 前场发动进攻：主要靠前锋回撤后在其身后形成的空当由其反切插入。在罚球区附近做踢墙式二过一的配合，对突破对方中路密集防守有奇效。

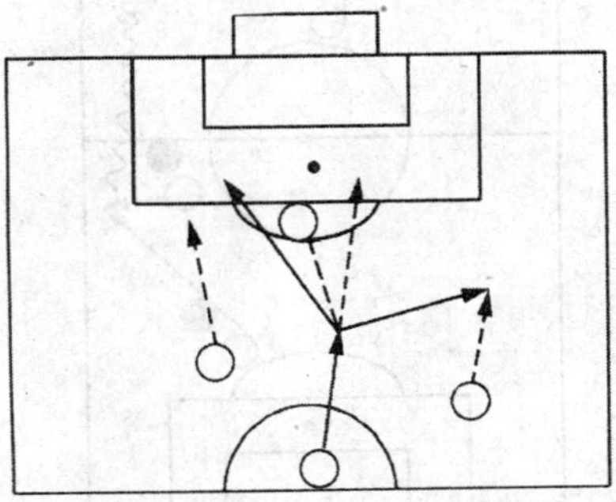

图 4–16　中场发动进攻

3. **中路转移**

由于中路聚集着攻守双方大量兵力，有时单一的中路渗透不能奏效，因此，一旦中路进攻受阻，应及时往边路转移，采取声东击西的方法，以分散中路防守方的注意力，然后由边路突破再将进攻方向转到中路。有时防守力量偏重某一侧时，也可作由一侧向另一侧的边路转移进攻。

4. **阵地进攻的基本要求**

(1) 前场和中场的队员要灵活机动地跑位，以有效地调动和拉开对方防线。

(2) 控球队员应首先考虑快速向前传球，以加快向前推进速度。

(3) 进攻时应不断利用动作节奏变化和快慢速度的交替调动对方防守重心。

(4) 进攻的推进应有严格的层次和梯队，以防被对方断球后反击。

(5) 传球要准确，技术动作应在跑动中准确、简练地完成。

（二）快攻类型

快速进攻是当代足球运动中最有实效的一种进攻战术。主要特点是由守转攻时乘对方立足不稳，通过快速传递配合创造射门机会。快攻的形式有以下几种：一是守门员获得对方射门的球，此时对方三条线压得比较靠前，守门员迅速用脚踢或手抛球给本方埋伏在对方后卫线附近的突击队员，形成快速突破的机会。二是中、前场截得对手脚下球即刻发动进攻。三是在中、后场获得任意球时，快速发球也能形成快攻机会。快攻最为关键的因素在于“快”和“准”。

1. 边路传中

快攻中通过边路的进攻主要有个人突破和边路队员快速插上到防守者的身后接球突破两种形式（图 4–17、图 4–18）。

2. 中路突破

快攻中的中路突破主要形式有个人突破和配合突破两种（图 4–19、图 4–20）。

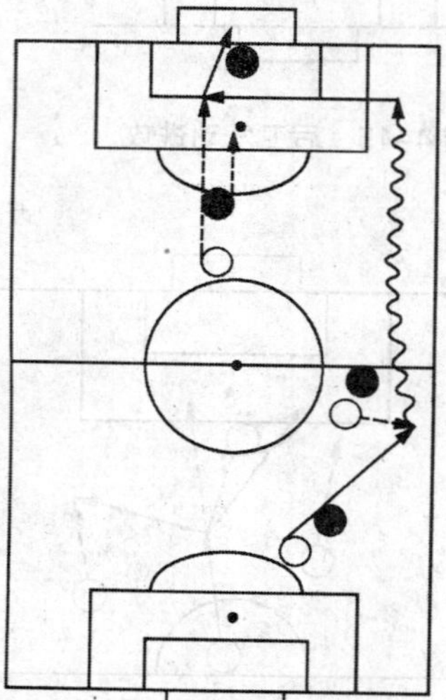

图 4–17　边路个人突破

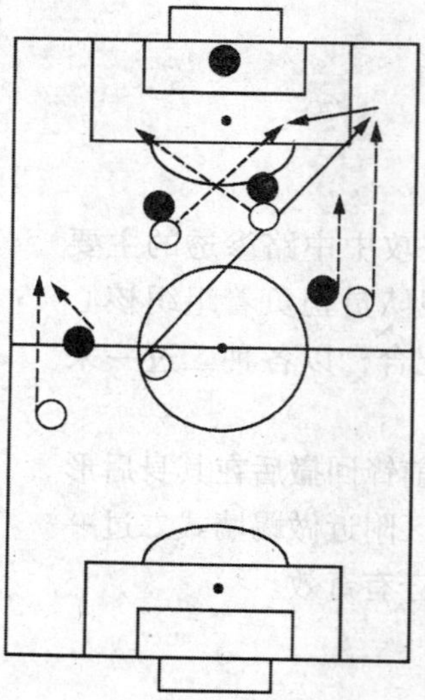

图 4–18　边路队员快速插上

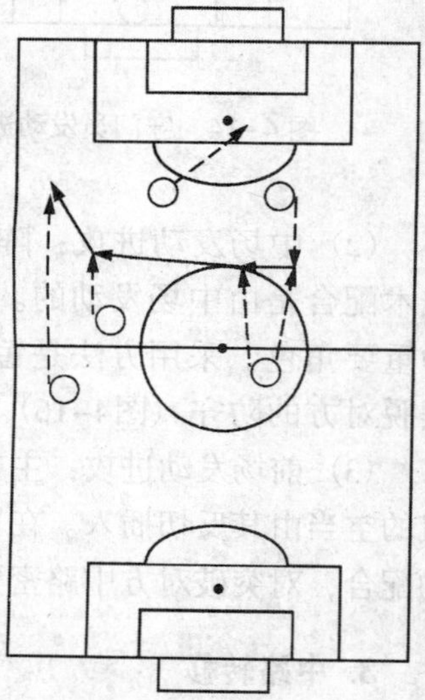

图 4–19　配合至边路突破

3. 中边转移

快攻中的中边转移主要形式是中后场得球后一次性直接将球长传至边路，由边路队员突破，或者经过中场的一两次传递后再将球分到边路，由边路队员突破（图 4–21）。

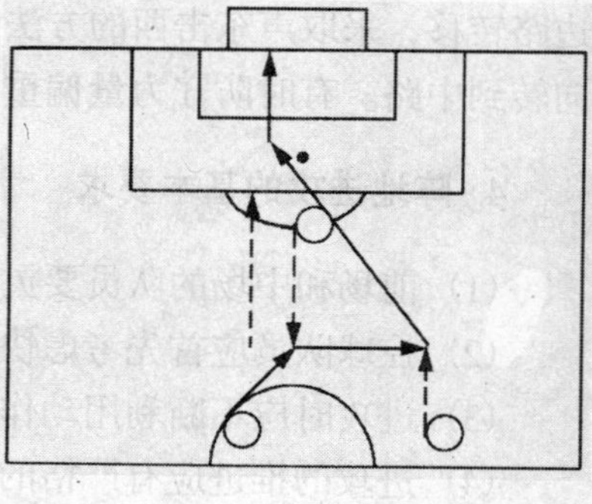

图 4–20　中路配合突破

4. 快攻的基本要求

(1) 必须具备良好的快攻战术意识，每名队员都应意识到一旦得球就是快攻的开始。

(2) 具有宽阔的视野和良好的观察能力，随时捕捉快攻良机。

(3) 快攻中既应有固定的突击点和攻击手，又应有机动的突击点和攻击手，机动灵活，随机应变。

(4) 快攻组织者要有过硬的中长传技术，一旦形成快攻局面，能够及时、准确地将球传到突击点。

(5) 担任快攻突击手的队员要有强烈的向前意识和快速的攻击能力。

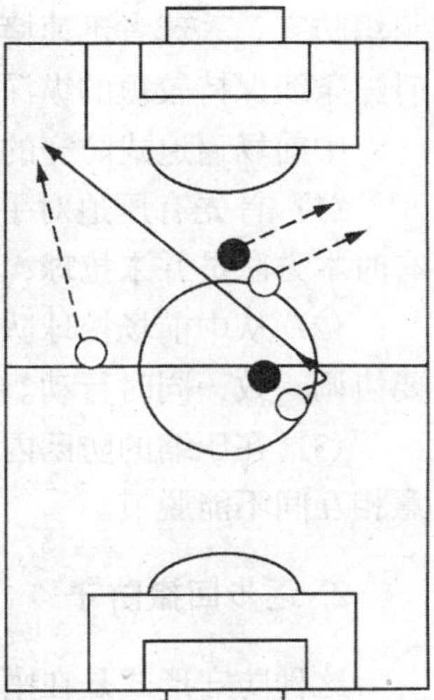

图 4–21　中场长传边路

三、防守战术

(一) 区域盯人与混合盯人的概念

1. 区域盯人防守

区域盯人的基本概念是指每一防守队员都有一定的防守区域，进攻者一旦进入该区域时，防守队员即对其严密盯防，限制其在该区域的一切进攻活动。

虽然区域盯人防守规定了每名防守者的防守区域，但防守队员之间必须有协防的意识。当某一区域防守失败时，邻近区域的防守者必须及时补位，被突破者则应与他及时换位，以求得整体防守的平衡。

另外，值得注意的是区域与区域之间的结合部，这一区域往往由于防守者职责不清或防守不够默契，容易造成混乱，给进攻者造成突破机会。

2. 混合盯人防守

混合盯人防守是人盯人与区域盯人互相结合的一种防守形式。基本概念是根据对手情况，在某些区域实行人盯人，在某些区域实行区域盯人，充分发挥这两种形式的优点，提高整体防守的综合效益。

混合盯人防守的方式是非常灵活的，这主要取决于对方队员的特点以及本方整体防守的设计方案。在采用此种防守形式时必须注意：

(1) 重点盯对方进攻的组织者和主要得分手，最大限度地限制他们的进攻行动，削弱对方的攻击能力。

(2) 要明确在哪些区域实行人盯人防守，哪些区域实行混合防守，该对对方哪些队员实行盯人防守、哪些实行区域防守，即对防守队员有明确的分工。

(二) 常见的防守打法分析

1. 中前场逼迫式防守

这种防守形式一般在势均力敌或实力高于对方时运用。当本方在中前场一旦丢球，立即组织防守，丢球者迅速堵截控球者，其他防守队员对前来接应的进攻队员实行紧逼盯人。此时三条线保持较短的纵深距离，压住对手，令其回传、横传球。

中前场逼迫式防守的要求：

(1) 首先有压迫对手的气势，这种气势会给对手以极大的压力，在这种气势的压力下，有时本方队员并未抢球，对方也会出现失误。

(2) 从中前场控球队员丢球后堵截开始，就发出了逼迫式防守的信号，防守队员的行动要协调一致，同时行动。

(3) 在压缩的防区内实行人盯人防守，不给对方以任何喘息的机会，三条线要压扁，注意相互间不能脱节。

2. 逐步回撤防守

这种防守形式是在中前场由攻转守时运用。本方靠近对方控球队员及时上前封堵，不让他运球突破或向前传球，在封堵的过程中争取时间。其他队员迅速回撤，将防区撤到本方中场，这样可聚集较多的防守队员，以利于稳固防守，伺机反击。

逐步回撤防守的要求：

(1) 开始阶段：快速由攻转守，意识与行动同步。积极堵抢持球者，由近者完成堵抢任务，在进行个人争夺时必须很好地判断，不能盲目扑抢，以确保不被对手突破。

(2) 组织阶段。形成有层次的纵深防守。层次间要保持好适合前后夹击和保护的距离，严格限制进攻者活动范围的空间。缩小防区，适当内收。严守中路要害区域，力争以多防少，盯住持球者临近的同伴，严防对手切入防守者身后的空当，加强中场防守力度。严阵以待，密切注视场上情况，随时准备1对1争抢，杜绝随意犯规，不给对方罚任意球的机会。

(3) 结束阶段：选择最佳防守位置，控制对手的活动空间与行动。迫使对手离开威胁区，随时准备夺回控球权后边的反击行动。

3. 迅速回收密集防守

这种防守一般多用于敌强我弱，或以“稳固防守、快速反击”为指导思想的球队。它是由攻转守仅用一两名队员在中前场封堵控制球，其他队员快速回收到本方的后场，不在中前场与对方周旋。这种打法的主要特点是将防守重点部署在禁区前沿，形成严密的防守网络。防守队员相互之间保持一定距离，形成稳固的保护状态，给对手的进攻造成极大的困难。

快速回收密集防守要求：

(1) 收缩防区要快。一旦由攻转守，靠近球的队员应向前封堵，防止对手发动快攻，其他队员应快速回位。

(2) 对接近球门的对方队员要紧盯不舍，特别是对前插的队员要及时跟盯，逼死他，不能有丝毫的放松。插进来的队员是最危险的。

(3) 要千方百计地限制、干扰和封堵对手射门，不给对手任何起脚射门的机会。

4. 局部区域围抢

一般由两名以上防守队员在边线或球门线附近对一名控球队员实施围抢。此时防守队员要从多个方向将持球者围逼在很小的范围内，使之既不能突破传球又不能控制好球。同时外围防守队员应盯死前去接应的其他队员。

围抢的要求：

(1) 必须是在局部地区防守人员占优的情况下进行围抢。

(2) 围抢局面一旦形成，他们的行动应协调一致，抢截要凶、猛、快。

(3) 在围抢的同时，外围防守队员必须紧盯前去接应的进攻者，否则围抢局面有可能瓦解。

(三) 失球的主要原因

比赛中失球的原因有许多，涉及到技术、战术、身体素质、意志品质、心理因素等方面。从战术角度看主要原因有：

1. 防守的位置错误

防守者所占的位置与进攻队员站成平线，此时一旦进攻队员向其身后传斜线球，那么防线很容易被突破。如果 4 名后卫站成平线，两中卫之间没有纵深距离，一旦被对方打二过一配合突破，这样就没有人做保护和补位。

2. 回防不及时

由攻转守时，助攻的后卫、前卫原来所处的位置留下很大空当，队员回防不及时无疑就为对方的进攻创造了条件。

3. 盯人不紧

特别是对对方核心人物或插入本方后卫身后的队员盯逼不紧，后患无穷。

4. 盲目地抢断球及过多地横、回传球

防守时轻易出脚抢球十分容易被突破，而后场过多地横、回传球会被对方抢断直接威协球门。

5. 无谓的犯规

毫无意义的无止境的犯规是导致失球的主要原因。

6. 守门员的失误

守门员是防守的最后一关，如果选位不当、出击时机不对、脱手等均能导致失球。

四、定位球战术

定位球战术是比赛成死球时所采用的攻守战术方法，包括球门球、中圈开球、界外球、角球、任意球、点球。资料显示，1/3 的进球来自于定位球。定位球在比赛中的地位极为显要，它已成为决定比赛胜负的重要因素，尤其在势均力敌的比赛中，关键的获胜进球常是定位球。此外，定位球有其特定的优势：在规定的 9.15 米内没有对手阻碍，可投入较多的队员在预定的位置上进攻，同时对本方后防不带来任何危险。为此，各国都很重视并加强对定位球战术，特别是前场任意球、界外球和角球的研究与训练。

(一) 前场任意球的进攻

前场任意球的进攻区域主要有罚球弧区域、罚球区角及两侧区域、罚球区内。

1. 罚球弧区域的任意球进攻

在此区域获直接或间任意球时，守方必排“人墙”封住部分球门，守门员站位应选择既能看清球和罚球队员的动作，又能兼顾整个球门的防守位置。因此，攻方的打法是：劲射和从侧面绕过人墙上空后以下旋弧线球射门。同时，挡住守门员的视线，使其看不到球和罚球队员的动作，迫使守门员对射门反应减慢，具体方法如下：

(1) 攻方排墙直接射门：两名进攻队员在离罚球点 5 ~ 6 米处排墙，队员身体和双脚靠拢，注意力集中于球，挡住守门员视线。球罚出时分别向右和左转身冲向球门准备补射。另两名攻方队员站在罚球处，使对手难以确定主罚者。两人可从不同角度跑向球，诱使守方受骗。如选用一名擅长左脚、一名擅长右脚的队员罚球最为理想。应根据赛场情况确定进攻方法和主罚者。掩护者先跑为主罚者做好掩护。

(2) 攻方排墙，一拨一射：队员不能直接射门时，攻方可用排墙后一拨一射的方法达到避开人墙的封堵，增大射门角度的目的。

如图 4–22 所示，③④号在离球 5 米左右处排墙阻挡守门员视线，尽可能迟地散开人墙。罚球时谁拨谁射，要根据情况和在何处加大射门角度而定。如②向左轻拨，守门员的左侧空当暴露，①号用左脚射远离守门员的直线或弧线球，将对球门产生极大威胁。

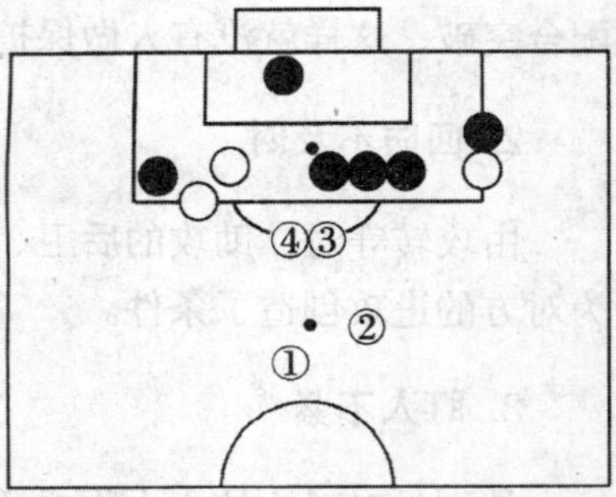

图 4–22　一拨一射

2. 罚球区角及两侧的任意球进攻

在罚球区角获任意球时，可用直接射门或传球配合射门的方法进攻。

(1) 直接射门：

在罚球区角获任意球时，一般说多数的进攻目标是近门柱。用传过人墙内侧的弧线球或越过人墙上空后下落的侧下旋的弧线球射向守门员左侧球门的空当，这种球成功的可能性较大。实践证明，射向近门柱的成功率远高于远门柱的成功率。任意球在右侧时，选用擅长踢左脚球的队员，球在左侧时，应由擅长右脚者主罚（图 4–23）。

图 4–23　直接射门

(2) 传球配合射门：除直接射门外，大多数采用长传门前由同伴头顶射门或先短传后中长传配合射门。如图 4–24 所示，⑤号主罚，向球门区外的前、中、后三个区域传球。⑨、⑩、⑧分别插入这三个区域直接攻门或配合攻门。主罚者应将球传到防守者身后而守门员又难以出击的空区，球速快、落点好、平高抛物线或内（外）弧线球更理想。攻门者插上要及时，摆脱要突然，相互应掩护。

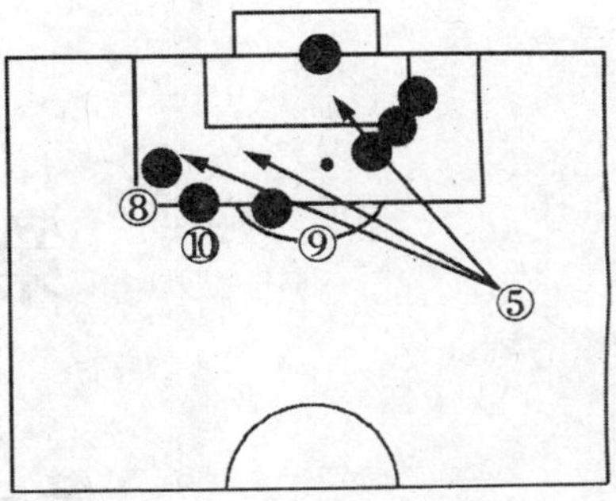

图 4–24　传球配合射门

(二) 罚球区附近的任意球防守

1. 根据罚球地点确定排墙人数。

2. 人墙封堵球的近角，守门员应选择最佳位置，既能看清球和罚球者的动作，又能兼顾整个球门的防守。

3. 在离罚球地点 9 米左右排墙，不宜再近，否则当裁判员要求人墙后退到规定距离时，会影响封堵的角度而造成危险。

4. 人墙指挥可由守门员担任，也可由人墙最外侧队员担任。一般由他指挥较理想。该队员离球 9 米，使球、自己和近门柱成一直线，然后向外侧横跨同肩宽的一步，以防从外侧传过人墙的弧线球。

5. 排墙时最高的队员在外侧，依次向内；队员间要靠紧，双手交叉于腹前，稍低头防球击脸。最出色的防守队员不参加排墙。

6. 在球罚出时，人墙应迅速向球移动，有效地封堵和缩小射门角度，人墙不能过早散开。

第五章　排　球

第一节　排球运动简介

一、排球的起源与发展

排球运动始于 1895 年，创始人是美国马萨诸塞州的霍利沃克城基督教青年会干事威廉·莫根。他将网球网挂起来当球网，用篮球内胆进行比赛，双方人数不限但要相等，各据一方，将球胆在球网两边来回传托，使其在空中飞来飞去，这就是排球最早的雏形。排球运动问世后，由美国的传教士和驻外国的军官和士兵带到了世界各地。

1900 年排球传入亚洲，经历了 16 人制、12 人制、9 人制，1947 年国际排联成立，采用 6 人制，并为正式比赛制。比赛场地也由初创时的室内发展到室外，继而又转到了室内，发展和产生了各种不同的娱乐性排球活动，包括妈妈排球、小排球、墙排球、坐式排球、软式排球、气排球、公园排球、沙滩排球等。

二、排球比赛的基本方法

正式比赛球网的高度为男子 2.43 米，女子 2.24 米，比赛场区为长 18 米、宽 9 米。比赛采用五局三胜制和每球得分制。比赛时双方各上场 6 人，分前后排站位，由获得发球权一方的后排 1 号位队员在端线后宽 9 米的区域内发球。发球方胜一球后，由该队同一发球队员继续发球；接发球队胜一球后，按预先登记的发球顺序，换由下一名队员发球。前四局先得 25 分并超出对方 2 分的队胜一局，当比分为 24 : 24 时，比赛继续进行至某队领先 2 分为止，如 28 : 26。第五局则为先得 15 分并同时超出对方 2 分的队获胜，当 14 : 14 时，比赛继续进行至某队领先 2 分为止，比分无最高限制。局间进行交换场区，决胜局中某队先获得 8 分时，两队交换场区。

第一至四局，每局有两次技术暂停，时间为 60 秒，每当领先队达到 8 分或 16 分时自动执行，另外，每局还有两次请求暂停的机会，时间为 30 秒，第五局无技术暂停，每队在该局中可请求两次 30 秒钟的普通暂停。同时，每队每局最多允许请求 6 人次换人。

三、排球比赛的基本规则

（一）发球规则

必须在发球区内将球抛起后，在球落地前用一只手或手臂的任何部位将球击出，发球队员不得踏及场区（包括端线和发球区以外地面），鸣哨后在8秒内将球发出；发出的球必须由过网区进入对方场区内。

（二）四次击球犯规

每队最多击球3次（拦网除外），将球从球网上成功击回到对方场区，超过规定次数的击球判为4次击球犯规。无论是主动击球或被动触球，均作为该队击球一次。

（三）持球和连击犯规

没有将球击出，使球产生停滞，为持球犯规。同一人连续击球为连击犯规，但拦网时的连续触球，以及全队第一次击球时同一动作击球产生的球连续触及身体部位除外。

（四）过网击球犯规

在对方区场空间触击球为过网击球犯规，但在对方进攻性击球后拦网触球除外。

（五）过中线犯规

比赛进行中队员的一只（两只）脚或一只（两只）手完全越过中线触及对方场区是允许的，但身体的其他任何部位从网下穿越接触对方场区，为过中线犯规。

（六）触网犯规

比赛进行中，队员触及9米以内的球网和标志杆、标志带为触网犯规。但队员未试图进行击球轻微触网和被动触网除外。

（七）拦网犯规

1. 从标志杆外进行拦网并触球。
2. 当对方队员击球前或击球的同时，在对方场区空间拦网触球。
3. 后排队员或后排自由防守队员，完成拦网或参加了完成拦网的集体，包括球触及前排队员。
4. 拦对方发球。
5. 拦网出界。

（八）进攻性击球犯规

1. 后排进攻犯规

后排队员在前场区内或踏及进攻线及其延长线，将整体高于球网上沿的球击入对方场区。

2. 过网击球犯规

在对方场区空间内击球。

3. 扣击发球犯规

在前场扣对方发来的、整体高于球网上沿的发球完成进攻性击球。

4. 自由人进攻性击球犯规

队员在高于球网处对同队自由防守队员在前场区用上手传出的球完成进攻性击球，后排自由防守队员完成对高于球网上沿的球的进攻性击球，均为自由人进攻性击球犯规。

（九）各队在最后确认的 12 名队员中，可选择 1 名队员为后排自由防守队员。

1. 后排防守队员必须穿着区别于其他队员颜色的服装，式样可以不同，但必须有同全队一样的号码。

2. 可以替换后排任何 1 名队员。

3. 不允许发球、拦网和试图拦网。

第二节　排球基本技术

一、初级技术

排球技术，就是运动员在训练和比赛中，赛出风格，打出水平，在竞赛规则允许的前提下所运用的各种合理动作。

（一）准备姿势与移动

1. 准备姿势

（1）半蹲准备姿势：两脚左右开立稍比肩宽，一脚稍前，两脚尖内收，脚跟稍提起。膝关节保持一定的弯曲，其投影在脚尖前面。上体前倾，重心靠前。两臂放松自然弯曲，双手置于腹前。全身肌肉适当放松，两眼注视来球，两腿始终保持微动（图 5–1）。

（2）稍蹲准备姿势：稍蹲准备姿势比半蹲准备姿势重心稍高，动作方法相同。

（3）低蹲准备姿势：低蹲准备姿势比半蹲准备姿势的身体重心更低、更靠前，两脚左右、前后的距离更宽一些，膝部弯曲程度更大一些；肩部投影过膝，膝部投影过脚尖，手置于胸腹之间。

图 5–1　半蹲准备姿势

2. 移动

（1）起动：起动是指从静止到移动发力的动作过程。以向前起动为例，在准备姿势的基础上，迅速抬起前腿，收腹使上体向前探出，同时后腿迅速用力蹬地，使整个身体急速向前起动。起动的快慢是移动的关键，起动的速度取决于反应能力和腰腿部的速度力量。

（2）移动

• 并步：两脚左右开立与肩同宽，两膝微屈，上体稍前倾，两手自然放松置于腰腹。向左并步时，左脚向来球方向跨出一步，右脚迅速蹬地跟上，并做好击球前的准备（图 5–2）。并步的特点是容易保持身体平衡，便于做击球动作。并步可向前后左右各方向移动。

图 5-2 并步

• 滑步：两脚平行站立。向左滑步时左脚先向左侧迈出一步，右脚同时迅速跟上做连续并步（图 5-3）。滑步移动时身体重心变换快而移动速度较慢，宜在短距离移动中运用，通常在来球距体侧稍远，并步不能接近球时可采用滑步移动接球。

图 5-3 滑步

• 交叉步：两脚左右开立。向左侧交叉步移动时上体稍向左转，右脚从左脚前向左交叉迈出一步，然后左脚再向左侧方向跨出一大步，同时重心移至左脚，身体转向来球方向，保持击球前的姿势（图 5-4）。

图 5-4 交叉步

交叉步的特点是步子大、动作快，便于制动。

• 跨步：跨步前膝部弯曲，上体前倾，身体重心移至跨出脚上。跨步时，一腿用力蹬地，另一腿向来球方向跨出一大步，后腿随重心前移自然跟上，两臂做好迎球动作（图 5-5）。

跨步的特点是跨距大，便于向前、斜前方降低重心进行低点击球。

图 5-5 跨步

• 跑步：跑步时一脚蹬地起动，另一脚迅速向前跟上，两脚交替进行，两臂配合摆动，不要过早做击球动作的准备，以免影响跑步速度。球在侧方或后方时，应边转身观察球边跑动。跑步的特点是移动速度快，便于随时改变方向。

(3) 制动：由快速移动转为突停状态的过程称为制动。制动是移动的结束，也是击球动作的开始。制动的方法有一步制动和两步制动。

• 一步制动：一步制动时，在移动的最后跨出一大步，降低身体重心，膝部和脚尖适当内转，全脚掌横向蹬地，以抵住身体重心继续前移的惯性力。同时以腰腹力量控制上体，使身体重心的垂直线停落在脚的支撑面以内。

• 两步制动：两步制动时，从倒数第二步开始做第一次制动，紧接着跨出最后一步做第二次制动，同时身体后倾，两膝弯曲，重心下降，双脚用力蹬地，使身体处于有利于做下一个动作的状态。

(二) 发球

1. 正面下手发球

(1) 准备姿势：(以下均以右手动作为例) 面对球网，两脚前后开立，左脚在前，两膝弯曲，上体前倾，左手持球置于腹前。

(2) 抛球：左手将球轻轻抛起在体前右侧，球离手约一球左右高度，同时右臂伸直，以肩为轴向后摆。

(3) 击球：右脚蹬地，身体重心随着右臂由后向前摆动而前移，在腹前以全手掌击球后下部。击球后，随击球动作重心前移，迅速进场比赛 (图 5-6)。

图 5-6　正面下手发球

2. 侧面下手发球

这种发球动作较简单，容易掌握，可借助转体力量来击球，便于用力，发球失误少，但攻击性不强，适合女子初学者 (图 5-7)。

图 5-7　侧面下手发球

(1) 准备姿势：左肩对网，两脚左右开立，约与肩同宽，两膝微屈，上体稍前倾，重心落在两脚之间，左手持球置于腹前。

(2) 抛球：左手将球平稳上抛于胸前，距身体约一臂远，球离手高度约一个半球。抛球同时，右臂摆至右侧后下方。

(3) 挥臂击球：利用右脚蹬地向左转体的力量，带动右臂向前上方摆动，在腹前用全掌、虎口或掌根击球后下方。击球后，身体转向球网，并顺势进场。

(三) 传球

1. 准备姿势

采用稍蹲姿势，上体稍挺起，仰头看球，两手自然抬起，屈肘并适当分开，放松置于脸前。

2. 迎球动作

当来球接近额前时，开始屈膝、蹬地、伸臂，手指微张经脸前向前上方迎出，全身各部位动作应协调一致。

3. 击球点

在额前上方约一球距离处。

4. 手型

手触球时，十指应自然张开，使两手成半球状，手腕稍后仰，两拇指相对成“一”字或“八”字形。两手间有一定距离，以拇指内侧、食指全部和中指的二、三指节触球的后下部，无名指和小指在球两侧辅助控制出球方向（图 5-8）。

5. 用力方法

在迎球动作的基础上，当手和球即将接触时，手腕和手指要有前屈迎球的动作；当手与球接触时，各关节应继续伸展，全身各部位动作协调一致，最后用蹬地、伸臂和手指、手腕的弹力将球击出（图 5-9）。

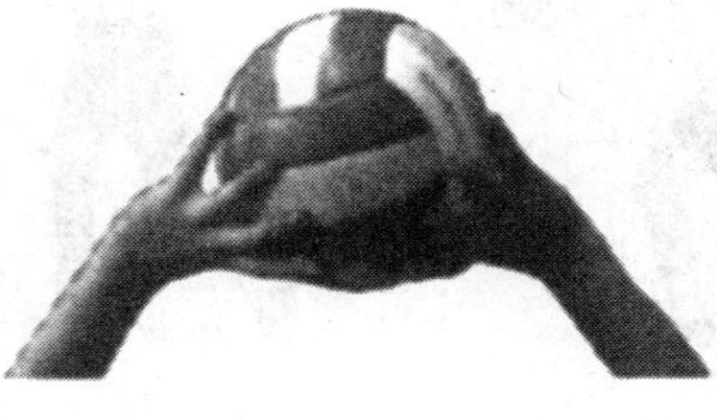

图 5-8　传球手型

图 5-9　蹬地、伸臂将球传出

(四) 垫球

1. 正面双手垫球

正面双手垫球是指运动员用双手在腹前将球垫起的动作方法。它是最基本的垫球方法。

图 5-10　正面双手垫球

(1) 准备姿势：面对来球，成半蹲或稍蹲姿势站立。

(2) 垫球手型：两手掌根相靠，两手手指重叠，手掌互握，两拇指平行向前，手腕下压，两前臂外翻成一个平面。

(3) 垫球动作：当球飞到腹前约一臂距离时，两臂夹紧前伸，插入球下，同时配合蹬地、跟腰、提肩、顶肘、压腕、抬臂等全身协调动作迎向来球，身体重心随着击球动作向前上方移动。

(4) 击球点：保持在腹前高度。

(5) 球触手臂部位和击球部位：用手腕关节以上 10 厘米左右的两前臂桡骨内侧所构成的平面击球的后下部。

(6) 击球后动作：在击球瞬间，两臂要保持稳定，身体重心继续协调地向抬臂方向伴送球。垫击动作结束后，立即松开双臂做好下一动作的准备。

2. 体侧垫球

在体侧用双手击球称体侧垫球。当来球飞向体侧，来不及移动对正来球时，可采用体侧垫球。其特点是伸臂动作快，控制范围大，但不易控制垫球方向，准确性不如正面垫球(图 5-11)。

图 5-11　体侧垫球

3. 背垫球

从身前向背后双手垫球称为背垫球。在接应同伴起球后，球飞得较远而又无法进行正面垫球时，以及须将球处理过网时运用较多。其特点是垫击点较高，准确性稍差（图 5-12)。

图 5–12　背垫球

背垫球时，要判断来球的方向，快速移动到球的落点处，背对垫出球的方向，两臂夹紧伸直。击球时，用蹬地、抬头、挺胸、展腹和上体后仰的动作带动两臂向后上方摆动抬送，以前臂触球的前下方，将球向后上方击出。背垫球的击球点一般应在肩前上方。

4. **跨步垫球**

跨步垫球在判断来球落点时，同侧脚迅速向来球方向跨出一大步，上体顺势前倾下压，身体重心落在跨出脚上，同时两臂前伸插入球下，用蹬地、提肩、抬臂动作击球的后下部（图 5–13）。

图 5–13　跨步垫球

5. **让垫**

当来球弧度平、速度快、前冲而追胸时，将身体向侧移动，正面避开来球的飞行路线，让球飞向体侧，用体侧垫球的方法将球垫起叫让垫。让垫技术主要是在接弧度较高的平冲飘球时采用。

6. **单手垫球**

当来球快速飞向体侧较远距离，来不及用双手垫球时采用（图 5–14）。

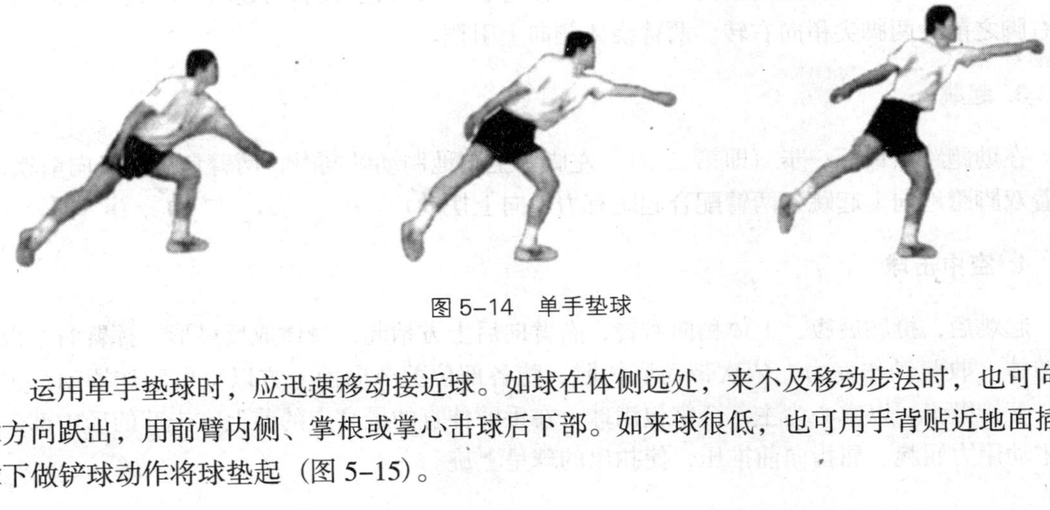

图 5–14　单手垫球

运用单手垫球时，应迅速移动接近球。如球在体侧远处，来不及移动步法时，也可向击球方向跃出，用前臂内侧、掌根或掌心击球后下部。如来球很低，也可用手背贴近地面插入球下做铲球动作将球垫起（图 5–15）。

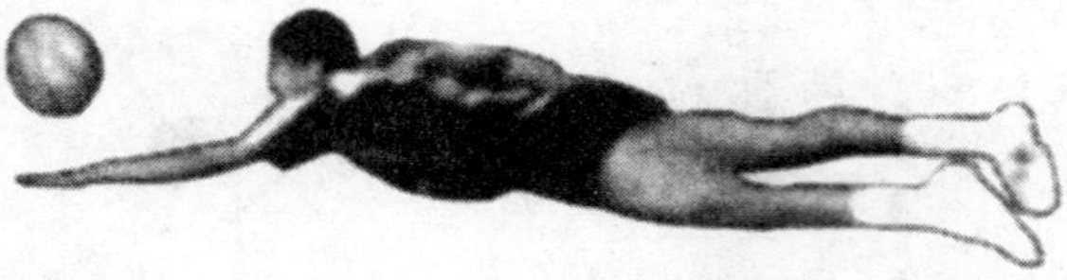

图 5-15　跃出单手垫球

7. **挡球**

挡球多用于挡击胸部以上力量大、速度快的来球，手型有抱拳式和并掌式两种。抱拳式是两肘弯曲，一手半握拳，另一手外抱，两手掌外侧所组成的平面朝前（图 5-16）。并掌式是两肘弯曲，两手虎口交叉，两手掌外侧合并成勺形的击球面朝前（图 5-17）。挡球时，手臂屈肘上举，肘部朝前，手腕后伸，以手掌外侧和掌根所组成的平面挡击球的后下部。击球瞬间，手腕要紧张，用适度的力量将球向前上方挡起，击球点一般在头部或两肩的前上方。

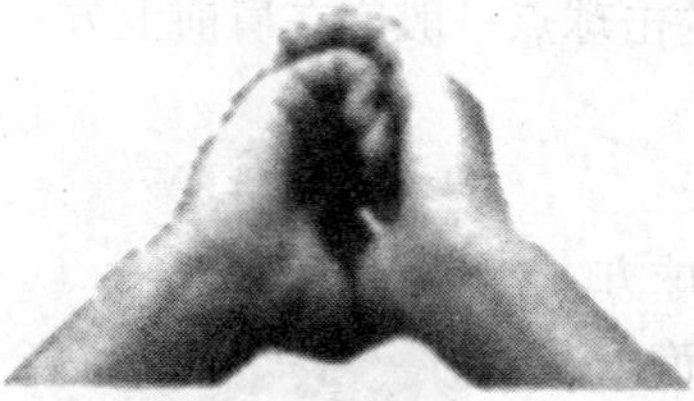

图 5-16　抱拳式挡球

图 5-17　并掌式挡球

（五）扣球

1. **准备姿势**

扣球助跑前采用稍蹲姿势，两臂自然下垂，站在离网 3 米左右处，身体转向来球方向，观察来球，做好向各个方向助跑起跳的准备。

2. **助跑**

助跑开始时，左脚先向前迈出一步，紧接着右脚再快速跨出一大步，左脚及时并上，踏在右脚之前，两脚尖稍向右转。两臂绕体侧向上引摆。

3. **起跳**

在助跑跨出最后一步（即第二步），左脚并上踏地制动的同时，两臂自后积极向前摆动，随着双脚蹬地向上起跳，两臂配合起跳有力地向上摆动。

4. **空中击球**

起跳后，挺胸展腹，上体稍向右转，右臂向后上方抬起，身体成反弓形。挥臂时，以迅速转体、收腹动作发力，依次带动肩、肘、腕各部位关节向前上方以鞭甩动作挥动。击球时，五指微张，以掌心为主，全掌包满球，在手臂伸直的最高点的前上方击球的后中部，同时主动用力屈腕、屈指向前推压，使扣出的球呈上旋。

5. **落地**

以两脚前脚掌先着地再迅速过渡到全脚掌着地，同时顺势屈膝、收腹，以缓冲下落的力量，立即做好下一个动作的准备（图 5-18）。

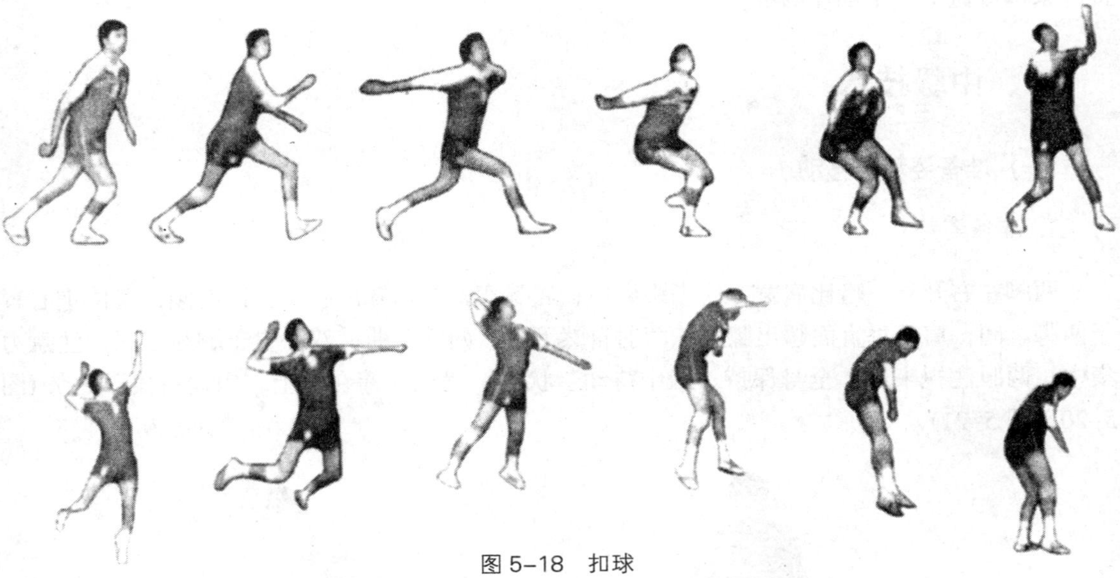

图 5-18　扣球

（六）拦网

1. **准备姿势**

队员面对球网，两脚左右开立，约与肩同宽，距网 30~40 厘米。两膝微屈，两臂屈肘置于胸前。

2. **移动**

常用的步法有一步、并步、交叉步、跑步等。无论采用哪种移动步法，都要做好制动动作，以保证向上起跳，避免触网和冲撞同队队员。

3. **起跳**

原地起跳时，两腿屈膝，重心降低，随即用力蹬地，两臂以肩发力，在体侧近身处画弧向前后摆动，帮助身体迅速跳起。移动后的起跳动作与原地起跳一样，但要注意制动并使移动与起跳动作紧密衔接。

4. **空中动作**

起跳时，两手从额前沿球网向上方伸出，两臂伸直并保持平行，两肩上提（图 5-19）。拦网时，两臂应伸过网去接近球。两手自然张开，屈指屈腕成半球状。当手触球时，两手要突然紧张，手腕下压盖在球的前上方。

图 5-19　拦网

5. **落地**

拦网后，要做含胸动作，以保持身体平衡。手臂要先后摆动或上提，从网上收回至本方上空，再屈肘向下收臂以免触网。与此同时屈膝缓冲，双脚落地，随即转身面向后场，准备接应来球或做下一个动作的准备。

二、中级技术

(一) 准备姿势与移动

1. **准备姿势**

两脚左右开立，略比肩宽，后脚跟离地；屈膝弯腰，两膝内收，上体前倾，身体重心置于两脚之间，肩部垂直面超出膝部；两肘自然下垂，两臂弯曲，双手置于胸腹之间；注意力集中，两眼注视来球；全身保持“静中待动”状态，犹如“箭在弦上，引而待发”之势(图5-20、图5-21)。

图 5-20　准备姿势（正面）

图 5-21　准备姿势（侧面）

不同技术的运用，两脚开立的大小、屈膝弯腰的程度，以及身体重心的位置，各有不同的要求，如接发球、防守、保护与拦网等，其姿势就不尽相同。

不同的接球位置，其准备姿势也略有区别，如站在左半场的位置应左脚在前，身体略向右转；站在右半场宜右脚在前，身体稍向左转；前排拦网的准备姿势，则两脚平行开立。

2. **移动**

起动是移动的开始，移动是起动的继续，制动是移动的终止。起动的要领，是使身体重心迅速向移动方向转移，即提起一只脚使身体重心垂线远离支撑点。起动的第一步宜小不宜大，以便快速连续移动。移动是在起动之后，通过蹬腿和下肢肌肉爆发力的收缩，增加支撑反作用力，辅以双臂的摆动和腰腹的协调配合，以便快速移动。制动是在移动结束之时，最后跨出稍大一步，脚掌向内侧转向，身体重心下降，加上两臂和腰腹的控制，形成突然制动。变向移动，即身体重心随即迅速向移动的方向转移，按照起动、移动和制动的要领进行。

起动、移动速度的快慢，主要取决于人体重心转移的速度和腿部肌肉的爆发力，也同正确的准备姿势、灵敏反应速度、临场判断能力、身体协调性等因素有关。

运动员在场上要根据来球的方向、弧线、速度和落点，及时地作出向前后左右的起动、移动和制动，使身体快速接近来球，并处于合适位置，然后作出相应的击球行动。

移动的步法一般有以下几种：

(1) 滑步：一脚先向前（图 5–22）或向侧方迈出一步，另一脚迅速跟着滑动。在滑动中应保持正确的准备姿势，身体重心处于一个水平线上。滑步适用于短距离的移动与击球。

(2) 交叉步：向左侧移动时，左脚支撑并蹬地，右脚迅速向左侧前方交叉跨出，左腿随即跟上（图 5–23）；向右侧移动时，动作相同，方向相反。适用于 2 米左右的侧向移动与击球。

(3) 跨步（弓箭步）：一脚支撑并蹬地，另一脚向前或侧方跨一大步，前腿膝部深蹲，上体前倾，臀部下降，胸部几乎贴近大腿，后腿自然伸直或随着重心前移而跟着上前（图 5–24）。侧跨步时，脚尖向内转向出球方向。跨步常与滑步连用，即滑步不到位，以跨步补之。适用于传接短距离的低球。

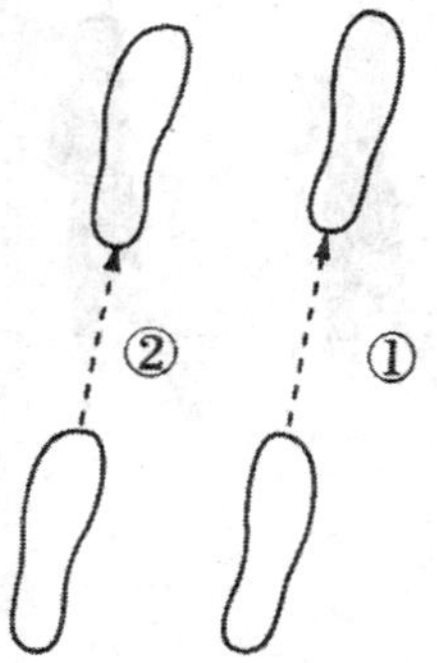

图 5–22　滑步

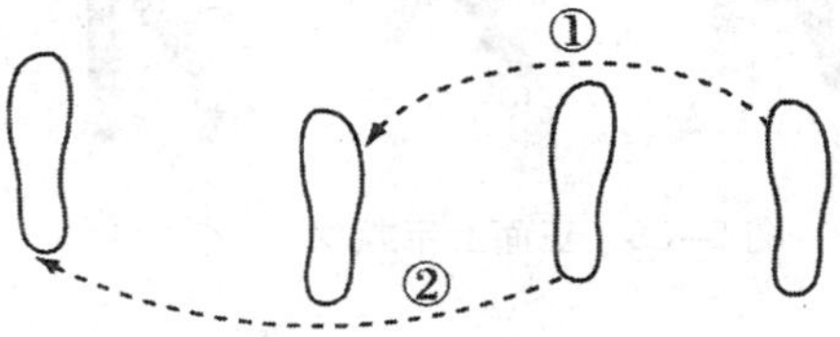

图 5–23

图 5–24　跨步

(4) 跨跳步：两脚用力蹬地向前跨跳，同时两臂向前摆动，重心下降成深蹲姿势。跨跳步也常与滑步连用。适用于传接短距离的低球。

(5) 后退步：移动时，身体重心降低并置于前，两脚交替快速向后退步。适用于退守原位时，球在身后时也可运用，常在后退过程中传接球。

(6) 跑步：当来球较远，用上述移动方法不能到位时，应采用快速跑步去接近球。

(二) 发球

攻击性的发球种类较多，但就其性能而言，可以概括为旋转球和飘球两大类，两大类中还各有正面上手和侧面勾手之分。当前国内外强队所采用的跳发球，也有旋转球和飘球两种。

1. 抛球（指攻击性的上手发球，下同）

两类发球的共同点是用单手或双手把球平稳抛起，高度适宜，位置相对固定。

两类发球的不同点：

(1) 飘球：抛球的高度稍低，位置偏前，以便于挥臂时平行加速用力去击球。正面上手飘球抛在击球手臂一侧的额前上方，侧面勾手抛在击球异侧手臂一侧的额前上方，均约一臂之高；跳飘抛球略高，但也约在跳起之后一臂之长的额前上方。

（2）旋转球：抛球的高度较高，保持在额顶上方，以便于运用腰腹动作发力，并带动手臂去击球。正面上手（原地）旋转球抛在击球手臂一侧的额顶上方，侧面勾手抛在额顶正上方，均约一臂半之高；跳发旋转球抛球的位置，在助跑若干步起跳之后，仍应使球保持在击球手臂额顶上方的适当高度上。

新规则取消了发球试图，要求抛球必须一次成功。倘若抛球稍有不当，可以利用在挥臂击球时身体移位的动作或击球手法加以调整，以弥补抛球的缺憾，发挥发球的水平。

2. 挥臂击球

两类发球的共同点：是挥臂速度快，击球点高（伸肘提肩），手对球的控制力强，腰腹协调用力。

两类发球的不同点：

（1）飘球（图 5–25、图 5–26）

图 5–25　正面上手飘球

图 5–26　侧面勾手飘球

挥臂运动轨迹平行于地面，略有下拖动作；用掌根坚硬部位击球，不屈腕；击球的作用力通过球体的重心（图 5–27），用力迅速、集中，动作突然、短促。

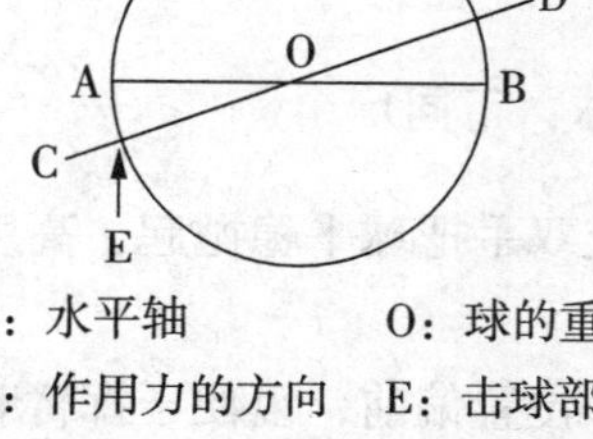

AB：水平轴　　　　O：球的重心

CD：作用力的方向　E：击球部位

图 5–27

（2）旋转球（图 5-28、图 5-29）：

图 5-28　正面上手旋转球

图 5-29　侧面勾手旋转球

相似于扣球的挥臂击球动作，与发飘球的动作结构相左，即挥臂运动轨迹成圆弧形，略有推击动作，以形成上旋球；用全掌击球，把球打满，略有屈腕动作，以控制好球的方向；作用力不通过球体的重心，根据不同情况击在球体的后中部或中下部。

3. 腰腹等身体动作

（1）正面上手发球（含飘球和旋转球，下同）：发球前面向球网，两脚前后开立；抛球后，身体重心置于后脚；击球时，由腰腹发力带动手臂去击球，身体重心随即移至前脚上，同时收腹用力，以增加击球的速度和性能。

（2）侧面勾手发球：发球前两脚左右开立，击球手臂的异侧脚对向球网；抛球后，身体重心置于击球手臂的同侧脚；击球时，由腰腹发力带动手臂去击球，身体重心随即移至另一脚上，同时收腹转体用力，以增加击球的速度和性能。

（3）跳发球：在助跑起跳之后，击球时的腰腹肌肉发力和收腹动作是在空中完成的（图 5-30）。

图 5-30　跳起发球

（三）接发球

1. 摆好垫击手型

两臂自然伸直，并稍外旋，两肩提起，前臂紧靠，两手掌根相靠，手指重叠，手掌互握，两拇指平行向前（图 5–31），或一手握拳，另一手在外包握，手腕下压，前臂至手腕形成一个垫击平面。肩关节保持放松灵活，以利于转动手臂平面去迎击各种来球。

2. **做好击球动作**

垫击时，前臂插入球下，运用蹬腿、送髋、抬臂和腰腹部的协调用力，把球准确地垫在前臂上。击球瞬间，手臂应保持平稳固定，从容不迫地把球垫至预定目标（图 5–32）。

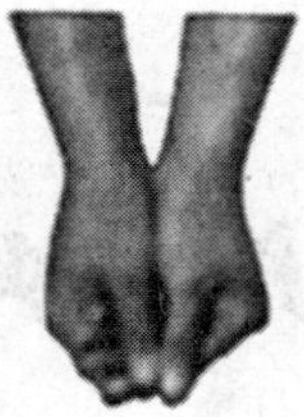

图 5–31　垫击手型

图 5–32　垫击球动作

3. **控制击球力量**

垫击用力的大小，与来球的速度和力量成反比，与垫出球所需的距离成正比。这主要取决于运动员对来球性能的判断和自身手感的调控。

4. **掌握出球角度**

掌握好垫出球的方向、弧线和落点，必须注意以下三个要求：

（1）保持好来球弧度同手臂角度（与地面的夹角）的关系。根据入射角等于反射角的原理，来球弧度高，手臂角度小（图 5–33）；来球弧度平，手臂角度大（图 5–34）。

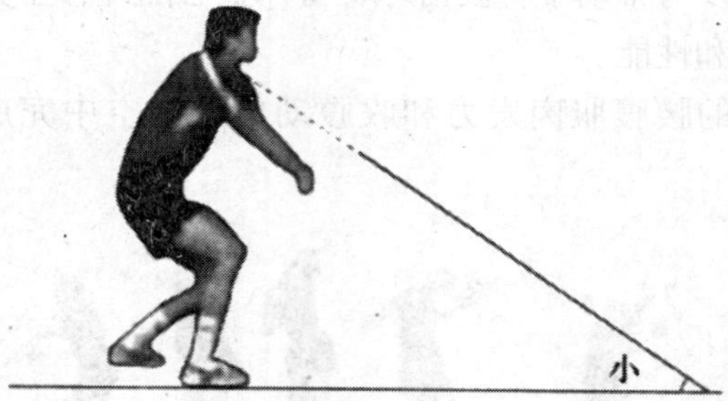

图 5–33　来球弧度高角度小

图 5–34　来球弧度平角度大

（2）摆好垫击手型。保持好垫出球距离同手臂角度的关系。在来球弧度相同的条件下，垫出球的距离远，手臂角度大（图 5–35）；垫出球的距离近，手臂角度小（图 5–36）。

（3）保持好手臂反射面同垫球预想目标的关系。手臂反射面必须对着出球的方向，运用侧面垫球时，要转动手臂反射面，对向出球的方向。

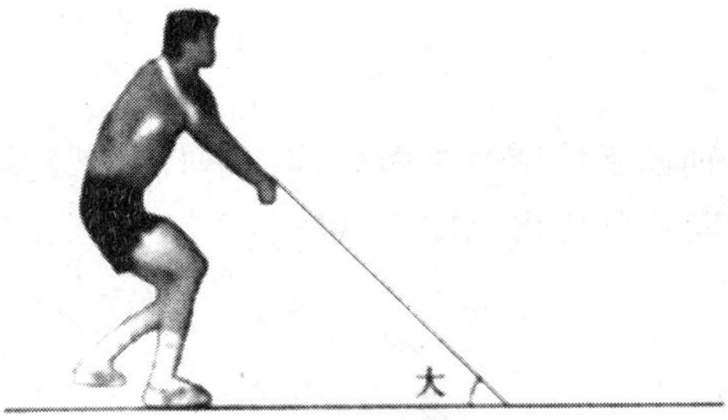

图 5-35　出球远角度大

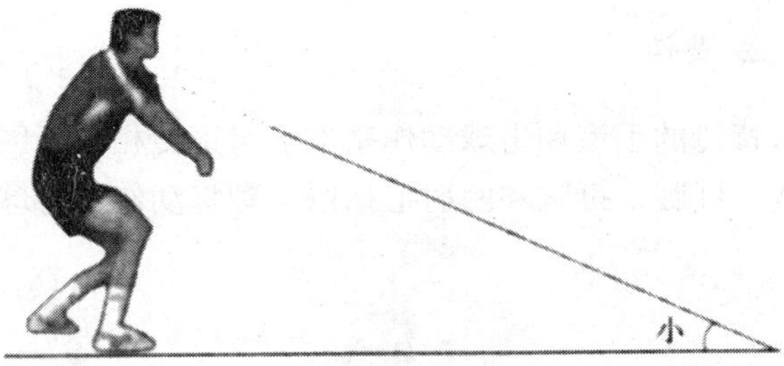

图 5-36　出球近角度小

（四）二传

二传主要是运用上手传球来组织进攻。二传技术精细，种类繁多，但可归纳为三种基本形式，即正传、背传和侧传。跳传等其他二传技术，均由此派生而来。

1. 正传

（1）传球手型：两肘自然弯曲，手腕稍有后仰，手掌微向内倾，十指微屈，张开成半球状，拇指相对成“一”字形（图 5-37）。如传低球或背传时，则拇指相对成反“八”字形。

图 5-37　传球手型

（2）击球动作：传球前，手腕、手指应放松自如。传球时，手腕、手指先适当地缓冲来球，然后运用前臂的迎击和腕指的积极发力，加上蹬腿和展腹等身体协调力，将球传出（图5-38）。十指与球体吻合，以扩大触球面积，增加作用力点，但拇、中、食三指的指腹承受球的压力最大。击球点一般在额前 10 厘米左右，但应根据来球的不同情况和传球的不同要求，适当提高或降低击球点。

图 5-38　击球动作

（3）视野：在传球过程中，要始终观察球、网和人（本方扣球者和对方拦网者）的情况。观察的方法可以直视目标，也可用余光窥视。

（4）脚步：传球前，要根据对来球的判断，迅速移动取位，插入球下，稳定重心，以便为传好球创造良好条件。

2. **背传**

背传的手型和击球动作基本上与正传相同，区别在于传球时手腕后仰，掌心朝上，运用蹬腿、展腹、挺胸和两肘上抬以及翻腕动作，将球向背后传出（图 5–39）。

图 5–39　背传

背传的技巧性在于灵活而准确地翻腕。翻腕的动作幅度和用力大小，与传出球的距离成正比，与一传来球的速度和力量成反比。

背传的准确性在于方向感和双手对球的控制能力。要提高临场观察判断能力，加强时间和空间观念，强化手对球的感觉能力，才能提高背传的稳定性和准确性。

3. **侧传**

动作结构和用力方向不同于正传和背传。当向某一侧传球时，同侧手腕后仰翻动，异侧手腕手指向出球一侧上方推托弹击，双手配合一致协调用力，快速甩动手臂、手腕、手指，将球从侧上方传出。同侧手臂动作幅度和用力小于异侧，同侧手臂和肘部低于异侧(图5–40)。

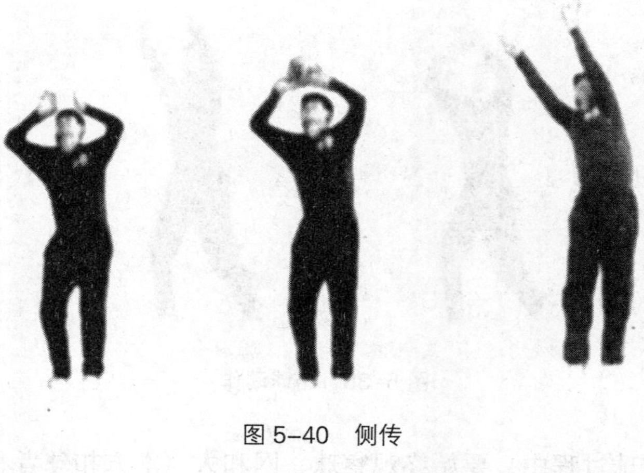

图 5–40　侧传

侧传有两种站位方式，一是背向网的侧传，常用于做隐蔽性的二传；二是面向网的侧传，在一传太近网，传球者移动取位来不及转身时运用（图 5–41），或跳起晃传时采用(图5–42)。

图 5-41　面向网侧传

图 5-42　跳起晃传

4. **跳传**

同样有正传、背传、侧传三种形式，基本要领相同，不同的是跳起在空中完成传球动作。跳传的起跳，应采用原地或一两步助跑起跳，以利于控制身体平衡。跳传具有加快进攻速度、迷惑对方拦网、弥补来球过于近网等功效，为优秀二传手所普遍运用。单手跳传更有补救来球过于近网，变不利为有利的作用。其要领是起跳后身体侧向球网，同侧手臂举起伸直，掌心转向本场区，借助来球的惯性，手腕、手指顺势弹击。单手跳传适用于近距离的传球（图 5-43）。

图 5-43　单手跳传

（五）扣球

1．双脚起跳扣球

(1) 助跑：助跑的目的是为了判断来球、对准来球并及时起跳扣球。助跑的最后两步（即将要起跳的脚步），是决定起跳时间与地点的关键。助跑的要领是助跑步幅先小后大；助跑速度先慢后快；全身动作先放松后紧张用力；助跑角度因位而异（图 5-44），因球而异；助跑步法要灵活可变。

(2) 起跳：当助跑的最后两步落地时，脚尖转向扣球手臂的方向，左脚在前，右脚在后；重心下降，屈膝弯腰，两臂后引。此时，借助助跑的水平速度和身体下落给地面的强大冲力，并通过伸膝肌群爆发式的收缩，加上两臂上摆，快速展腹，从而产生支撑反作用力，带动全身腾空而起。腾空时身体自然略成反弓形（图 5-45）。

起跳方法有二，一是由脚跟迅速过渡到前脚掌，猛烈蹬地起跳；二是仅用前脚掌迅速蹬地起跳。前者反作用力大，有助于增加弹跳高度；后者动作快速，有利于争取时间。

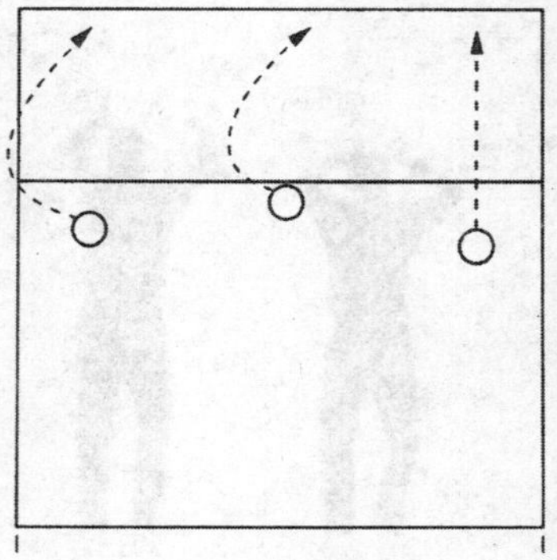

图 5-44　助跑角度因而异

图 5-45　起跳

摆臂方法有二，一是画弧摆臂，两臂自体前经体侧画一弧形至身体后下方，然后向上摆动；二是前后摆臂，两臂自体前直接经体侧引向体后下方，然后向上摆动。前者动作连续，画弧可大可小，适应性较强；后者摆幅较大，有利于增加弹跳高度。

(3) 挥臂击球：挥臂击球时要动作放松，快速发力。击球的技术关键是，根据人体运动链的动量传递原理，以形成鞭打动作，并控制好击球的方向。

挥臂击球的手法，有屈臂、小抡臂、勾手，也有直臂式的。无论采用何种手法，挥臂击球都必须遵循下述原则：

①挥臂运动轨迹成圆弧形，并伴有适当的推压动作；②加快挥臂速率，有明显的鞭打动作；③击球时手臂充分伸直，并有伸肘提肩动作；④用全掌击准球，打满球；⑤击球的同时，要有收胸（扣近网球）或收腹（扣远网球）动作的协调配合。

2. 单脚起跳扣球

助跑的开始阶段与双脚起跳基本相同。不同的是以扣球手臂异侧脚蹬地起跳，同侧腿迅速向上摆动，带动身体上升，即在助跑过程中，当右脚落地时（右手扣球），左脚向前跨步蹬地起跳，右腿屈膝上提，同时配合展腹挺胸和两臂上摆，腾空挥臂去击球（图 5-46）。

图 5-46　单脚起跳扣球

3. 拦网

拦网是一项学会不难、用好不易的技术。分为个人和集体拦网，这里介绍的是个人拦网技术。

1. 准备姿势

球进入对区后，拦网者近网站立，两脚左右分开，约同肩宽，两膝稍屈，两手上举置于头上，注视对方动向，做好拦网准备。

2. 移动起跳

拦网在很多情况下是在移动中起跳的。根据不同的移动距离，分别采用滑步（并步）、交叉步或跑步后起跳拦网。移动后的最后一步要降低重心进行制动，并随即下蹲向垂直方向起跳。起跳腾空后应稍有收腹动作，以便延长滞空时间和控制身体平衡。拦网起跳的摆臂，一般采用小画弧的摆臂方法，以避免触网犯规。

3. 伸臂拦球

随着起跳摆臂动作，两臂从胸前向头前上方伸出，身体近网，手臂直伸，逼近对方场区的球，并有提肩、含胸动作；两手的手指张开弯曲成勺形，保持一定的紧张程度，积极主动去拦击对方的扣球（图 5–47）。

根据对方扣球的不同情况，拦网的动作应有不同的变化，如拦近网球，手臂伸过球网，两手排成弧形去“包抄”，尤其靠外侧的手更应注意“包球”，以防球打手出界；拦远网球，应尽量高跳伸臂；拦变线扣球，拦网手臂在空中移位去拦阻；拦超手扣球或拦网者弹跳不高时，拦网手型以后仰为宜；拦快球，起跳时间早；拦高球和远网球，起跳时间稍迟。任何一种拦网，拦网手臂都不宜过早收回，以延长拦阻的有效时间，增多拦到球的可能性。

图 5–47　伸臂拦网

4. 观察判断

拦网在空中的有效时间极为短促，拦网的成败，除了掌握合理的拦网技术外，关键是要有准确的观察判断，以找准正确的拦网时间和空间。拦网的判断，贯穿在从准备姿势到伸臂拦网的全过程中。找准正确的拦网时间与空间，要根据下述诸情况进行综合观察与判断，并在瞬间作出正确选择：

(1) 根据对方一传情况，预判其可能组成的进攻战术。

(2) 根据对方二传情况，选择正确的拦网起跳时间与地点。

(3) 根据其扣球情况，选择拦截的路线。

(4) 根据扣球者的扣球特点和习惯动作，预测其可能的进攻路线。

第三节　排球基本战术

排球战术，是运动员在训练和比赛中根据排球运动的客观规律、彼我双方的具体情况和临场的发展变化，运用合理技术和有效配合，所采取的有组织、有目的和有预见性的行动。

一、排球的基本阵形

（一）进攻基本阵形

1.“中一二”进攻阵形

由前排3号位队员担任二传，2、4号位队员扣球的战术形式称为“中一二”进攻阵形。这种阵形是最基本的进攻阵形，特点是二传队员在中间，一传容易到位，战术可简可繁，适合不同技术水平的队。其基本站位如图5–48所示。

2.“边一二”进攻阵形

由前排2号位队员担任二传，3、4号位队员扣球的战术形式称做“边一二”进攻阵形。这种阵形也是基本的进攻阵形，特点是二传队员在边上，对一传的要求稍高，但战术变化比“中一二”进攻阵形多，战术可简可繁，同样适合不同技术水平的队。其基本站位如图5–49所示。

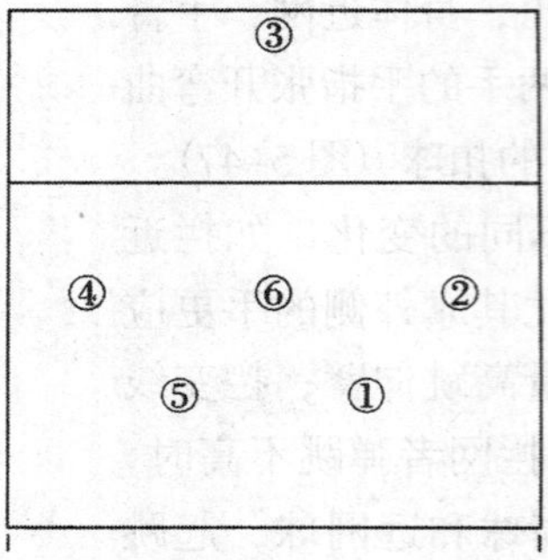

图5–48 “中一二”进攻阵形

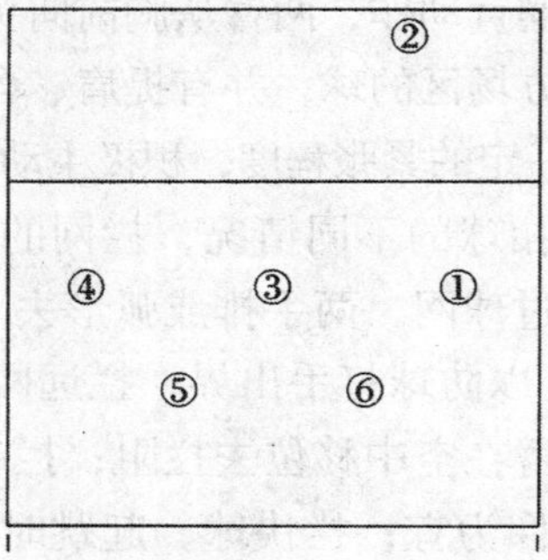

图5–49 “边一二”进攻阵形

3.“插上”进攻阵形

由后排任一队员插到前排做二传，前排3名队员进行扣球的战术形式称“插上”进攻阵形（图5–50、图5–51）。这种阵形目前被国内外强队所普遍采用。它的特点是可保持三点进攻，进攻灵活，变化多。

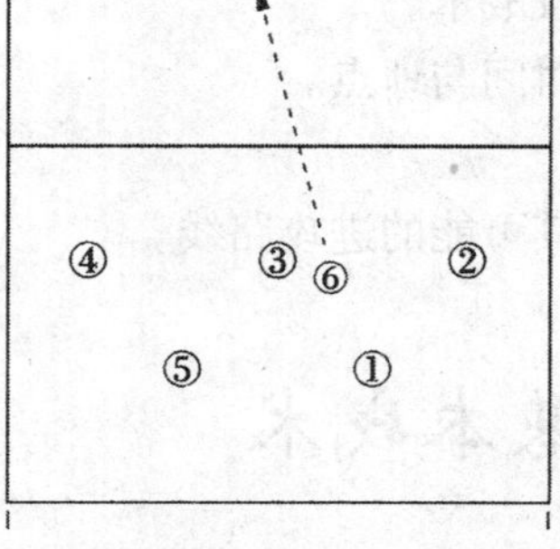

图5–50 “插上”进攻阵形

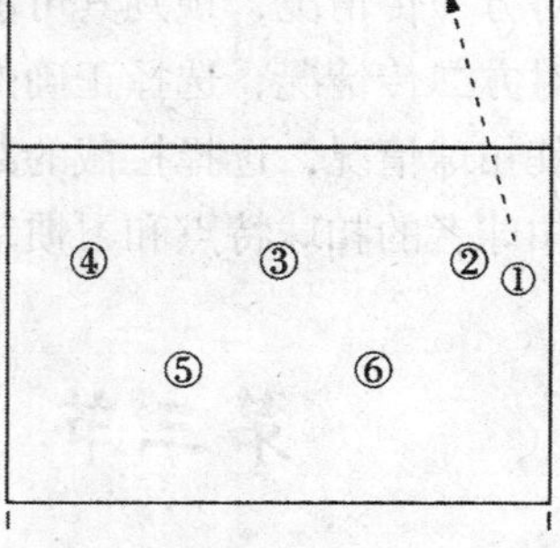

图5–51 “插上”进攻阵形

（二）集体防守战术

1. 单人拦网的防守阵形

（1）与对方扣球队员相对应位置队员拦网的防守阵形：以对方 4 号位进攻为例，由本方 2 号位队员单人拦网，3 号位队员后撤防吊球，4 号位队员后撤防小斜线或吊球，后排3 名队员组成半弧形防守圈，每人防守一个区域（图 5-52）。

（2）固定 3 号位队员拦网的防守阵形：对方进攻队员从任何位置进攻，均由 3 号位队员拦网，2、4 号位队员后撤与后排 3 名队员共同组成防守阵形（图 5-53、图 5-54）。

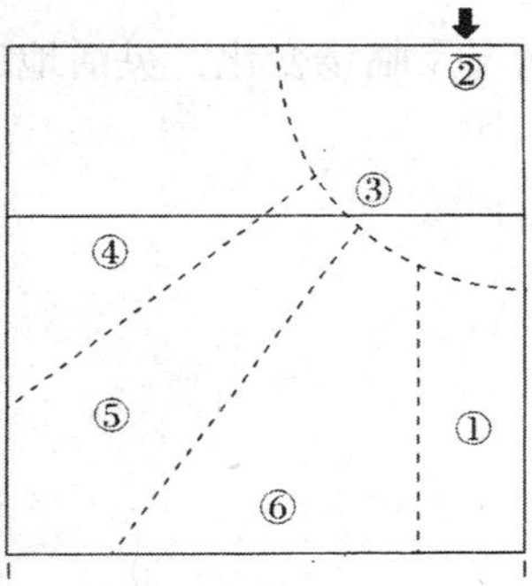

图 5-52 相对应位置队员的单人拦网

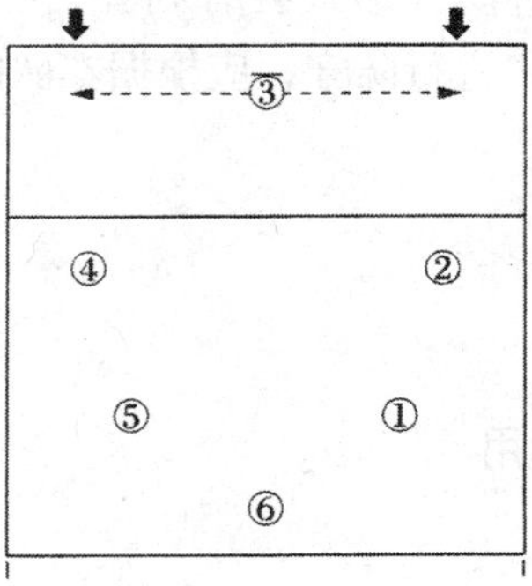

图 5-53 3 号位队员的单人拦网

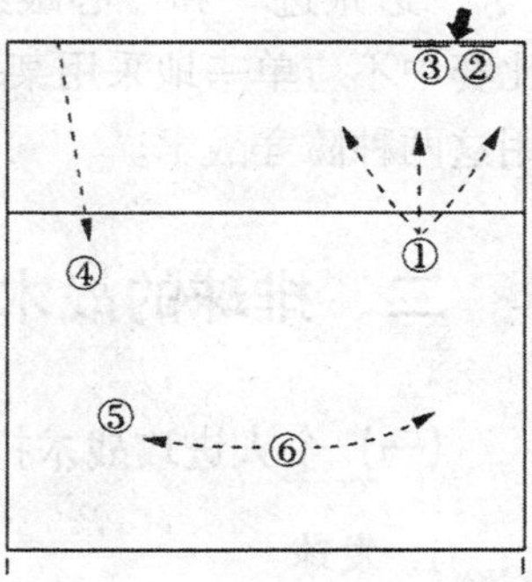

图 5-54 3 号位队员的单人拦网

2. 双人拦网的防守阵形

（1）“边跟进”防守阵形：“边跟进”即与对方扣球队员同一边的边上队员跟进防吊“补心”。如图 5-55 所示，对方 4 号位进攻，我方②③组成双人拦网，1 号位①则向前移动，负责防吊“补心”，⑥根据对方扣球的路线适当策应，④防小斜线。②拦直线，③配合、拦中线。

如果对方从 2 号位进攻（图 5-56），我方④③双人拦网，⑤则负责防吊“补心”，②下撤防小斜线，①防中斜线，⑥判断扣球路线作策应。④拦直线，③拦中斜线。

“边跟进”防守阵形的优点是对防守对方大力扣杀有利，弱点是球场中间空隙较大，容易形成“心空”，防对方直线进攻的能力减弱。

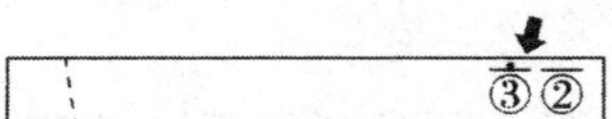

图 5-55 4 号位进攻的防守阵形

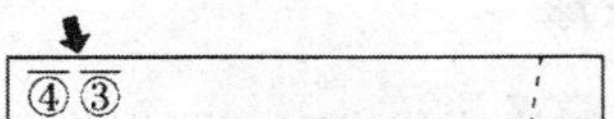

图 5-56 2 号位进攻的防守阵形

(2) “心跟进”防守阵形：这种阵形无论对方在哪个位置进攻，我方都由一名后排队员专司跟进防吊“补心”。图 5-57 为对方 4 号位强攻，我方①专司防吊的“心跟”。倘若该轮次对方由 2 号位进攻，我方同样以①（也可由⑤或⑥）“心跟”。“心跟进”在初、中级水平球队比赛中还是常见的，但水平高的球队已基本不采用。

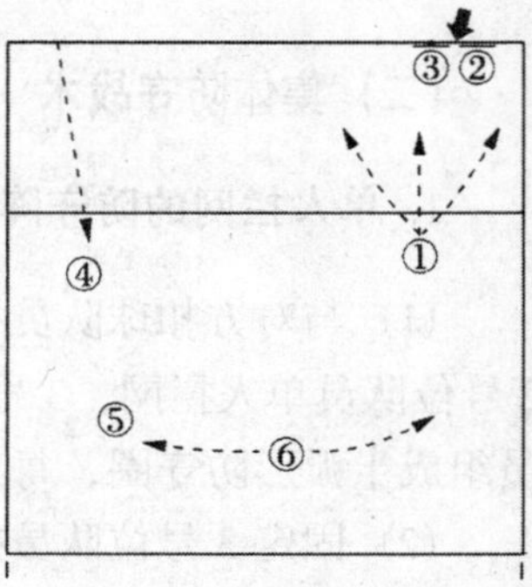

图 5-57 “心跟进”防守阵形

“心跟进”防守阵形对防吊球和防拦起球有利，也便于接应和组织反攻。但后场及“两腰”空隙较大，容易形成空当。

“边跟进”和“心跟进”两种防守形式各有利弊，在比赛中不应单一地采用某一种形式进行防守，应根据本队的具体情况及临场变化，灵活地运用这两种防守战术。

二、排球的战术分类

(一) 个人进攻战术打法的运用

1. 发球

(1) 意在攻击：发出大力快速的旋转球或飘荡不定的飘球，以攻破对方的接发球。

(2) 寻找弱点：发给一传较差、信心不足、连续失误、情绪不稳、精力分散或刚换上场的人。

(3) 伺机攻之：发在端线两角、边线附近、“中间地带”或近网空隙等不容易接好球的位置上。

(4) 变化性能：无论发旋转球或飘球，都要运用不同的击球手法，发出不同性能的攻击性的球。

(5) 变换落点：根据对方接发球的站位情况，变换不同的发球落点。

(6) 破坏战术：判断对方接发球阵势及可能采用的进攻战术，发出足以造成其难以组成战术的攻击性发球。

(7) 相机行事：根据双方的比赛形势、轮次、本方所处的地位以及临场变化等情况，决定采用不同的发球策略。

2. 接发球

(1) 组织快攻战术时：可以有两种运用方法，一是一传的弧线平、速度快、落点近网，以加快进攻速度；二是一传的弧线高、速度快、落点在网顶上空，以便为身材高大的二传手运用跳传组织快攻。

(2) 组织在左半场交叉战术时：一传的方向和落点在球网中间，其弧线和速度适宜。

(3) 组织在右半场交叉战术时：一传的方向和落点偏向二号位，其弧线和速度适宜。

(4) 组织背溜战术时：一传的性能同 3。

(5) 组织短平快战术时：一传的方向和落点视扣球者的位置而定。

(6) 组织两次球战术时：一传弧线较高，速度和落点适宜。

(7) 组织后排进攻战术时：一传的落点不宜过于近网，以免给二传手造成传球困难。

(8) 一传直接进攻时：如遇对方发球者迟迟未进场，有隙可乘，可直接垫（传）至对区，攻其不备。

3. 二传

(1) 运用传球手法、身体动作和目光吸引的方法：传球不暴露传出球意图，利用巧妙手法突然传球。背向球网隐蔽侧传。近距离调整球，运用隐蔽性侧传。同②，但故意转身后再做侧传。面向球网跳传侧传。身体后仰，宛若背传，但却向前传球。身体前倾，似欲前传，但却背传。目光注视左边队员，但却传给右边队员，或者相反。趁其不备，直接将球吊人对区空隙处。运用跳传时手臂的屈伸动作所形成的时间差传球。

(2) 利用对手心理状态和违反常规的传球方法：向前快速移动时，但却背传。向后快速移动时，但却前传。转身逆向背传（跳传效果更佳）。近距离调整传球，反常传给2号位或3号位队员进攻。近距离调整传球，反常传给直角位置的队员扣球。一传到位时打“第二进入”的半高球。一传不太到位（3米以内）时打“远网快攻”。传给不引人注目的人去进攻。

4. 扣球

(1) 避开拦网：根据对方拦网的位置，采用扣小斜线、中斜线和直线等变化路线或超越拦网手的高点扣球方法，避开对方的拦阻。

(2) 利用拦网：采用扣击拦网手的外侧、集体拦网之间的空当或平击拦网手尖等方法，造成拦网触手出界或破坏性拦网。

(3) 攻击弱点：从身材矮、弹跳低、拦网差或不积极拦网者的头上突破，或有意攻击防守技术较差的队员。

(4) 破坏战术：对方采用“五一”配备，当其二传手在后排时，集中火力攻击其二传手的防区（一般为1号位），迫使二传手不能在行进中插上组织反攻战术。

(5) 时间变化：扣球者在跳起腾空时，根据对方拦网的起跳时机，采用快速下手或延缓扣击的方法，以造成拦网者的时间误差。

(6) 打吊结合：根据对方拦网和防守情况，采用以重扣为主，结合轻吊的方法，以扰乱对方的阵脚。

(7) 伺机再攻：当对方拦网严密，一时难以通过时，不可莽撞死打，可采用以中等力量有意拍打拦网者前臂（而不是两手）的方法，使球反弹回来，通过保护起球，伺机再攻。

(8) 处理乱球：高水平的运动员应学会处理好各种不好扣的困难来球，诸如来球太低、太高、太快等，尤其在连续的防反中，扣球者应善于调整自己的助跑起跳和击球手法，妥善处理各种乱球。

5. 后排进攻

(1) 以力制胜：后排进攻距离球网较远，击球过网面较广，对方不容易拦截，可采用速度快、力量大的扣球制胜对手。

(2) 控制落点：运用良好的控制球能力，把球扣到不易防守的对区1、5号两角或两腰位置上。

(3) 变化路线：运用转手、转腕动作，扣出不同的路线，造成对方拦防判断的困难。

(4) 攻击弱点：把球扣向对方防守薄弱的区域或防守能力较差的队员。

(5) 破坏战术：把球扣向对方处于后排位置的二传手，使其不能进行插上组织多样化的反攻战术。

(6) 重轻结合：当对方扩大防区或有隙可乘时，采用轻扣或吊球，突袭其无人防守的空当。

6. 拦网

(1) 正确取位：外侧的两名拦网者在拦网前的取位，应视对方运用的进攻战术而定，并应根据对方扣球者的动向，做相应的移动。

(2) 适时起跳：要根据对方二传的高、低、远、近和扣球者起跳与击球的时机来选择拦网起跳的时间。

(3) 外手内包：两侧拦网者在拦球时，两手用力应由外向内，靠外侧的手掌应向内倾斜把球包住，以防球打手出界。

(4) 空中移位：腾空能力强的拦网者跳起在空中时，应根据对方扣球的路线，移动双臂和双手去拦截对方的扣球。

(5) 积极压腕：在拦截来球时，手腕应积极主动下压，力争把球直接拦入对区。

(6) 手腕后仰：倘若拦网者身材较矮，弹跳力较差，或遇对方超手扣球时，拦网时可将手腕后仰，以便把球拦起进入本方组织反攻。

(7) 主动收手：如遇对方采用平扣或打手出界的扣球方法，则跳在空中的拦网者，应及时收回双手，以造成对方扣球出界。

(8) 反吊补吊：如遇对方采用轻吊球的方法，则跳起在空中的拦网者应主动出击，利用压腕动作把球拦回。倘若来球吊在拦网者身后或身旁的不远处，那么，拦网者落地后，应随即转身下蹲，把球救起组织反攻。

7. 后排防守

(1) 灵活取位：要根据对方二传的情况和扣球者的特点，准确判断，及时移动，灵活取位，以便为防好球创造有利条件。在通常的情况下，移动取位大都是由后向前，由外向里，以利于扩大视野，观察判断，采取防守行动，但有时也有相反的情形。

(2) 合理取舍：要根据本方拦网者的拦截区域，舍弃拦网盲区，重点防守好盲区以外的地带，但也要注意补救被打手出界或漏拦下来的球。

(3) 协同防守：防守者除了要恪尽职守、重点防守好本岗位的来球外，还应根据当时对方的扣球路线和同伴（尤其是相邻的同伴）的防守状况，积极支援，保护和弥补队友的防守漏洞，形成有机的防守整体。

(4) 斗技斗法：后排防守除了需要精湛的技艺，还需要经验与智慧。要善于揣摩对手的进攻意图，观察对手的扣球特点，掌握对手的心理动态。有时，好的防守往往带有某种程度的猜测与预见，好像对方扣来的球都在预料之中。这里既有判断的准确性，也有经验和智慧在起作用。

(5) 手法多样：要根据对方扣出球的速度、力量、落点等情况和防守者所处的位置，采用适当的手法（垫、传、挡、踢或双手、单手等）把球防到有利于组织反攻的位置，并由防守地位迅速转为反攻态势。

8. 小球技术

排球6大技术以外的那些未被列入“正册”的技术，可称之为小球技术。同6大技术一样，“小球”技术在比赛中的得失，都无例外地要得分或失分。“小球”技术是拾遗补漏、积少成多、力避失误、转危为安的技术。

(1) 与人方便：处理各种危难球的起码要求，是千方百计把球击高于本场区，以便为同伴的下一次击球创造良好的条件。

(2) 利于进攻：处理危难球的理想要求，是想方设法把球击到有利于本方组织进攻的位置，以便由防守转为反攻，由被动变为主动。

(3) 陷敌困境：倘若是最后一次击球或在不得已情况下的第一次击球、第二次击球、危难球的处置，则要殚精竭虑地把球击向对区的薄弱点，造成其组织进攻的困难，或破坏其战术，削弱其进攻威力，或延缓其组织进攻的节奏，为本方防反赢得时间。

(二) 集体进攻战术打法的运用

1. 强攻

在无掩护或掩护较小的情况下，主要凭借个人力量、高度和技巧强行突破对方的拦防。

(1) 集中进攻：集中进攻是指在4号位或2号位组织比较集中的不拉开的高球进攻，或在3号位扣一般高球。这种打法容易掌握，也容易被拦，适合初学者和水平较低的队运用。

(2) 拉开进攻：二传队员将球传到标志杆附近进攻的打法叫拉开进攻。拉开进攻可以扩大攻击面，以避开拦网，有利于线路变化及打手出界。

(3) 围绕进攻：围绕跑动换位的目的是发挥自己的扣球特长，避开对方拦网的有效区域。进攻队员从二传队员前面绕到后面去扣球，称为“后围绕”进攻。进攻队员从二传队员后面绕到前面去扣球称为“前围绕”进攻。

(4) 调整进攻：当一传或防起的球不到位，球的落点离网较远时，由二传队员或其他队员把球调整到网前有利于扣球的位置上进行强攻的打法称为调整进攻。调整进攻在接扣球反击中运用较多，并占有比较重要的位置。调整进攻对运动员的体能要求较高，必须具备一定的弹跳高度和力量，才能有效地突破对方的拦网与防守。

2. 快攻

各种快球以及以快球作为掩护，由同伴或本人所进行的进攻，均称为快攻。

(1) 快球进攻：二传队员将球或快或平地传给扣球队员，扣球队员快速挥臂击球，称为快球进攻。快球进攻是我国的传统打法，其特点是速度快、突然性大、掩护作用强，有利于争取时间、空间和组织多变的战术。快球有近体快、短平快、背快、背短平快、背溜、平拉开，以及调整快、远网快、后排快、半快球、单脚快等。

(2) 自我掩护进攻：用自己打各种快球的假动作来掩护自己的第二个实扣进攻，称为自我掩护进攻。它主要包括“时间差”进攻、“位置差”进攻和“空间差”进攻。

扣球队员佯做扣快球或短平快球的起跳动作，但实际并未跳起，以欺骗对方拦网队员起跳，待拦网者下落时，再迅速原地起跳扣半高球或小弧度球，造成对方拦网在起跳时间上的错误。这种进攻在运用时要求扣球队员与二传之间通过信号，密切配合。扣球队员的第一次佯攻助跑上步、急停制动动作都要做得逼真，同时，要与快球实扣交替使用才能生效；二传球的高度在对方拦网队员下落之际，本方扣球队员能突然地跳实扣为佳。

(3) 快球掩护进攻：利用各种快球吸引对方拦网，然后给其他队员创造一打一或空网扣球的进攻打法称为快球掩护进攻。在快球掩护下，其他队员还可以进行各种形式的跑动进攻，这样能起到出其不意、攻其不备、集中兵力、以多打少和避实就虚的作用。

思考题

1. 简述排球运动发展过程。
2. 当今排球运动有哪些形式。
3. 试论为何中国女排能够取得“五连冠”，而中国男排成绩则次之。
4. 举例说明如何掌握规范的技术动作。
5. 实行每球得分制，发球在比赛中的运用应注意哪些问题？
6. 二传手在组织进攻中应抓好哪些环节？
7. 运用好拦网技术的关键是什么？
8. 简述正面上手传球、正面上手发飘球、正面下手垫球、正面上手扣球、拦网的基本要领。
9. 何为“中一二”、“边一二”、“反边一二”进攻战术？
10. 如何运用“心跟进”、“边跟进”防守阵形？

第六章 乒乓球

第一节 乒乓球运动简介

一、乒乓球运动简介

(一) 球台与球网

乒乓球比赛是在长 14 米、宽 7 米的场地中间，摆放一张长 2.74 米、宽 1.525 米、距离地面 76 厘米高的长方形球台，沿每个 2.74 米的比赛台面边缘各有一条 2 厘米宽的白色边线，沿每个 1.525 米的比赛台面边缘各有一条 2 厘米宽的白色端线。双打时，各台区应由一条 3 毫米宽的白色中线，划分为两个相等的“半区”。中线与边线平行，并应视为右半区的一部分。球台中间垂直边线隔放一个顶端距离比赛台面 15.25 厘米，长 1.83 米的球网，将球台分成相等的两区。

(二) 比赛方法

在单打比赛中，首先由发球员合法发球，再由接发球员合法还击，然后两者交替合法还击。在双打比赛中，首先由球员合法发球，再由接发球员合法还击，然后由发球员的同伴合法还击，再由接发球员的同伴合法还击，此后，运动员按此次序轮流合法还击。比赛中如某方运动员未能合法发球或合法还击，即算失分，对方得分。一局比赛采用 11 分制，先得 11 分或 10 平后超出对方两分的一方，本局比赛获胜并结束。交换场地，进行下一局比赛。一场比赛采用五局三胜制或七局四胜制。在获得每 2 分之后，接发球方即成为发球方，依此类推，直至该局比赛结束，或者直至双方比分都达到 10 分或实行轮换发球法，这时，发球和接发球次序仍然不变，但每人只轮发一分球。乒乓球比赛共设七个项目：男、女团体；男、女单打；男、女双打；混合双打。

二、世界乒乓球运动概况

(一) 乒乓球运动在 20 世纪末进行的一系列改革

20 世纪末，乒乓球直径由 38 毫米、重 2.5 克，改为直径 40 毫米、重 2.7 克；乒乓球比赛由每局 21 分改为 11 分制；乒乓球比赛执行发球无遮挡的规定。改革的目的是增加击球板数，提高乒乓球运动的观赏性；增加比赛胜负的偶然性，缩小选手之间强弱的差距，扩大乒乓球运动的市场。

（二）国内外乒乓球重大赛事

世界乒乓球锦标赛；奥运会乒乓球比赛；世界杯乒乓球赛；国际乒联职业巡回赛；全国乒乓球锦标赛；全国运动会乒乓球比赛。

三、乒乓球运动的基础理论知识

（一）基本术语

1. 站位术语

（1）近台站位：指站位在离台端线 50 厘米以内的范围。
（2）中台站位：指站位在离台端线 50 ~ 100 厘米的范围。
（3）远台站位：指站位在离台端线 100 厘米以外的范围（图 6–1）。

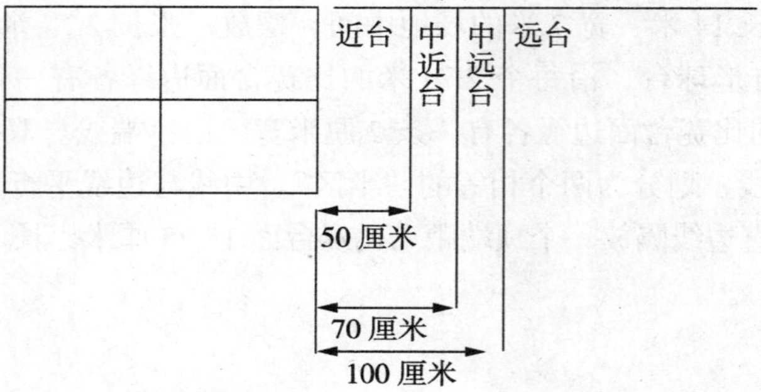

图 6–1　站位术语

2. 击球时间术语

（1）上升期：指球从台面反弹上升到接近最高点的这段时间，可分为上升前期和上升后期。
（2）高点期：指球反弹到最高点的这段时间。
（3）下降期：指球从最高点下降至台面的整段时间，可分为下降前期和下降后期。（图 6–2）。

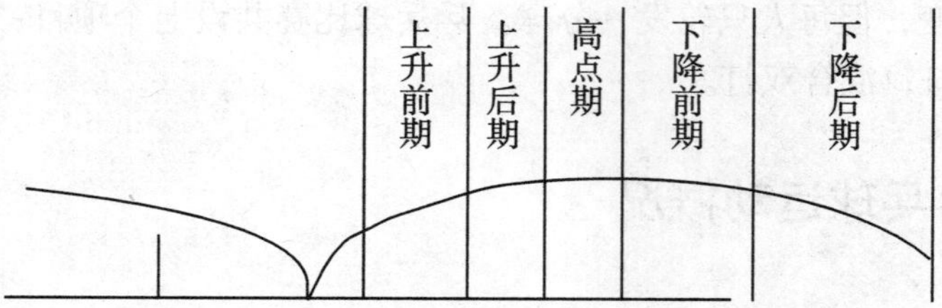

图 6–2　击球时间术语

3. 击球部位术语

用钟表的圆盘刻度将球划分为五个击球部位。
（1）击球上部：球拍击球在 12 ~ 1 点钟的部位上。

(2) 击球中上部：球拍击球在 1 ~ 2 点钟的部位上。

(3) 击球中部：球拍击球在 3 点钟的部位上。

(4) 击球中下部：球拍击球在 4 ~ 5 点钟的部位上。

(5) 击球下部：球拍击球在 6 点钟的部位上。(图 6–4)

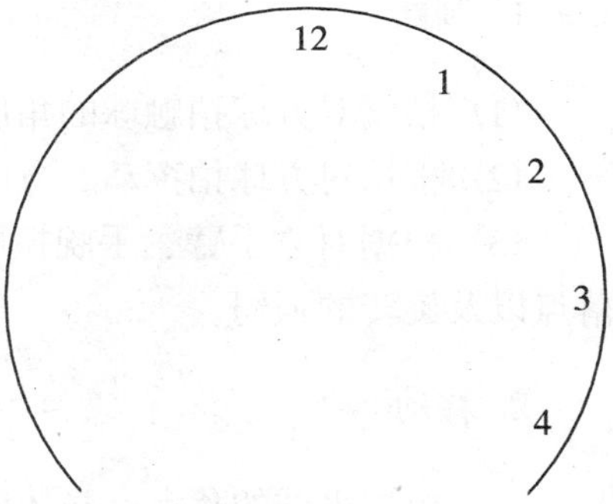

图 6–3 击球部位术语

4. 拍形角度术语

(1) 球拍垂直：球拍面与台面呈 90°。

(2) 球拍前倾：拍面与台面呈约 45°。

(3) 球拍后仰：拍面与台面呈约 110°。

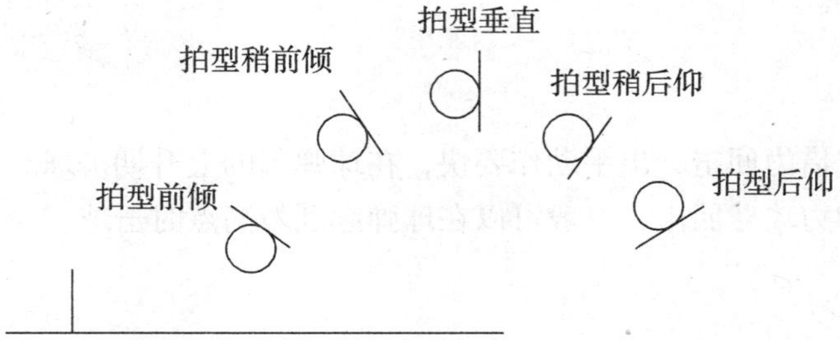

图 6–4 拍形角度术语

5. 击球线路术语（图 6–5）

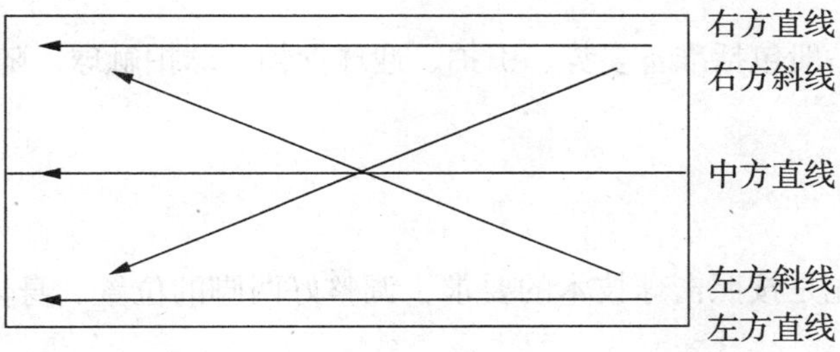

图 6–5 击球线路术语

(二) 击球的五大要素

要打好乒乓球，必须做到下述两点。一是准确地将球击到对方的台面上，既不出界，也不下网，这就需要击出的球有一个合适的弧线。二是击中对方台面的球要有一定的质量，这就要求击出的球要有一定的速度、力量、旋转和落点变化。上述两点包含了乒乓球比赛取胜的五大要素，即弧线要素体现的是准；落点要素体现的是变；旋转要素体现的是转；力量要素体现的是狠；速度要素体现的是快。

在乒乓球比赛中，谁能在技术和战术的运用上合理地体现出以上要素，谁将立于不败之地。

(三) 击球的基本环节

判断、移动、击球、还原是乒乓球击球过程中的四个基本环节。

1. 判断

(1) 根据对方球拍触球的角度判断来球的方向。

(2) 根据对方球拍挥动的方向判断来球的旋转性能。

(3) 根据对方手臂、手腕振幅的大小、动作的快慢和来球的速度判断来球力量的大小、落点以及旋转的强弱。

2. 移动

(1) 根据来球的落点，身体向前、后、左、右移动位置，保持好正确的击球姿势。

(2) 根据对方来球的速度，决定移动速度，倘若来球的速度太快，则应该迅速顺着球从台面弹出的方向跑动。

3. 击球

(1) 如果减力或借力回击，出手动作要快，在球弹起的上升期击球。

(2) 如果采取加力攻球回击，一般可以在球弹起到最高点时击球。

4. 还原

每次击球后都必须迅速还原，及时回到击球前的基本姿势和基本站位，做好再次击球的准备，及时还原是连续击球的重要保证。

(四) 击球动作的基本结构

乒乓球击球动作一般包括准备姿势、引拍、迎球挥拍、球拍触球、随势挥拍、身体配合六个部分。

1. 准备姿势

击球的开始，首先是按照击球技术的要求，调整好两脚的位置、身体重心和身体姿势，做好挥拍击球的准备。

2. 引拍

引拍是指迎球挥拍之前，为拉开击球距离而顺着来球方向所做的摆臂动作。引拍的作用主要在于保证击球时能够更好地发力。

3. 迎球挥拍

迎球挥拍是指从引拍结束到击中来球这段过程的动作。

(1) 挥拍的方向决定回球的旋转性质，并影响回球的飞行弧线和击球线路。

(2) 挥拍的速度决定击球力量的大小，从而影响球速的快慢、旋转的强弱。

4. 球拍触球

球拍触球是指球拍与球体相触瞬时的动作，是整个击球动作的核心部分。球拍触球时的击球点、击球时间、拍面角度、触球部位、用力方向、发力大小等，直接决定着回球的出手角度、出球速度和旋转性质。

5. 随势挥拍

随势挥拍是指球拍触球后顺势前挥球拍的那段动作，它有助于保证击球动作的完整性、协调性和稳定性。球拍触球之后，随势挥拍的动作幅度不要过大，要注意立即放松各有关肌群，否则将有碍于击球后的迅速还原，影响连续击球。

6. 身体配合

身体配合是指身体各部位在击球过程中彼此协调。协调的身体配合是提高击球质量的重要条件。

（五）球拍的选择

1. 底板

一个好的底板应具有两个特点，一是击球时不感到底板震手，二是底板有较好的控球性能。

2. 胶皮和海绵

进攻型运动员：

(1) 以拉弧圈球为主要得分手段的，应选择使用反胶胶皮和厚度 2 ~ 2.5 毫米的硬型海绵。对于增加弧圈球旋转十分有利。

(2) 以近台快攻为主要得分手段的，应选择正胶胶皮和厚度 2 ~ 2.5 毫米的次硬型海绵。近台快攻型运动员较喜欢使用这种海绵。生胶胶皮配以 1.5 毫米左右的海绵，由于其反弹力较小，就需要用自身的力量去击球，因此有利于发挥生胶胶皮的特点和作用。

防守型运动员：

(1) 以削球为主要得分手段的，应选择一面为反胶胶皮或正胶胶皮和厚度在 1.5 ~ 1.8 毫米的海绵，而另一面为长胶胶皮和厚度 0.8 ~ 1 毫米的海绵。

(2) 以削中反攻为主要得分手段的，应选择一面为反胶胶皮或正胶胶皮和厚度 2 ~ 2.5 毫米的软型海绵，而另一面为长胶胶皮和厚度 0.8 ~ 1 毫米的海绵。

防守型运动员的球拍以薄海绵与长胶胶皮结合起来使用，由于海绵反弹力小，击球时可以充分发挥长胶胶皮自身的特征。球拍两面具有两种不同性能，利于在比赛中给对方制造更多的困难。

第二节　乒乓球基本技术

乒乓球基本技术包括握拍法、站位与基本姿势、发球、攻球、弧圈球、搓球、削球、结合技术和步法。

一、握拍法

乒乓球的握拍法，基本上分直握法和横握法两种。

（一）直拍快攻型握拍法

1. 特点

出手较快，正手攻球快速有力，攻斜、直线时拍面变化不大，对手不易判断。但反手攻球因受身体阻碍，较难掌握，防守时照顾面积较小。

2. 方法

(1) 拍前：以食指第二指节和拇指第一指节扣拍。拇指与食指之间的距离要适中。

(2) 拍后：其他三指自然弯曲，中指第一指节贴于拍的背面（图 6–6）。

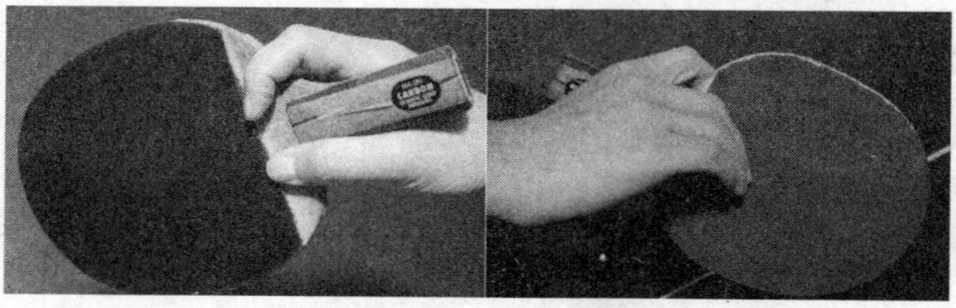

图 6–6　直拍进攻型握拍法

（二）横拍握法

1. 特点

照顾面积比直拍大，攻球和削球时的手法变化不大，反手攻球便于发力，也便于拉弧圈球。但还击左右两面来球时，需要转动拍面，攻直线时动作变化明显，易被对手识破，台内正手攻球较难掌握。

2. 方法

中指、无名指和小指自然地握住拍柄，拇指在球拍的正面轻贴在中指旁边，食指自然伸直，斜放于球拍的背面，浅握时，虎口轻微帖拍，深握时，虎口紧贴球拍（图 6–7）。

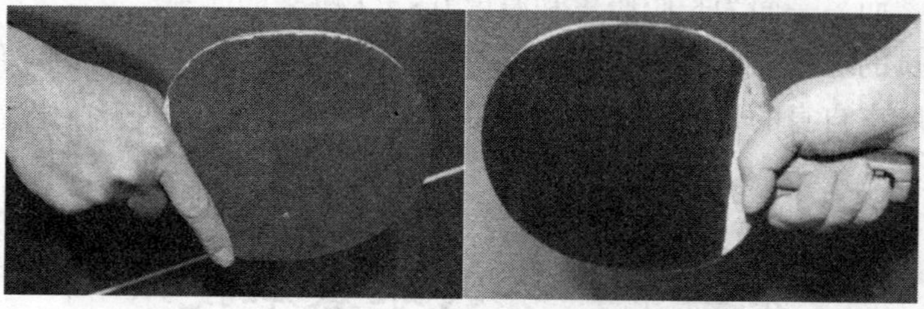

图 6–7　横拍握拍法

二、站位与基本姿势

（一）站位方法

1. 左推右攻打法在近台中间偏左处（图 6–8）。

2. 弧圈球打法站在中台偏左处（图 6–8）。
3. 两面攻打法站在近台中间（图 6–9）。
4. 攻削结合打法站在中远台（图 6–10）。

图 6–8

图 6–9

图 6–10

（二）基本姿势

两脚开立，比肩稍宽，踵部稍提起，前脚掌着地，两膝微屈，上体略前倾，重心置于两脚之间。下颌稍向内收，两眼注视来球。持拍手自然弯曲，置于身体右侧，手腕适当放松。

三、发　球

发球动作由两部分组成，一是持球手的动作。抛球前，持球手静止于球台端线外、两边线之间、高于台面的发球区内，手掌伸平，掌心向上，球置于掌心；抛球时，球垂直上抛的高度为 16 厘米以上。二是持拍手挥拍击球。球拍触球时，要高于台面，并且要使两侧居中的裁判员和对方运动员，能看清动作。球击出后，先落至本方台面，弹起后越过球网，再落至对方台面。

发球的分类有正手、反手；高抛、低抛；上旋、下旋及左、右侧上、侧下旋；直线、斜线；长、短球。

（一）正手发平击球技术

1. 技术特点

（1）速度慢，力量轻，易掌握。
（2）正手发平击球是发球的入门技术。

2. 动作要求

（1）站位：身体离台约 30 厘米，两脚开立，左脚稍前。
（2）引拍：发球时持球手将球抛起，与此同时持拍手向后方引拍。
（3）挥拍击球：向前方挥拍，拍面稍前倾，击球的中部稍偏上。
（4）随势挥拍：击球后，挥拍继续向前。尔后还原（图 6–11）。

图 6–11　正手发平击球

3. 注意事项

(1) 发力部位以前臂和手腕为主。
(2) 击球的第一落点尽量靠近本方的端线附近。
(3) 击球点应与网同高。
(4) 以撞击的方式碰击球。

4. 练习步骤

(1) 徒手做平击发球的挥拍练习。
(2) 向上方一抛一颠练习。
(3) 一抛一向前击球练习。
(4) 完整平击发球练习。

(二) 正手发急上旋球技术

1. 技术特点

(1) 球速快，落点长，冲力大。
(2) 球飞行弧线低，并具有较强的上旋。

2. 技术要点

(1) 站位：身体离台约 15 厘米，两脚开立，左脚稍前，便于身体转动用力。
(2) 引拍：当持球手将球向上抛起后，持拍手随即向后稍偏下方引拍，手腕放松。
(3) 挥拍击球：当球开始下降一瞬间，持拍手以腰为轴，带动大臂（即上臂，下同）和前臂，由后向前挥拍，拍形稍前倾，击球的中上部。击球时手腕加力摩擦球。
(4) 随势挥拍：击球后，球拍继续向前挥动（图 6–12）。

图 6–12　正手发急上旋球技术

3. 注意事项

(1) 击球前，拍形要保持适当前倾，前臂放松。
(2) 挥拍过程中要注意球拍挥动过程的加速击球。
(3) 身体要保持自然放松。

4. 练习步骤

(1) 用多球练习手腕发力动作，纠正错误的用力方法。
(2) 加强击球点的练习，纠正击球点过高或过低。可用撒手发球的方法，体会正确的击球点。
(3) 加强第一落点的练习，纠正弧线过高或球路过短的现象。
(4) 加强第二落点的练习，提高准确性和有效性。

(三) 反手发急上旋球

1. 技术特点

(1) 球速快，弧线低，冲力大。
(2) 可与其他旋转性发球配套，在旋转和速度上有变化。

2. 技术要点

(1) 站位：身体离台 15 厘米左右，右脚在前，身体略向左方偏斜。
(2) 引拍：持球手将球向上抛起，持拍手向后方引拍，球拍置于左腋下。
(3) 挥拍击球：当球下降时，持拍手以肘为发力中心，利用转腰动作迅速向前挥拍，击球的中部偏上部位，并稍微带点摩擦。
(4) 随势挥拍：击球后随势挥拍，并还原（图 6–13）。

图 6–13　反手发急上旋球

3. 注意事项

(1) 抛球后，球降至约与网同高时击球。
(2) 击球时，球拍稍前倾，击球的中部偏上部位。

(3) 如果发急下旋球，可以将球拍向后稍仰，击球的中部稍偏下部位。

(4) 发球的第一落点要靠近球台端线。

4. 练习步骤

(1) 进行击球发力感练习，只要求在击球时，手臂和手腕能发上力，先不要求发球成功。

(2) 进行发急球练习，着重对弧线过高或下网、发力不集中进行技术分析，并在拍面角度、击球点的高低、发力方向、动作用力的协调性这四方面进行适当的调整。

(3) 多球练习。对正确的技术动作进行强化，并使之巩固下来。

(四) 正手发下旋球

1. 技术特点

球速较慢，前冲力小，主要用相似的发球动作，制造旋转变化去迷惑对方，造成对方接发球失误或为自己抢攻创造机会。

2. 技术要点

(1) 抛球不宜太高。

(2) 发转球时，拍面稍后抑，切球的中下部；越是加转球，越应注意手臂的前送动作。

(3) 发不转球时，击球瞬间减小拍面后仰角度，增加前推的力量（图 6-14）。

图 6-14 正手发下旋球

(五) 正手发左侧上（下）旋球

1. 技术特点

左侧上（下）旋转力较强，对方挡球时向其右侧上（下）方反弹，一般站在中线偏左或侧身发球。

2. 技术要点

(1) 发球时要收腹，击球点不可远离身体。

(2) 尽量加大由右向左挥动的幅度和弧线，以增强侧旋强度。

(3) 发左侧上旋时，击球瞬间手腕快速内收，球拍从球的正中向左上方摩擦。

(4) 发左侧下旋时，拍面稍后仰，球拍从球的中下部向左下方摩擦（图 6-15、图 6-16）。

图 6-15　正手发左侧下旋球

图 6-16　正手发左侧上旋球

(六) 反手发右侧上（下）旋球

1. 技术特点

右侧上（下）旋转力强，对方挡住后，向其左侧上（下）反弹。发球落点以左方斜线长球配合中右近网短球为佳。

2. 技术要点

(1) 注意收腹和转腰动作。

(2) 充分利用手腕转动配合前臂发力。

(3) 发右侧上旋球时，击球瞬间球拍从球的中部向右上方摩擦，手腕有一个上勾的动作。

(4) 发右侧下旋球时，拍面稍后仰，击球瞬间球拍从球的中下部向右侧下摩擦（图 6-17、图 6-18）。

图 6–17　反手发右侧下旋球

图 6–18　反手发右侧上旋球

四、攻球技术

(一) 正手攻球技术

1. 正手近台攻球技术

(1) 技术特点

① 站位近台，出手速度快，动作小。

② 借来球力量发力，击来球的上升期。

③ 正手近台攻球是以速度快并配合落点变化来赢得分数。

(2) 技术要点：（直、横拍）

① 站位：身体离台 40 ~ 50 厘米，左脚稍前，双膝微屈，上体稍前倾，重心在两脚之间。

② 引拍：持拍手向右后下方引拍，肘关节保持 120° ~ 130° 的角度，引拍距离以与身体平行为宜。拍面稍前倾，身体重心稍偏右脚。

③ 挥拍击球：球拍向前上左方挥拍，以前臂发力为主，拍略微前倾，在球的上升后期或高点期击球的中上部位。击球时前臂快速收缩，手腕控制好拍形和摩擦球部位，身体重心移至左脚。

④ 随势挥拍：击球手随势挥拍并迅速还原（图 6–19、图 6–20）。

图 6-19　直拍正手近台攻球技术

图 6-20　横拍正手近台攻球技术

(3) 注意事项

① 击球前，引拍动作是腰转动和引臂同时进行。

② 击球时，身体重心转换，转髋转腰，以肩带臂，向左前上方挥拍，触击球时，以前臂发力为主，手腕控制球的弧线。

③ 击球点或前或后，会影响到击球的线路。一般情况下，在正手位，击球点晚一些有利于打直线球，早一些有利于打斜线球；在侧身位时，则与上述情况相反。

④ 在正手快攻技术练习中，最大的忌讳是总用借力的方法进行对练，它会使正手快攻没有主动击球的体会，从而难以击打各种旋转性的来球，尤其是下旋球。

(4) 练习步骤

① 自抛自打练习，体会完整的正手近台攻球动作；体会前臂发力和引拍动作。

② 用正手攻回击对方发平击球，体会正确地击球时间和击球点，以及身体与手臂的协调用力动作。

③ 教练员"把手"进行练习，目的在于克服一些顽固的错误动作。

④ 对攻技术练习，体会正手连续进攻中对击球点的选择和用力大小的不同。

⑤ 多球练习，纠正技术动作错误，并对正确技术动作进行强化。

2. 正手快点

(1) 技术特点

① 动作小，球速快，击球点在台内。

② 回球线路短，突然性强。

(2) 技术要点

① 站位：身体离球台约 30 厘米，右脚向台边前方跨一步。

② 引拍：稍向后方微微引拍，拍面垂直。

③ 挥拍击球：球拍向台内挥动，根据击球高低和旋转性质决定拍面角度和手腕的发力方向。一般情况下，低的下旋球，拍面稍后仰，在高点期击球的中部稍偏下，击球时拍面稍前倾，带些摩擦动作，击球方向向前上方。

④ 随势挥拍：击球后，要继续挥拍向前，并还原（图 6–21、图 6–22）。

图 6–21　直拍正手快点

图 6–22 横拍正手快点

（3）注意事项

① 判断清楚击球的旋转程度和落点的准确位置，以便于手腕调节拍的角度，制造合适的弧线。

② 下旋球击中下部，用手腕摩打球。下旋不强的球，可击球中部，用手腕以打为主加上一定的摩擦。上旋球则打中上部。

③ 上体、右脚和前臂要同时做动作。上体贴近球台，前臂伸入台内，利于在高点期击球。

④ 打球的路线通过调节拍面方向而定。

（4）练习步骤

① 徒手动作练习，主要练习身体前迎、手臂前伸、手腕发力这三个重点动作。

② 一发球一快点练习，在正手位近网处，进行此项技术练习。

③ 多球练习，对错误动作进行纠正，并强化正确动作。

（二）反手攻球技术

1. 反手快拨

（1）技术特点

① 反手快拨是（横拍、直拍横打）运动员运用的一项技术。

② 动作小，速度快，落点变化丰富。

③ 是横拍反手加力打的基础技术。

（2）技术要点

① 站位：身体离台约 40 厘米，双脚平行开立或左脚稍前。身体正对来球方向。

② 引拍：前臂自然弯曲，将球拍引至腹前。

③ 挥拍击球：当球从台面反弹时，前臂带动手腕向前方挥动，在球的上升期，击球中

上部位，以击打为主结合摩擦球动作。

④ 随势挥拍：击球后，肘略往后，球拍挥至右肩前方（图 6-23、图 6-24）。

图 6-23 横拍反手快拨

图 6-24 直拍横打反手快拨

(3) 注意事项

① 上臂要稍离开身体一些，以肘为轴挥动球拍。

② 击球时，要将手臂发力和来球的力量结合起来。

③ 挥拍动作要放松自然。以向前方挥动为主。

(4) 练习步骤

① 徒手挥拍练习，重点在肘关节位置、挥拍方向和拍头的位置上。

② 两人对拨练习，力量轻一些，弧线高一些，体会连续做快拨动作的节奏感。

③ 多球练习。

2. 反手快点

(1) 特点与运用

反手快点速度快、线路活、具有突然性，是直、横拍两面攻打法的一项重要技术，多用于前三板，如发短球后和接近网短球以及相互摆短时，常用它来抢先上手，以争取下一板的进攻机会。以左推右攻为主的运动员，如能熟练运用反手快点技术，可在前三板中获得更多的主动权。

(2) 技术要点

① 左方近网来球，以左脚向左前方上步；中间偏左来球，则以右脚向前上步。快点斜线时，球拍触球中部偏左，由后向前、向右挥动；快点直线时，球拍触球中部，由后向前、向左挥动。

② 重心及时前移，上体贴近球台，以利于在高点期击球（图 6-25、图 6-26）。

(3) 其他同正手快点。

图 6-25　直拍反手快点

图 6-26　横拍反手快点

3. **直拍反手推挡技术**

(1) 技术特点

① 击球速度快，突然性较强。

② 落点变化大。

③ 能为正手进攻制造机会，或直接得分。

(2) 技术要点

① 站位：身体离台约 30 厘米，两脚平行或左脚稍前，两膝微屈，上体稍向前倾。

② 引拍：持拍手向后方稍下处，引拍至腹前，肘关节贴靠在身体侧部，不要张开。球拍要略低于来球。

③ 挥拍击球：前臂向来球方向迎球伸出，击球的中部，以手腕发力为主，前臂用力为辅。在球的上升期击球。

④ 随势挥拍：击球手持球拍继续向前挥动，并还原（图 6-27）。

图 6-27　直拍反手快推技术

(3) 注意事项

① 击球前上臂、前臂适当后撤引拍，动作不要过大。

② 击球时间要掌握好，以便能充分借助来球的力量，并提高回击球的速度。

③ 手腕动作要准确，在击球瞬间不要乱用力，避免手腕对球失去控制，影响准确性。

(4) 练习步骤

① 在平挡练习的基础上，进行对推练习，目的是体会它和平挡在击球时间、发力方面的不同点。

② 快推计数练习，目的在于提高快推的稳定性。

③ 一推一攻练习，目的在于提高快推在对攻中的相持控制能力。

④ 多球练习，强化或改进快推中的技术动作。

4. 反手近台攻球

(1) 特点与运用

站位近、动作小、速度快、突击性强。一般用来回击落在左半台的来球，与反手推挡、正手攻球结合，能加强攻势，取得更多的主动权，但反手攻球因受身体妨碍，攻球力量不如正手大。

(2) 技术要点

① 击球过程中要注意收腹，转髋转腰。

② 以肘关节为轴心，前臂发力为主，手腕有一向前上方磨擦球的动作。

③ 保持适宜的击球点尤为重要，离身体太远或太近难于发力（图 6-28、图 6-29）。

图 6-28　横拍反手近台攻球

图 6-29　直拍反手近台攻球

5. **侧身攻球**

（1） 特点与运用

侧身攻的特点是速度快、力量重、攻势强，它是各种不同类型打法都必须掌握的一项重要技术。侧身攻运用多少在很大程度上标志着进攻能力的强弱（图 6–30）。

图 6–30 侧身攻球

（2）侧身攻球应注意的问题

① 侧身后，要保持上体与球台的合适角度，既能攻斜线，也能打直线，同时不妨碍下一次击球。

② 要有足够的击球空间（收腹）。

③ 应尽量避免在移动过程中击球。

④ 攻球时要利用右脚蹬地的力量，重心适当前移，前臂稍向前发力。

五、搓　球

搓球是近台还击下旋球的一种基本技术，属于相持控制类的技术，并为进攻制造机会。同时搓球也是初学者比较容易掌握的一项技术，有助于了解球性。

（一）正、反手搓球技术（横拍、直拍）

1. **技术特点**

（1）击球动作较大，球速较慢。

（2）下旋比较强。

（3）与其他搓球结合起来能改变击球节奏，争取主动。

2. **技术要点**

（1）站位：左脚稍前，身体离台约 40 ~ 50 厘米。双膝微屈。

（2）引拍：球拍向后稍上方引拍，拍面后仰。

（3）挥拍击球：当球跳起时，向前下方挥拍，在球的下降前期击球的中下部。

（4）随势挥拍：击球后，随势挥拍至体前侧（图 6–31、图 6–32、图 6–33、图 6–34）。

图 6-31　横拍正手慢搓技术

图 6-32　直拍正手慢搓技术

图 6-33　横拍反手慢搓技术

图 6-34　直拍反手慢搓技术

3. 注意事项

(1) 身体前迎动作较少，主动发力为主。
(2) 击球时，用球拍的中下部位摩擦球效果好。

4. 练习步骤

(1) 两个一发一搓练习。对方发下旋球，练习者用正、反手慢搓回击。
(2) 对搓练习。两人用反手或正手进行慢搓对练练习。

（二）正、反手快搓技术（横拍、直拍）

1. 技术特点

(1) 动作幅度小，出手快，回球速度快。
(2) 弧线低，落点变化丰富。
(3) 在过渡性技术中，快搓起着十分重要的作用。

2. 技术要点

(1) 站位：身体离台约40厘米，两脚平行开立，或左脚稍向前。
(2) 引拍：球拍向后方偏上，引拍动作不宜过大，拍面稍后仰。
(3) 挥拍击球：球拍向前下方挥动，以前臂发力为主，在球上升期击球的中下部。触击球时，手腕要明显地发力摩擦球。
(4) 随势挥拍：击球后，球拍自然向前送出，并还原。

3. 注意事项

(1) 直握拍正手快搓时，拇指稍用力，反手快搓时，食指稍用力。
(2) 手腕适当放松，借来球的力量向前发力。
(3) 注意借助身体前迎的力量，协助手臂和手腕用力摩擦球。
(4) 回球弧线的控制，除了调节拍面角度外，还可以通过在球弹起后的上升期至高点期的不同时间击球来调节弧线。

4. 练习步骤

(1) 一慢搓一快搓练习，对方用慢搓的方法来喂球给练习方，让练习方体会快搓技术要点。
(2) 一发一搓练习，对方发下旋球，练习方用快搓接。
(3) 双方快搓练习，在一定速度中，体会快速引拍、快速出手的技术动作。
(4) 多球练习。

六、弧圈球技术

（一）正手加转弧圈球

1. 特点与运用

飞行弧线高、上旋很强、速度较慢，但着台后向下滑落较快，对方回击容易出高球，甚至出界，可以直接得分或为扣杀争取机会。它是对付削球、搓球和接出台发球的重要技术。另外，由于球出手弧线的弯曲度较大，落到对方台面后迅速下滑，还可起到变化击球节奏的作用。

2. 技术要点

(1) 引拍时，球拍必须低于来球，但不要下沉太多。

（2）拉球时，持拍手臂由下向上发力，前臂快速收缩，触球瞬间，尽量加长摩擦球体的时间。

（3）身体重心随右脚蹬地，转腰，挥臂提高（图 6–35、图 6–36）。

图 6–35　直拍正手加转弧圈球

图 6–36　横拍正手加转弧圈球

（二）正手前冲弧圈球

1. 特点与运用

飞行弧线低、速度快、前冲力强，落点后弹起不高，但急向前冲并向下滑落，能起到与扣杀同样的作用。常用于对付发球、推挡球、搓球以及中等力量的攻球，离台相持时，也可以利用它进行反攻。在实际运用中，步法移动的速度快、范围广。

2. 技术要点

（1）引拍的幅度大，尽可能增大挥拍的动作半径。
（2）加快挥拍速度，在球拍达到最大速度时触球。
（3）单纯用上肢发力，前冲力不强，因此腿、髋、腰的配合不可缺少。
（4）摩擦力大于撞击力，球拍与球的吻合面要合适，防止打滑（图 6–37、图 6–38）。

图 6–37　直拍正手前冲弧圈球

图 6-38　横拍正手前冲弧圈球

(三) 反手拉弧圈球

1. 特点与运用

反手拉弧圈球，是横拍握法的优势之一。拉球的速度比正手稍快，但力量和旋转略逊于正手。它可用于发球抢冲、接发球、搓中转拉，以及一般的对攻和中台对拉，运用得当，可以直接得分，而且能为正手的冲杀创造机会。

2. 技术要点

(1) 击球点不宜高和距身体太近。

(2) 充分利用肘关节的杠杆作用，先支肘，再收肘，借以增加前臂的挥摆幅度和力量。

(3) 近台快拉的击球时间为上升后期或高点期，中远台发力拉的击球时间为下降期，但不可过分低于台面（图 6-39、图 6-40）。

图 6-39　横拍反手拉弧圈球

图 6-40　直拍反手拉弧圈球

七、削球技术

(一) 远削

1. 特点与运用

击球动作大、球速慢、弧线长，有利于削转与不转球和以落点变化来牵制对方。常适用于对付对方的扣杀球、弧圈球和提拉球。它是以削为主打法的选手必须掌握的基本技术之一。

2. 技术要点

(1) 向上引拍，是为了增大削击球的用力距离。

(2) 在下降期击球，但不能过于低于台面（图 6-41、图 6-42）。

(3) 要保持足够的撞击力，否则球不会过网。

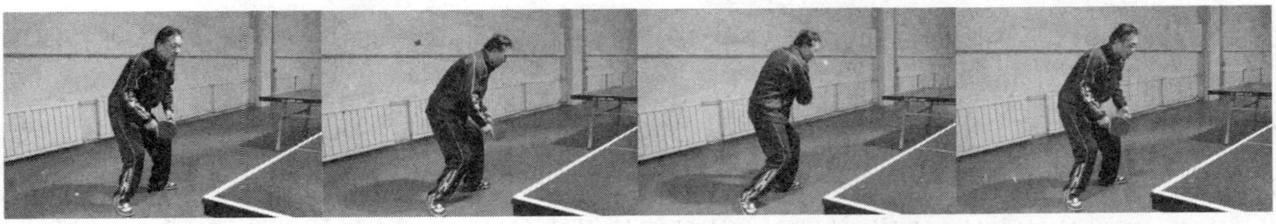

图 6-41　反手削球

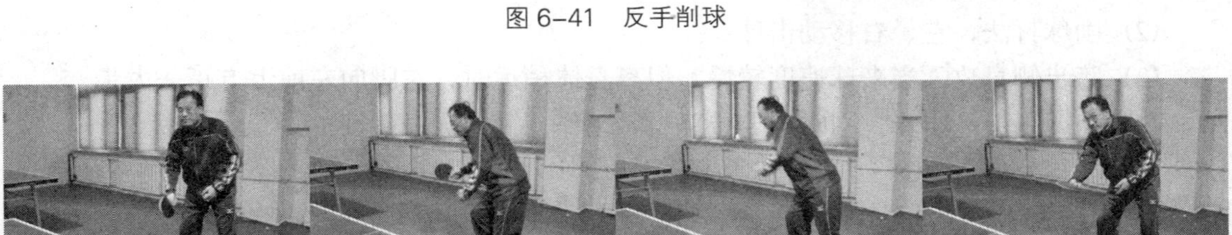

图 6-42　正手削球

（二）近削

1. 特点与运用

动作幅度小、回球速度快、前进力较强，多用于近削逼角，有一定的威胁，往往能获得主动或直接得分。一般用来对付轻拉球和一般的上旋球。

2. 技术要点

(1) 向上引拍比肩略高。
(2) 根据来球的情况调节拍面后仰角度。
(3) 前臂发力为主，手腕配合下压，击球后没有前送的动作。

八、步　法

（一）单步

1. 移动方法

以一只脚为轴，另一只脚向前、后、左、右不同方向移动，身体重心随之落在移动脚上。

2. 实际运用

(1) 接近网小球、削追身球。
(2) 单步侧身攻击在来球落点位于中线稍偏左，或对推中侧身突袭直线或对搓中提拉球时常用。

（二）跨步

1. 移动方法

一脚蹬地，另一脚向移动方向跨一大步，蹬地脚随后跟上半步或一小步，身体重心即移到跨步脚上。

2. 实际运用

(1) 近台快攻打法，用来对付离身体稍远的来球。
(2) 削球打法，左、右移动击球。
(3) 跨步侧身攻，当来球速度较慢，但离身体稍远时，左脚向左前上方跨一大步，右脚随即跟上一小步，同时配合腰部右转动作，完成侧身移动。

（三）并步

1. 移动方法

一脚先向另一脚并半步或一小步，另一脚在并步脚落地后随即向来球方向移动一步。

2. 实际运用

(1) 快攻选手在左右移动中攻或拉球。

(2) 削球选手正反手削球。

(3) 并步侧身攻，多用于拉削球，右脚先向左脚后并一步，以便转体，随之左脚向侧跨一步。

(四) 跳步

1. 移动方法

以来球异侧脚用力蹬地，两脚同时离地向来球方向跳动。

2. 实际运用

(1) 快攻选手左右移动击球，常与跨步结合起来使用。

(2) 弧圈类打法由中台向左、右移动时常用。

(3) 跳步侧身攻或拉，但在空中需完成转腰动作。

(4) 削球选手在接突击时常采用，但以小跳步来调整站位用得较多。

(五) 交叉步

1. 移动方法

以靠近来球方向的脚作为支撑脚，该脚的脚尖调整指向移动方向，远离来球方向的脚在体前交叉，向来球方向跨出一大步，身体随之向来球方向转动，支撑脚跟着向来球方向再迈一步，这是前交叉步。后交叉步是在体后完成交叉动作。

2. 实际运用

(1) 快攻或弧圈打法在侧身攻、拉后扑打右角空档，或从右大角变反手击球。

(2) 在走动中拉削球、削球打法接短球或削突出击（图 6-43）。

图 6-43　交叉步

九、结合技术

(一) 左推右攻技术。
(二) 推挡侧身攻扑正手技术。
(三) 发球抢攻技术。
(四) 搓球抢攻（拉）技术。

第三节 乒乓球基本战术

一、战术概论

在乒乓球比赛中，心理与身体素质的运用往往是结合到技术之中的，一般较少有单纯运用心理与身体素质的情况。例如，关键时刻对方手软了，根据这种心理状态，大胆地运用压对方正手的战术。所以，有人又把乒乓球战术的定义说成为“根据彼、我诸方面的情况，为争取比赛的胜利而合理地运用技术的方法”。这种说法突出了问题的主要矛盾。

技术与战术既有区别又有联系，二者相互制约、相互依存。技术、战术是不断地发展的。一般地说，技术的发展往往走在战术的前面。改进了原有技术，出现了新技术，可能会产生新战术。但是，先进的战术，又可以反过来积极地促进技术的提高与发展。

二、战术的种类及运用

(一) 推攻战术

1. 特点

主要运用正手攻球和反手推挡的速度和力量，并结合落点和节奏变化来压制和调动对方，以争取主动或得分。推攻战术是左推右攻打法对付攻击型打法的主要战术，有反手推挡能力的两面攻运动员、攻削结合运动员等也常使用它。

2. 方法

(1) 左推右攻。
(2) 推挡侧身攻。
(3) 推挡、侧身攻后扑正手。
(4) 左推结合反手攻。
(5) 左推、反手攻、侧身攻后扑正手。

3. 注意事项

(1) 推、攻都要有线路变化、落点变化和节奏变化，这是推攻战术争取主动和创造扣杀机会的主要方法。

(2) 推挡一般以压对方反手为主，然后突然变正手，以创造进攻机会。如果对方正手较差，才可以推对方正手为主。

(3) 在推挡中突然加力推对方中路，使对方难于用力回击，然后用正手或侧身扣杀。

(4) 遇到机会球时要果断扣杀，这是推攻战术得分的主要手段。

(5) 推攻战术要坚持近台，又不能死守近台，要学会近台和中台的位置转换，掌握对手节奏。

(6) 推攻战术对付弧圈类打法应坚持近台为主，用快推和加、减力推挡控制落点，伺机采用近台反拉或中等力量扣杀弧圈球，然后进入正手连续进攻。

(二) 两面攻战术

1. 特点

主要利用正、反手攻球技术的速度和力量压制对方，争取主动和创造扣杀机会。两面攻技术是两面攻打法对付攻击型打法的主要战术。

2. 方法

(1) 攻左扣右。

(2) 攻打两角，猛扣中路。

3. 注意事项

(1) 正、反手攻球都要有线路和落点变化，以便创造扣杀机会。

(2) 要以压对方反手为主，然后攻击对方正手或中路，以创造扣杀机会。

(3) 遇到机会球时要大胆扣杀。

(4) 两面攻战术在主动进攻情况下要坚持近台，被动情况下可适当后退，在中近台或中台进行反攻。

(5) 两面攻战术对付弧圈球打法应坚持近台，用快带顶住对方的弧圈球，伺机采用近台反拉或中等力量扣杀弧圈球，然后转入连续进攻。

(三) 拉攻战术

1. 特点

连续运用正手快拉创造进攻机会，然后采用突击和扣杀来作为得分手段。拉攻战术是快攻打法对付削球类打法的主要战术。

2. 方法

(1) 正手拉后扣杀。

(2) 反手拉后扣杀。

3. 主意事项

(1) 拉、扣的力量要有较大的悬殊，以使对方措手不及。

(2) 拉球要有线路和落点变化以调动对方，争取主动和创造进攻机会。

(3) 遇到机会球时要大胆扣杀或突击。
(4) 采用拉攻战术要有耐心，不要急于求成，对没有把握的机会球不要过凶。

(四) 搓攻战术

1. 特点

主要运用"转、低、快、变"的搓球控制对方，以寻找战机，然后采用低突、快点或拉攻等技术展开攻势并进入连续进攻；在搓球中遇到机会球时进行扣杀，常常带有突然性，往往可以直接得分。搓攻战术是乒乓球各种打法都不可缺少的辅助战术。

2. 方法

(1) 正、反手搓球结合正手快拉、快点、突击或扣杀。
(2) 正、反手搓球结合反手快拉、快点、突击或扣杀。

3. 注意事项

(1) 搓攻战术既要尽可能早起板，以争取主动，但又不能有急躁情绪，否则，起板容易失误。
(2) 在搓球中遇到机会球时要大胆扣杀，这是搓攻战术的主要得分手段。
(3) 在搓短中摆短，可使对方不易抢先进攻，故有利于创造进攻机会，以便伺机用正、反手或侧身进攻。

(五) 发球抢攻战术

1. 特点

发球抢攻战术是以旋转、线路、落点以及速度不同的发球来增加对方回击的难度，使其出现机会球，或降低回球质量，然后抢先进攻，以争取主动或直接得分，这是乒乓球所有打法特别是进攻型打法的主要战术和得分手段。

2. 方法

(1) 发下旋转与"不转"抢攻。
(2) 发正、反手奔球抢攻。
(3) 发正、反手侧上、下旋球抢攻。

3. 注意事项

(1) 发球要有线路和落点变化，以使对方前、后、左、右走动中接发球。
(2) 发球后要有抢攻准备，以不失抢攻的机会。
(3) 自己发什么球，对方可能以什么技术回击，要做到发球前心中有数。这样，才能较好地做好抢攻的准备。
(4) 抢攻要尽可能凶，又不能过凶，否则，会影响命中率。

思考题

1. 简述乒乓球运动特点及锻炼价值。
2. 乒乓球国内外重大赛事有哪些?
3. 世界乒乓球锦标赛设哪几个项目的比赛?
4. 击球的五大要素是什么?
5. 乒乓球的基本技术有哪些?
6. 如何选择适合自己的球拍?

第七章　羽毛球

第一节　羽毛球运动概述

一、羽毛球运动的起源与发展

据现有的资料表明，现代羽毛球运动起源于印度，形成于英国。19 世纪 60 年代，一批退役的英国军官把印度的“普那”，即一种近似于后来的羽毛球运动的游戏带回英国，并加以改进，逐渐成为现代的羽毛球运动。1870 年，英国出现了用羽毛、软木做的球和穿弦的球拍。1873 年，英国公爵跑弗特在格拉斯哥郡的伯明顿庄园里进行了一次羽毛球游戏，这是世界上第一次羽毛球比赛。“伯明顿”也就此作为羽毛球的英文名称。1893 年英国创立了羽毛球协会。1899 年举行了第 1 届全英羽毛球锦标赛，此后羽毛球运动从欧洲传到美洲、大洋洲、亚洲和非洲。1934 年国际羽毛球联合会成立，并通过了第一本羽毛球竞赛规则。目前国际羽联共有会员国 135 个，它是国际奥林匹克运动委员会下属的一个单项体育运动组织。从 1992 年起羽毛球运动被列为夏季奥运会的正式比赛项目。

二、国际羽联所管辖的世界性比赛

1. 汤姆斯杯（Thomas Cup）世界羽毛球男子团体赛。
2. 尤伯杯（Uber Cup）世界羽毛球女子团体赛。
3. 苏迪曼杯（Sudirman Cup)）世界羽毛球男女混合团体赛。
4. 世界羽毛球锦标赛（World Badminton Championships）单项比赛。
5. 世界杯赛（world Cup）单项比赛。
6. 世界羽毛球大奖总决赛（world Grand Prix Finals）单项比赛。
7. 世界青少年羽毛球锦标赛（world Junior Championships）。
8. 奥林匹克运动会羽毛球比赛（Olympic Games），共设男子单打、女子单打、男子双打、女子双打、男女混合双打五个单项。

第二节　羽毛球基本理论

一、羽毛球常用术语

1. 羽毛球场地

羽毛球场地是一个长方形，长 13.4 米，单打场地宽 5.18 米、双打场地 6.10 米。球场四周 2 米以内、上空 9 米以内不得有任何障碍物。场地线的颜色最好是白色、黄色或其他容易辨别的颜色。场地上画线的宽度均为 4 厘米，所有场地线都是它所确定区域的组成部分。羽毛球场地大区域划分法如图 7–1 所示。

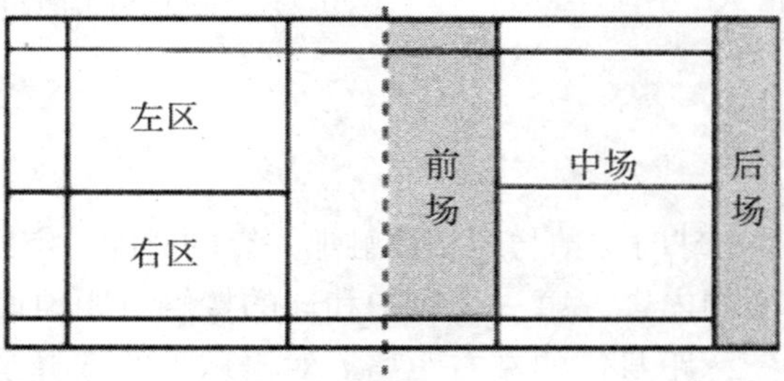

图 7–1　大区域划分法

2. 站位与击球

运动员站在羽毛球场上的位置称为站位。站位有两种情况，一种是受限制的站位，如发球、接发球时运动员的站位，就必须按要求站在规定的区域内（左半区或右半区）。另一种是不受限制的站位，可根据自己或同伴（双打）的需要而选择站位，如单打的站位一般在离前发球线 1 米左右的中线附近，双打站位可根据双打两名运动员的具体战术需要而选择前后或左右的站位。

击球是指运动员挥拍击球时，球拍与球接触的一刹那。运动员站在左半区迎击对方来球叫做左半区击球，在右半区的击球叫做右半区击球，站在前场、中场、后场的击球，则分别叫做前场击球、中场击球、后场击球。除此之外，根据来球高度的不同，我们又可分为上手击球（高于肩的来球，击球点在肩上）和下手击球（击球点低于肩）。

3. 持拍手与非持拍手

持拍手是指正握着球拍的手，非持拍手是指没有握球拍的手。

在羽毛球运动中，我们经常听说正手技术、反手技术、正手击球、反手击球等术语。所谓正手技术是指握拍手同侧的技术，反手技术是指握拍手异侧的技术，如右手握拍的运动员，在击右侧球时所用的技术就称为正手技术，并由此派生出正手发球技术、正手击球技术等技术名称。

在羽毛球运动中，非持拍手的功能主要是在发球时用来持球、抛球，在击球过程中用来平衡身体，以便更有效地击球。

4. 击球的基本线路

所谓击球线路是指球被运动员击出后在空中运行的轨迹和场地之间的关系。

羽毛球的基本线路可分为5条，即左方直线、中路直线、右方直线、右方斜线（右方对角线）、左方斜线（左方对角线）。而根据击球运动员站的不同位置（左、中、右），每个位置又可分别击出直线、中路、斜线，因此又可派生出9条线路来。

5. 拍形角度与拍面方向

拍形角度是指球拍面与地面所成的角度。拍面方向是指球拍的拍面所朝向的位置。拍形角度可分为拍面向下、拍面稍前倾、拍面前倾、拍面垂直拍面后仰、拍面稍后仰、拍面向上7种。拍面方向可分为拍面朝左、拍面朝右、拍面朝前3种。拍形角度和拍面方向控制的好坏对击球质量的影响非常大，所以必须在每一次击球中调整好拍形和拍面，击打出符合要求的球。

6. 击球点

所谓击球点是运动员击球时球拍与球相接触那一点的时间、空间位置。

击球点包括三个方面的内容，第一，球拍和球的接触点距地面的高度；第二，接触点距身体的前后距离；第三，距身体的左右距离。对击球点的选择是否合适，决定着击球质量的好坏，它将直接影响运动员击球的力量、速度、弧线、落点，因此选择合适的击球点至关重要。

二、击球的力量

击球的力量是指运动员用球拍击球时球拍给球作用力的大小。在羽毛球运动中，击球力量的大小将直接影响到击球的质量，较大的击球力量将使对手没有充分的时间判断来球，即使判断正确，也可能由于没有时间移动步法而造成回球失误。击球力量的大小，主要体现在球运行的速度上。对同一运动员来说，他所使用的球拍重量是一定的，那么增大击球力量的方法就只有增加挥拍的加速度。

三、击球的速度

球的速度是指球被球拍击出后在空中飞行的快慢，以及球被球拍击出后落到对方场区所需时间的长短。

怎样才能提高球的速度呢?具体有以下几种方法：

第一，加快回球速度。回球速度的快慢完全可以由自己控制，因此这是加快球速的最主要方法。提高回球速度有三种方法，即增加击球的力量并将力量完全用于打击球上控制好球拍的角度和拍面的方向；选好合适的击球点。

第二，加快判断和移动速度、前后场和正反手技术的连接速度。

第三，提高速度素质，即提高反应、移动和动作速度。动作速度主要是手臂、手腕、手指动作速度的提高。

四、球的弧线

由于球的重力作用，羽毛球被运动员击出后，在飞往对方场区的过程中总是呈弧线运行，因此必须掌握羽毛球飞行的规律，从而达到准确判断来球，控制回球的运行，进而达到争取主动、克敌制胜的目的。

球的弧线包括：（1）弧线的长度，如图 7–2 所示从甲点击球落到乙点，弧线的长度是指球运行的实际轨迹的长度。（2）弧线的曲度，弧线的曲度是指弧线的弯曲程度。（3）打出距离，打出距离是指弧线段影在地面上的直线距离。（4）羽毛球飞行的方向。

五、球的落点

球被击出后，落到对方场区的某个地方称做球的落点。球场基本可以划分为 9 个落点区，如图 7–3 所示。

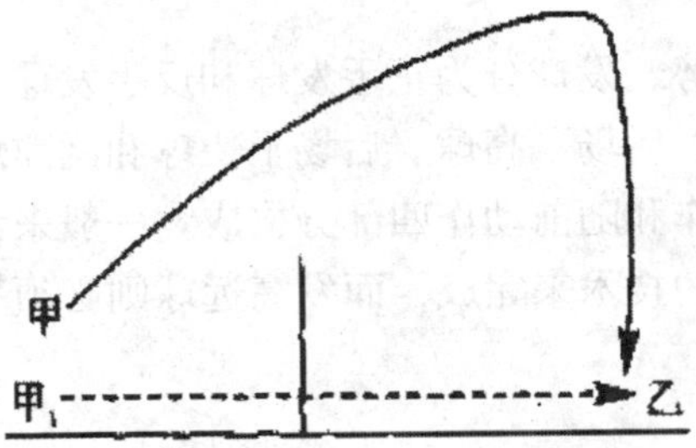

图 7–2　球的弧线

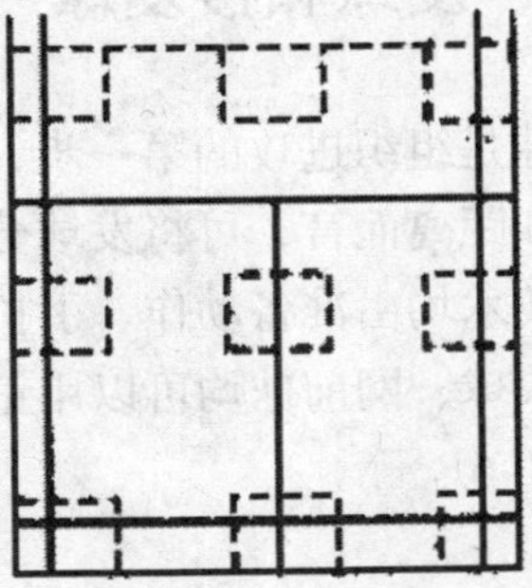

图 7–3　落点区

第三节　羽毛球基本技术

一、握拍法

（一）正手握拍动作要领

1. 握拍之前先用左手拿住拍杆，使拍面与地面垂直，再张开右手，使手掌下部靠在球拍的握柄底托部位，虎口对着球拍柄窄的一面（即对着拍柄窄面内侧的棱角线）。

2. 中指、无名指和小指并拢握住拍柄，小鱼际与拍柄末端相齐。握拍位置不宜过前或过后。

3. 拇指和食指略微前伸贴在拍柄的两个宽面上。

4. 掌心与拍柄面之间留有空隙，有助于灵活调节握拍的动作和发力（图 7–4）。

（二）反手握拍动作要领

在正手握拍的基础上，拍柄稍外转，食指收回，拇指第一指节的内侧贴在拍柄内侧宽面上，柄端紧靠小指根部使掌心有空隙（图 7–5）。

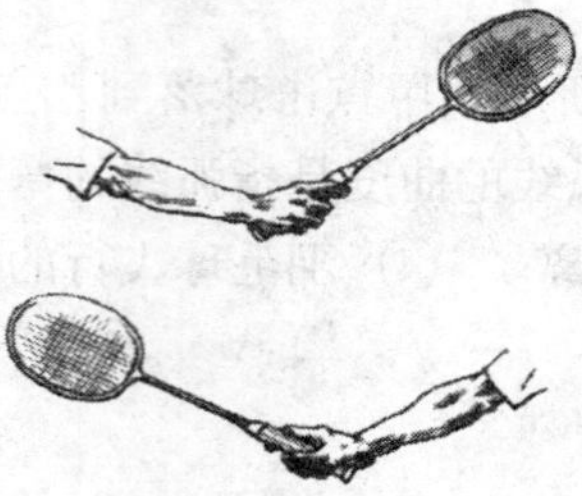

图 7–4　正手握拍法

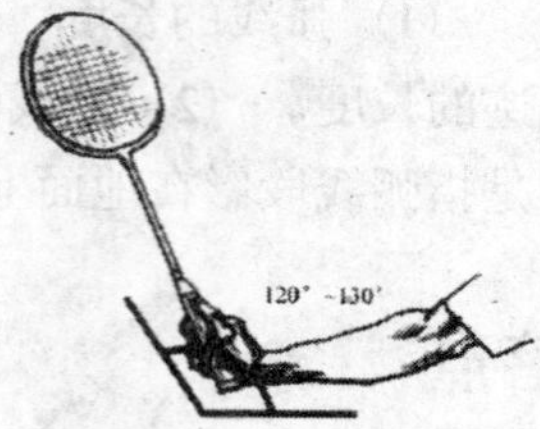

图 7–5　反手握拍法

二、发球和接发球

发球是组织进攻的第一步，依据发球的姿势，发球分为正手发球和反手发球。就球飞行的角度和距离而言，可将发球分为后场高远球、后场平高球、后场平快球和网前球四种。每项发球技术均由准备动作、引拍动作、击球动作和随前动作四部分构成。一般来说，发平高球、平快球、网前球均可以用正手或反手发球的技术来完成，而发高远球则必须采用正手发球（图 7–6）。

①高远球　②平高球　③平快球　④网前球

图 7–6　单打发球的种类

（一）正手发球（以右手握拍为例）

1. 发球站位

单打发球站在中线附近，离前发球线后约 1 米左右的位置，双打发球的站位位置可稍前，这样有利于下一拍的抢网球。

2. **准备姿势**

身体左肩侧对球网，左脚在前，右脚在后，重心在右脚上。右手持拍向右后侧平举起，肘部放松微屈，左手拇指、食指和中指捏住球的中部，举在胸腹间。发球时，身体重心由右脚移至左脚。用正手发球，无论是发何种弧线的球，其发球前的准备姿势都应该一致，这样就会给对方的接发球造成判断上的困难。

（1）高远球：球的运行轨迹又高又远，下落时与地面垂直，落点在对方场区底线附近。单打比赛时，常采用这种发球迫使对方退到最远的底线去接发球，在一定程度上限制了对方一些进攻技术的发挥，也可使对方消耗更多的体力。

发球时，左手把球举在身体的右前方并自然放下，使球下落，右手同时持拍由大臂带动小臂，从右后方沿着身体向前并向左上方挥动。当球落到右手臂向前下方伸直能触到球的一刹那，握紧球拍，并利用手腕的力量向前上方发力击球。击球之后，球拍顺势向左上方挥动缓冲（图 7–7）。

图 7–7　正手发高远球

（2）平高球：这是一种弧度比高远球低，速度较高远球快，具有一定攻击性的球。

发球前准备姿势和发球动作过程同发高远球大致相同，只是在击球的一刹那，小臂加速带动手腕向前上方挥动，拍面要向前上方倾斜，以向前用力为主，球击出的弧线以对方伸拍打不到的高度为宜，落点在对方场区底线（图 7–8）。

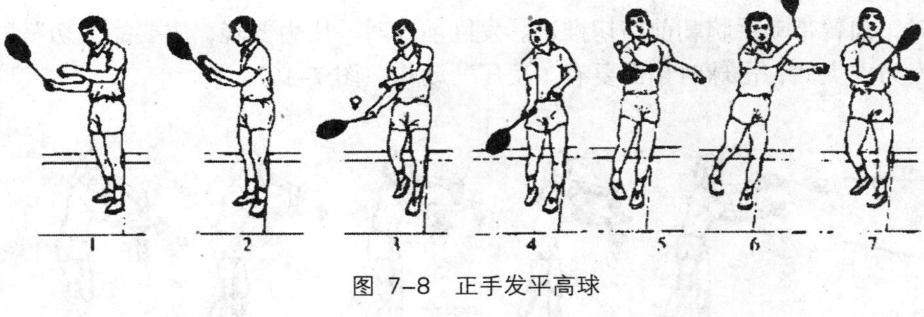

图 7–8　正手发平高球

（3）平快球：这种球比平高球的弧线还要低，速度还要快。在对付反应较慢，站位较前，动作幅度较大的对手或是初学者时，效果很好。

准备姿势亦同发高远球。站位比发平高球稍后（防止对方很快回球到本方后场），充分利用前臂带动手腕的爆发力向前方用力，球直接从对方肩上稍高位置越过，直攻对方后场。发平快球关键是击球的动作要小而快，但前期动作应和发高远球一致。发平快球时应注意不要超手、超腰犯规。

(4) 网前球：发网前球是在双打中主要采用的发球技术。

准备姿势同发高远球。击球时，握拍要放松，大臂动作要小，主要靠前臂带动手腕向前切送，用力要轻，注意手腕不能有上挑动作。另外，落点要在前发球线后附近，发出的球要贴网而过，这可免遭对方扑杀（图 7–9）。

图 7–9　正手发网前球

(二) 反手发球

反手发球的特点是动作小，出球快，对方不易判断。在双打比赛中多采用此发球技术。

1. 发球站位

站在前发球线后 l0~50 厘米处及发球区中线附近。

2. 准备姿势

面向球网，两脚前后开立（左右脚均可），上体稍前倾，身体重心在前脚上。右手反手握拍，左手拇指和食指掐住球的二三根羽毛，球托明显朝下，球体与拍面平行或球托对准拍面放在拍面前方。

3. 发球要领

击球时，前臂带动手腕朝前横切推送。发网前球时，用力要轻，主要靠“切”送，发平快球时，发力要突然，击球时拍面要有“反压”动作（图 7–10）。

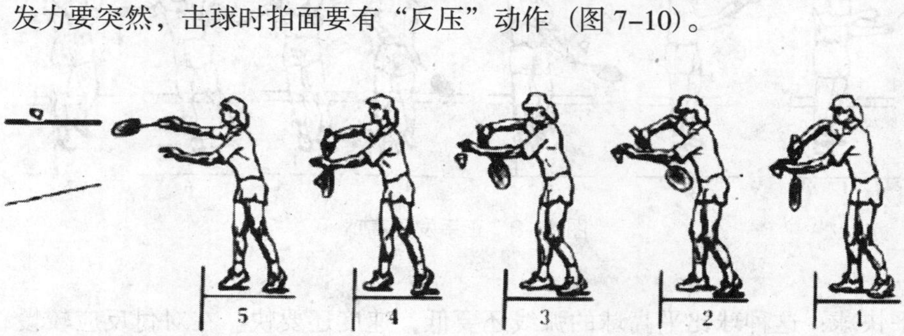

图 7–10　反手发网前球

（三）接发球

发球与接发球是一对矛盾，发球方想方设法发出各种不同弧线的球，以此来控制对方；而接发球方则后发制人，来达到反控制的目的。

1. 接发球站位

不论是单打还是双打，都应选择一个合理的接发球站位。一般情况下，单打的接发球站位离前发球线约 1.5 米处，在右发球区应站在靠中线的位置，在左发球区则站在中间稍偏左边线位置，主要防备对方发球攻击反手部位。双打接发球时站位可靠近前发球线。

2. 接发球准备姿势

单打接发球应左脚在前，右脚在后，侧身对网，重心在前脚，后脚脚跟稍提起，收腹含胸，持拍于右身前，两眼注视对方（图 7–11）。

双打接发球准备姿势基本同单打，但重心可随意放在任何一脚上，球拍高举在肩上，注意力高度集中。

图 7–11　接发球站位和准备姿势

（四）发球练习方法

1. 分解动作的挥拍教学，即逐步练习准备动作→引拍动作→击球动作→随前动作，按动作要领反复复习。
2. 将分解动作连贯起来反复练习。
3. 不要过早地要求学生用力发球。
4. 发球与接发球结合，两人进行对练。
5. 设置球的飞行弧线和落点，进行发球与接发球练习

三、击球法（手法）

羽毛球各种击球技术，按其特点分为后场高空击球技术、前场网上击球技术、下手击球技术、中场平击球技术 4 种。

（一）后场高空击球技术

后场高空击球也称后场上手击球，即在尽可能高的击球点上，还击对方向底线附近击来的高球。它具有主动性强、击球力量大等特点，可对对方造成较大威胁，是初学者首先必须学好的技术。

1. 正手击高远球

首先判断来球的方向和落点，侧身后退使球在自己右肩稍前上方的位置，左肩对网，左脚在前，右脚在后，重心在右脚上，左臂屈肘，左手自然高举，右手持拍，大小臂自然弯曲，将球拍举在右肩上方，两眼注视来球。击球时，由准备动作开始，大臂后引，随之肘关节上提明显高于肩部，将球拍后引至头后，自然伸腕（拳心朝上），然后在右脚蹬地转体和

腰腹的协调用力下，以肩为轴，大臂带动小臂快速向前上方甩动手腕，在手臂伸直的最高点击球。击球后，持拍手臂顺惯性往前下方挥动并收拍至体前。与此同时，左脚后撤，右脚向前迈出，身体重心由右脚移到左脚（图 7–12）。

图 7–12　正手击高远球

2. **反手击高远球**

看准对方的来球落向左后场区的时候，迅速把身体转向左后方，移动到适合的击球位置，背对球网，并用反手握拍，最后一步右脚跨向左后方，球拍由身前举到左肩附近，以大臂带动前臂转动，击球时前臂由左肩上方往下绕半弧形，最后一刹那时手指紧握球拍，击球点应在右肩上方为好，以手腕往右后上方或者根据还击的需要掌握好球拍的角度鞭打进行击球，把球击向后上方。击球后，转身、手臂回收至胸前。

3. **头顶击高远球**

击球前的准备姿势以及击球动作同正手击高远球基本一致。击球时，大臂带动小臂使球拍绕过头顶，从左上方向前加速挥动。击球后，左脚在身后着地并立即回蹬，同时右脚前移，重心移至右脚（图 7–13）。

图 7–13　头顶击高远球

4. **平高球**

动作要领同击高远球一样，只是在击球的一刹那用力，主要是向前方，使击出的球弧线较低。

5. 吊球

动作要领是用力较小，挥拍时拍面正面向内倾斜，手腕做快速切削下压动作，称为劈吊。若劈吊斜线球，则球拍切削球托的右侧，并向左下方发力；若劈吊直线，则拍面正对前方，向前下方做切削（图 7–14）。

图 7–14　正手吊球

另一种吊球称为轻吊（拦截吊），用力更轻，手法是拍面正对来球，当拍面和球接触时，轻轻一挡，将球以较平弧线、较慢速度越网垂直下落。

6. 杀球

击球前的准备姿势和击球动作与正手击高远球一样，不同的是最后用力的方向朝下，而且要充分利用蹬地、转体、收腹，以及手臂和手腕的爆发力，全力地将球向下击出，击球的一刹那要握紧球拍（图 7–15）。

图 7–15　正手头顶杀球

7. 后场正手高空击球技术动作规范要点

（1）挥拍前，侧身面对来球方向，两腿前后开立，两膝稍屈，身体重心落在右脚上，右手向上举拍屈肘（前臂与上臂约成 90°）置于身体右侧，腕部约与肩平，左臂自然屈肘上举。

（2）击球时，主要以前臂和手腕的闪动发力击球（同时握紧球拍）。

（3）吊球时，击球点位于右肩上方稍偏前，处于自然直臂举拍时拍面中心点的高度。杀球、劈球时，击球点比高球和轻吊球时的稍偏前。

（4）杀球时，以正拍面击球；吊球时，以正拍面或斜拍面击球；劈球时，以斜拍面击球。

（5）挥拍过程中，身体向左旋转，一般在身体重心向上或达到（重心轨迹）最高点时击球。

（6）击球后，右脚向前跨步，同时右手减速收拍至体前。

（二）前场网上击球技术

网上击球是调动对方、寻找战机的重要手段，并可直接得分。因为该种技术动作轻松而细巧，运用力量要求控制适度，所以在学习网上击球时，除了要注意动作规范之外，还应细心体会击球时手腕、手指的细微感觉。

准备姿势为侧身对网，右腿跨步成弓箭步，左脚在后自然拉开，上体略有前倾，右手持拍前伸约与肩平，肘关节微屈，注意握拍要放松。

网上击球有搓球、放网前球、勾对角球、推球、扑球。

1. 搓球

击球时，拍面稍前倾，利用手腕和手指的力量向前“切削”球托底部或向后“提拉”，使球击出后旋转或滚动过网。搓球一般在对方来球较靠近网上时运用，反手搓球除握拍不同外，其他要领相同（图 7–16、图 7–17）。

图 7–16 正手搓球

图 7–17 反手搓球

2. 放网前球

击球时拍面稍朝前下方倾斜，前臂带动手腕和手指用前送动作击球托底部。正、反手放网前球时除握拍不同之外，其他要领相同（图 7–18、图 7–19）。

图 7–18　正手放网前球

图 7–19　反手放网前球

3. **勾对角球**

击球时，拍面斜向对方右（左）网前。正手勾对角时击球托的右侧，手腕和手指带动球拍向左内勾动；反手勾对角时，击球托的左侧，同时向右内勾动（图 7–20、图 7–21）。

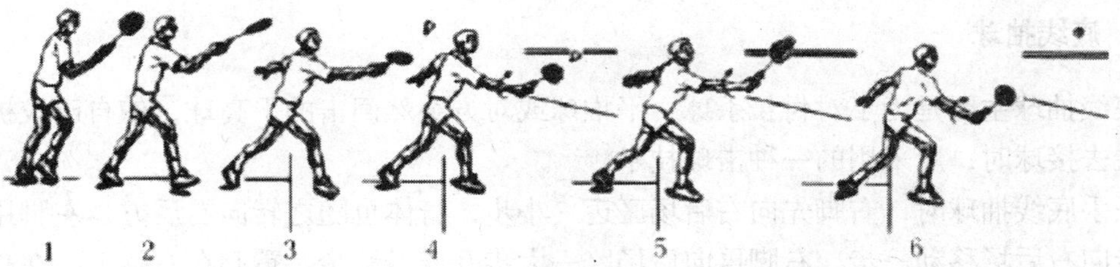

图 7–20　正手勾球

图 7–21　反手勾球

4. **推球**

击球时拍面前倾几乎与网平行。利用前臂带动手腕和手指的快速“闪动”将球击出。正手推球多用食指力量，反手推球多用拇指力量（图 7–22、图 7–23）。

图 7-22　正手推球

图 7-23　反手推球

（三）下手击球技术

下手击球一般是在防守时所采用的击球技术。它虽不如上手击球那样具有进攻性威胁，但如运用得当，往往也能起到守中有攻的作用。下手击球有底线抽球、挑球、接杀球。

1. 底线抽球

底线抽球主要是为了对付长杀球、平推球或对方突然回击的平高球，使自己较被动地退到底线去接球时，所采用的一种击球技术。

正手底线抽球时，右脚先向右后场区迈一小步，身体也随之转向右后方，左脚用并步或交叉步向右后场移动一步，右脚再向后场跨一大步并成弓箭步，重心在右腿上。在移动的同时，持拍臂往右后方拉，拍面稍后仰。击球时，以躯干为竖轴，做半圆式挥拍击球。

2. 挑球

它是在较被动情况下为了争取回扬时间而采取的一种过渡性质的击球。

不论是正手还是反手挑球，最后一步应是右脚在前。正手挑球时，以肘关节为轴，伸拍向前并以前臂带动手腕由下向上挥动（图 7-24）。反手挑球时，以反手握拍击球，肘关节稍抬高，并以肘关节为轴，前臂带动手腕由下向上挥动（图 7-25）。

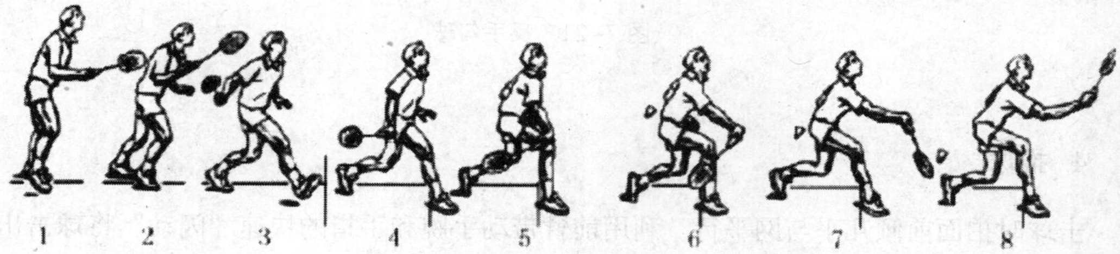

图 7-24　正手挑球

图 7-25　反手挑球

3. 接杀球

把对方杀过来的球还击到对方场区叫接杀球。

(四) 中场平抽球技术

中扬平抽球主要是对付对方击来的弧线平于或稍低于网，且落点在中场附近的低平球时所采取的还击技术。在双打比赛中多采用这种技术，它的击球点在与肩同高处或在肩与腰之间。因为来球的速度较快，弧线较平，所以击出的球速也较快、较平。它也是一种对攻的技术，有正反手和半蹲式中场平击球两种。

1. 正、反手中场平抽球

站位于球场中心附近，两脚左右开立，面对球网，两膝微屈，右手持拍于体前。击球时，判断准来球并向右（左）侧横跨一步，同时挥拍依靠前臂和手腕的闪动发力击球。正手平抽球时，多用食指的力量向前发力。反手平抽球时，多用拇指的反压力朝前发力。此外，不论是正手还是反手抽球，其击球点都应争取在身体侧前方，这更便于手臂的发力(图 7-26、图 7-27)。

图 7-26　正手平抽球

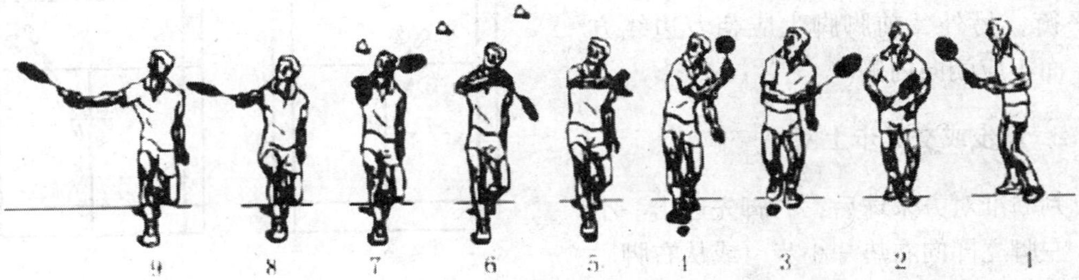

图 7-27　反手平抽球

2. **半蹲式中场平击球**

主要运用在双打比赛中，是进行对攻的一种击球技术。这种技术是将对方击来的位于肩部或面部附近的球，在半蹲姿势下还击回去。击球时看准来球，迅速取半蹲姿势，同时举拍在正面或右肩上或头顶等位置，以前臂带动手腕快速闪动挥拍击球。

3. **中场平抽球技术动作规范要点**

(1) 击球前，两脚左右开立，面对球网，两膝微屈，前脚掌着地，上体略有前倾，右手握拍持于体前。

(2) 争取在身侧位前方击球。

(3) 主要依靠前臂、手腕的闪动发力击球。

(4) 在击近身球的挥拍过程中，下肢、上体积极协助挥拍击球动作。

(5) 击球后迅速收拍至原处。

四、步法

上网的步法和手法（即各种击球法）是相辅相成、不可分割的。许多击球技术都是靠熟练、快速、准确的步法移动来完成的。步法有上网步法、后退步法、两侧移动步法、起跳腾空突击步法。

(一) 上网步法

上网步法包括跨步上网、垫步或交叉步上网、蹬跳上网。

不论采用哪种步法上网，站位均取中心位置，两脚左右开立（稍有前后），约同肩宽，两膝微屈，两脚前脚掌着地，后脚跟稍提起并左右微动，上体稍前倾，右手持拍于体前，两眼注视对方的来球。

1. **跨步上网**

判断准对方来球后，左脚内侧用力蹬地并侧身向来球方向迈出，接着右脚也向前迈一大步，以脚掌外侧和脚跟先落地，再过渡到前脚掌，右膝关节弯曲并成弓步，紧接左脚自然地向前脚着地方向靠上小半步，击球后，右脚蹬地用小步、交叉步或并步回到中心位置(图 7–28)。

注意事项：右腿成弓步时，要防止因上网前冲力过大使重心越过右腿而失去身体平衡，另外，前脚脚尖应朝着边线方向，而不应朝向内侧。

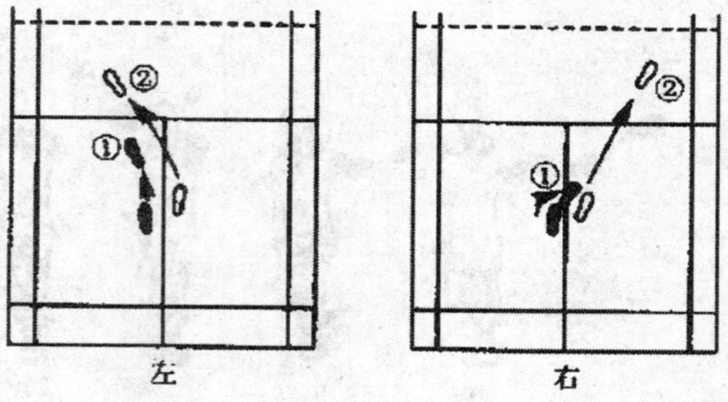

图 7–28　跨步上网步法

2. **垫步或交叉步上网**

判断准对方来球后，右脚先迈出一小步，左脚立即向右垫一小步（或从右脚后交叉迈出一小步），左脚着地后，脚内侧用力蹬地，右脚再向前跨一大步成弓步，身体重心在前脚。击球后，前脚朝后蹬地，用小步、交叉步或并步退回中心位置。

垫步或交叉步上网的特点是步法调整能力强，在被动情况下，能利用蹬力强、速度快的特点迅速调整脚步，去迎击来球。

（二）后退步法

后退步法分正手击球后退步法和头顶击球后退步法，可用并步或交叉步移动后退，实战中可根据场上情况和个人特点灵活使用。反手击球后退步法应根据离球距离的远近来调整步法，最后一步都是右脚在后，重心在右脚上，如反手部位击球，需右侧髋部转向左后方，背部朝网，击球后，迅速回中心位置。

第四节　羽毛球基本战术

战术与打法的关系是很密切的。在实战中，战术是根据双方的打法和场上的具体情况而定的。“以己之长，攻彼之短”是一大原则。现简单介绍一些常用的战术如下：

一、单打战术

（一）发球抢攻战术

从发球的第一拍起，争取控制对方，以攻杀得分。这种战术，一般为发网前低球结合平快球、平高球，争取第三拍的主动进攻。用这种战术对付应变能力较差的对手。实施这一战术时，应有高质量的发球做保证，否则很难成功。

（二）攻后场战术

此战术是通过击高球，重复压对方的底线两角，造成对方的被动，然后寻找机会进攻。用它来对付初学者或后场还击能力较差，或后退步法较慢以及急于上网的对手是很有效的。

（三）攻前场战术

对网前技术较差的对手，可运用此战术先将其吸引到网前，然后再攻击其后场。采用此战术，自己首先要有较好的网前击球技术。

（四）打四方球战术

若对手步法较慢、体力较差、技术不全面，可以用快速、准确的落点攻击对方场区的四个角落，寻找机会向空当进攻。此战术的主要目的是通过打落点，逼迫对方前后奔跑，被动应付，并在其回球质量下降或露出破绽时乘虚而攻之。

（五）杀、吊上网战术

对手打来的后场高球，本方先以杀球配合吊球把球下压，落点选在场区的两条边线附近，致使对手被动回球。若对手回网前球时，本方迅速上网搓球、勾对角球或平推球，创造在中场大力扣杀的机会。

（六）打对角线战术

对付身体灵活性差、转体较慢的对手，不论是进攻还是防守，均应以打对角线球为主，这样，对方会因移动困难而被动，为我方创造进攻机会。

（七）防守反击战术

在对方主动进攻、我方被动防守时，我方可高质量地接杀挡网，或抓住对方攻杀力量减弱或落点不好的机会，以平抽底线球还击对方后场，扭转被动局面，并进行反击。

二、双打战术

双打比赛不仅仅是竞赛双方在技战术、体力上的较量，同时也是双打同伴相互间配合程度的较量。因此，在学习双打战术之前，首先要了解两人之间站位形式上的配合。一般情况下，有两人一前一后站位和两人分边（左、右）站位两种形式。一前一后站位即在后场的人分管后半场的球，站在前场的人则负责前半场的球。这种站位形式有利于进攻，而不利于防守。所以，一般在本方进攻时多采用此站法。分边站位多在防守时采用，这样，各人分管半边场地，在防守时就没有什么空当了。

（一）攻人战术（二打一）

集中攻击对方中有明显弱点的人，并伺机攻击另一人因疏忽而露出的空当，或对此人偷袭。双打比赛中的配对选手的技术，一般总有一人好，另一人稍差，即使两人水平相差不多，但若能集中力量攻击其中一人，也可给其造成很大的心理压力，从而使其出现失误。

（二）攻中路战术

当对方分边站位防守时，将球攻击到对方两人的中间，当对方前后站位时可将球下压或平推两边半场。这样可使对方防守时互相争抢或互让而出现失误。

（三）攻后场战术

对方后场打杀能力差，本方可采用平高球、推平球、接杀挑底线，把对方一人紧逼在底线两角移动。当对方被动还击时，则抓住机会大力扣杀。如另一对手后退支援时，即可攻网前空当。

（四）后攻前封战术

当本方处于主动进攻前后站位时，站在后场的队员见高球就杀或吊网前，迫使对方接球挡网前，这为本方前场队员创造了封网扑杀机会。前场队员要积极封锁网前，迫使对方被动跳高球。一旦对手挑高球达不到后场，就为本方创造了再进攻的机会。

（五）防守反击战术

在防守中寻找反攻的机会，以便摆脱困境，转被动为主动。例如，挑底线高球，即不论对方从哪里进攻，本方都应设法把球挑到进攻者的另一边底线。如对方正手后场攻直线，就挑对角线，如对方取对角就挑直线。这是一种较容易争得主动的防守战术，在女子双打中运用更为有效。时机有利时，即可运用反抽或挡网前回击对方的杀球，从守中反攻，争得主动权。运用此战术时，要注意跳高球一定要挑到底线，否则将会出现对方连续攻杀而本方无力反击的局面。

第五节　羽毛球场地与器材

一、球　场

羽毛球场地呈长方形，长 13.4 米，双打场地宽为 6.10 米，单打场地宽度为 5.18 米，球场上各线宽为 4 厘米，球场四周 2 米内不得有任何障碍物，在距球网 1.98 米的两侧各有一条前发球线，前发球线的中点与端线中点的连线为中线。中线把场区分为左右发球区，球网长 6.10 米，宽 0.76 米，高 1.55 米，球网中部上沿离地面 1.524 米，如图 7–29 所示。

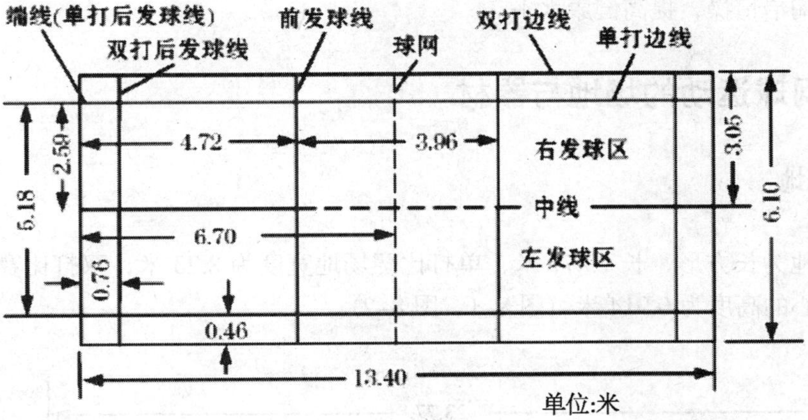

图 7–29　球场

二、球与球拍

羽毛球重 4.74~5.50 克，有 16 根羽毛固定在软木托上。每根羽毛从球托面至羽毛尖的长度，统一为 62~70 毫米，羽毛顶端围成圆形，直径为 58~68 毫米，球托底部为球形，直径为 25~28 毫米。

球拍框为椭圆形平面，拍长不超过 680 毫米，拍宽不超过 230 毫米，拍弦面长不超过 280 毫米，宽不超过 220 毫米，拍重为 95~120 克。

第八章 网 球

第一节 网球运动简介

一、网球运动的起源

网球运动的起源可以追溯到12—13世纪法国传教士在教堂用手掌击球的游戏，以后经过演变才成为现在这样的网球运动。16—17世纪是法国和英国宫廷从事网球运动的兴盛时期。

1912年3月1日，法国、英国等12个国家的网球协会代表，在巴黎召开会议，成立了国际网球联合会，总部设在伦敦。1980年，中国网球协会被纳为该会正式成员。

如今，网球运动已发展成为深受人们喜爱的一项体育项目。经常参加网球运动能发展人的力量、速度、灵活性以及耐力等身体素质；能培养顽强勇敢的拼搏精神，丰富人们的精神文化生活，陶冶情操，提高健康水平。

二、网球运动的场地与器材

(一) 场地

网球场地为长方形，长23.77米，单打比赛场地宽度为8.23米，双打比赛宽度为10.97米。球网中心的高度为0.914米（图8-1、图8-2）。

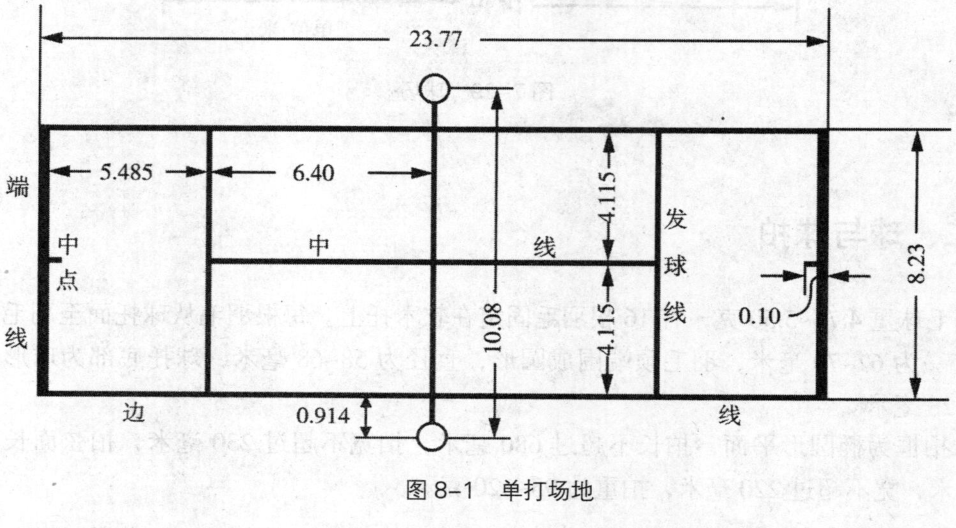

图8-1 单打场地

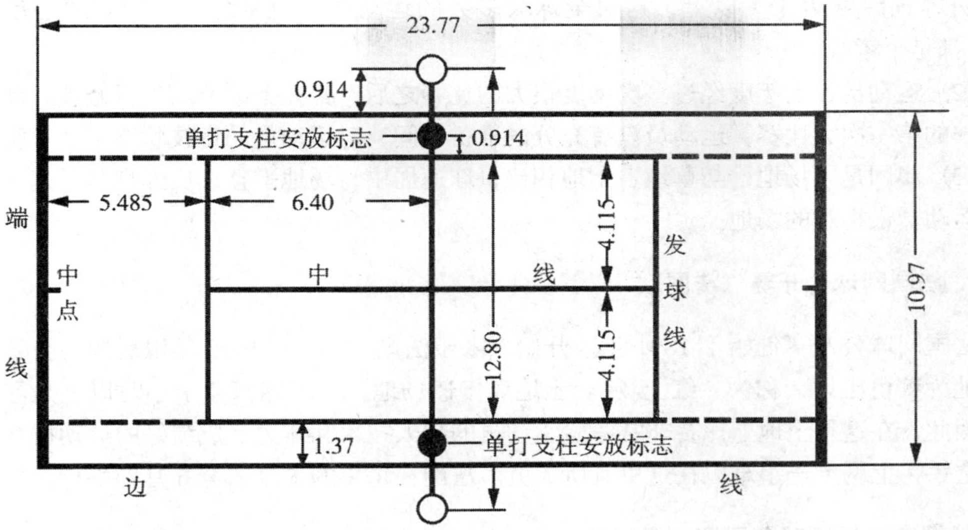

图 8–2　双打场地

（二）器材

1. 球拍

球拍的总长度不得超过 0.737 米。击球平面的总长度不得超过 0.394 米，总宽度不得超过 0.292 米。市场上常见的球拍初学者都可以选用。

2. 球

一般为有弹性的橡胶球，表面由统一的纺织材料包裹，颜色一般有白、黄两种。球的重量为 56.0~59.4 克。

三、国际网球大赛

现在国际网球组织有 3 个，即男子职业网球协会（ATP）、女子职业网球协会（WAT）和国际网球联合会（ITF）。

（一）四大公开赛

四大公开赛指每年一度的澳大利亚网球公开赛（澳网）、法国网球公开赛（法网）、温布尔顿网球公开赛（温网）、美国网球公开赛（美网）。这四项比赛是奖金最高、积分最多的比赛，被称为"顶级赛事"。

1. 澳大利亚网球公开赛（澳网）

澳大利亚网球公开赛每年 1 月份举行，是一年中最先进行的大满贯比赛。有以下特点：

（1）1 月份是南半球的夏季，北半球的大部分地区处于严寒，可澳大利亚的墨尔本却烈日炎炎，气温可达35℃以上，这对全球大多数的运动员来说（北半球国家的运动员占多数），都是个考验。

（2）运动员在上年度经过多次密度很大的比赛之后，都在圣诞节前进行修整，澳网作为新赛季的第一次大比赛，运动员没有充分的准备时间，对运动员的竞技状态是个考验。

（3）澳网是硬场地，与草地、土地相比，球速居中，场地平整，反弹规则，是全面型打法的运动员最喜欢的场地。

2. 法国网球公开赛（法网）

法国网球公开赛创始于1891年。开始只限于法国人参加，1925年以后成为公开赛。比赛场地为红色土地，称为“红土场”。土地属慢速场地，一场球打4个小时以上是习以为常的。因此，在这种土地上比赛非常考验运动员的超人技术和体力。成绩好的运动员多数是底线型选手，上网型选手难以在这里有所成就。法网在每年的5月末至6月初举行。

3. 温布尔顿网球公开赛（温网）

温布尔顿网球公开赛是网球比赛的始祖，开始于1877年，地点在伦敦郊外。温网的特点一是保留着草地赛场，这是当今世界上最少的比赛场地，我国目前尚无此种赛事。因为球在草地上的反弹速度非常快，所以上网型选手常在比赛中有卓越的表现；二是网球传统最浓，对运动员服装要求严格，要求一律穿白色运动服，也直到近几年才放宽这一要求；三是奖金在四大公开中最高，并有逐年上升的趋势。温网在每年6月末至7月初举行。

4. 美国网球公开赛（美网）

美国网球公开赛的历史仅次于温网，于1881年举行第一届比赛，地点在纽约。场地豪华、比赛奖金多是其最大特点。美网是每年四个公开赛的最末一个，在每年8月末或9月初进行。比赛场地是与澳网一样的硬地。

（二）大师系列赛

大师赛共9项，原来称为超9赛事，其中有印第安维尔斯大师赛、迈阿密大师赛、蒙特卡洛大师赛、罗马大师赛、汉堡大师赛、蒙特利尔大师赛、辛辛那提大师赛、马德里大师赛、巴黎大师赛。

（三）戴维斯杯与联合会杯赛

戴维斯杯与联合会杯是世界网球联合会组织的网球国家团体赛。戴维斯杯是男子网球团体赛，创始于1900年，由美国人戴维斯倡议举行。戴维斯杯采取4单1双，5场3胜制。比赛均为5盘3胜制，第三天的比赛为3盘两胜制。

联合会杯是与戴维斯杯齐名的女子团体赛，是1963年庆祝国际网联成立50周年而创办的。赛制参照戴维斯杯的办法。上一年进入1/4决赛的8个队为A组。世界组第一轮战败的4个队与A组第一轮战胜的4个队进行比赛，胜者进入年底的世界组。世界组和A组采用5场3胜制，第一天两场单打，第二天进行两场单打和一场双打，双打放在最后进行。

第二节　网球基本技术

一、握拍（均以右手持拍为例）

网球运动的基本握拍法有东方式、大陆式和西方式三种。在此基础上还派生出许多混合式的握拍方法，如半西方式握拍法、超东方式握拍法、超西方式握拍法、上手反手握拍法中的东西方混合式握拍法等。

握拍的方法与击球的动作有着密切的关系。球拍是击球者手臂的延伸和手掌的放大，任何一个击球动作都是由手臂、手腕和手指相互配合用力来完成的。所以握拍的好坏直接影响着技术能否尽快地提高。作为初学者，必须按正确的方法握拍，使拍面以正确的部位和角度与球接触。

（一）东方式握拍

东方式握拍法又分为正拍和反拍两种。正拍握拍法是左手先握住拍颈，让拍子和地面垂直，然后手掌垂直于地面，手握拍柄的感觉就像是与人握手。所以也称“握手式”握拍法。斜面贴紧，拇指垫握住拍柄的左垂直面，食指稍离开中指，食指下关节压住拍柄右垂直面，由此拇指与食指成“V”形，对准拍柄的右上斜面和左上斜面的上端中间（图 8–3）。反拍握拍法是从正拍握拍法的方式把手向左转动，拇指与食指成“V”字形，对准拍柄左上斜面与左垂直面的中间线。用手掌根压住拍柄的左上斜面，拇指贴在左垂直面上，食指下关节压在右上斜面上（图 8–4）。

（二）大陆式握拍

与东方式握拍不同的是，大陆式握拍法在进行正拍和反拍击球时都无需变换握法。握拍时用手掌根部贴住拍柄上部的平面，食指与其余三个手指稍微分开，食指上关节紧贴在右上斜面上，拇指垫贴在拍柄的左侧垂直面。由于这种握法犹如握钉锤，所以也称为“钉锤式”握法（图 8–5）。

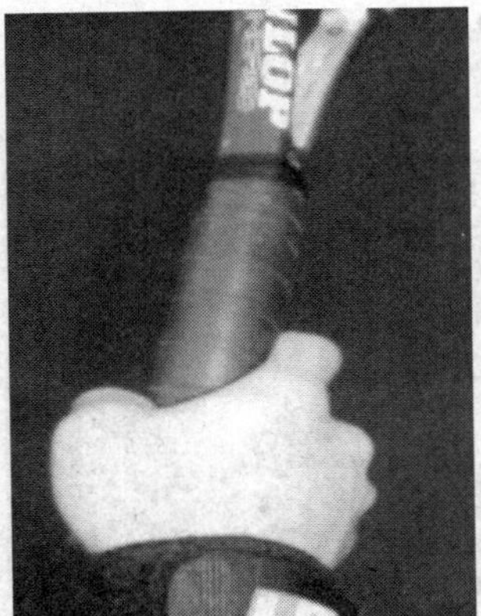

图 8–3　东方式正握拍

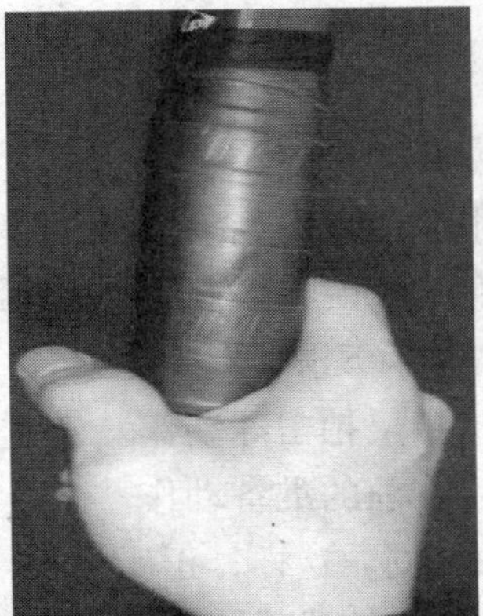

图 8–4　东方式反握拍

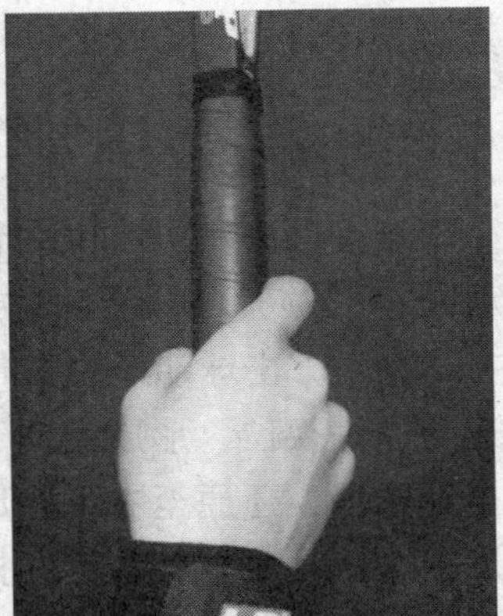

图 8–5　大陆式握拍

（三）西方式握拍

这种握拍分为正拍和反拍两种握法。西方式正拍握拍法手掌心朝下，手掌的大部分放在拍柄的底部位置，手掌根贴在拍柄的右下斜面上，拇指压在拍柄的上部手面，食指的下关节握住拍柄的右下斜面。拇指与食指的“V”形对准拍柄的右侧垂直面。看上去握拍的形状有点像“一把抓”（图 8-6）。反手握拍法则是在西方式正手握拍法的基础上，把球拍上下颠倒过来，用同一拍面击球或手腕顺时针转动，使拇指与食指的“V”形对准拍柄的左侧垂直面，食指下关节压住拍柄的上部手面，手掌根贴在左上斜面（图 8-7）。

（四）半西方式握拍

这种握拍的正拍握法是介于东方式和西方式之间的握拍法，拇指与食指的“V”形对准右上斜面，它的特点是便于击打任何来球，目前被不少优秀选手采用（图 8-8）。

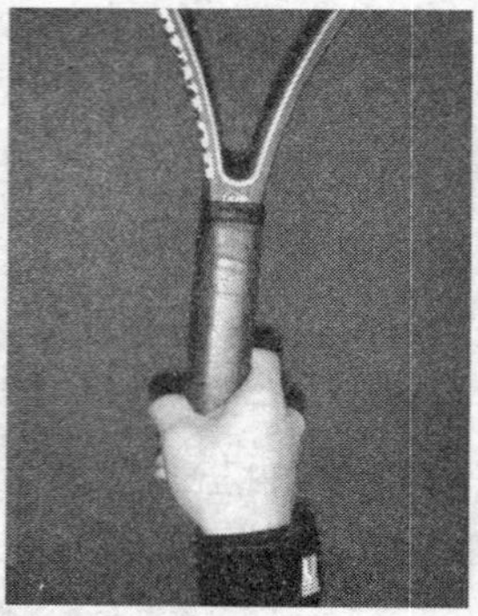

图 8-6　西方式正手握拍

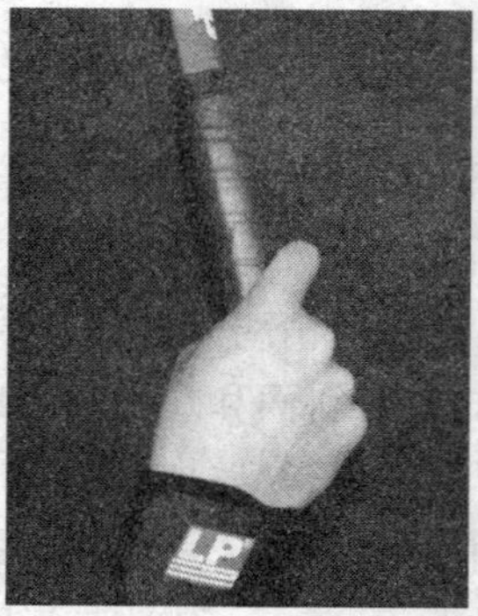

图 8-7　西方式反手握拍

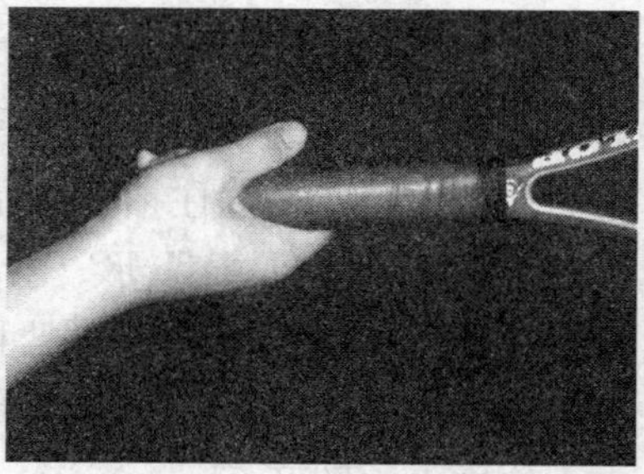

图 8-8　半西方式握拍

（五）双手反拍握拍法

这种握拍右手是东方式反拍握法，握在球拍拍柄的底部，手掌根与拍柄对齐。左手握在右手的上方，作东方式正拍握拍法。这样，力量不足的选手学反拍就比较容易，同时这种握拍法有利于对来球加上旋和进行发力，击球点可以更靠后，动作比较隐蔽，对方不易发现是击打斜线还是击打直线球，但对步伐的要求更精确（图 8-9）。

（六）双手正、反拍握拍法

这种握法在正拍和反拍击球时都是双手握拍，也就是右手为东方式或半西方式握拍，左手握在右手上方，当对方击球朝正拍方向来时，左手下滑，右手迅速与左手换位，形成类似于左手持拍反拍击球动作。击完球后，还原至右手在后，左手在前的准备动作。反拍击球时，与双手反拍击球握法相同。这样，正反拍击球都没有明显的弱点，都能给对方构成威胁，而且动作隐蔽，便于发力，但需要选手判断准确、反应

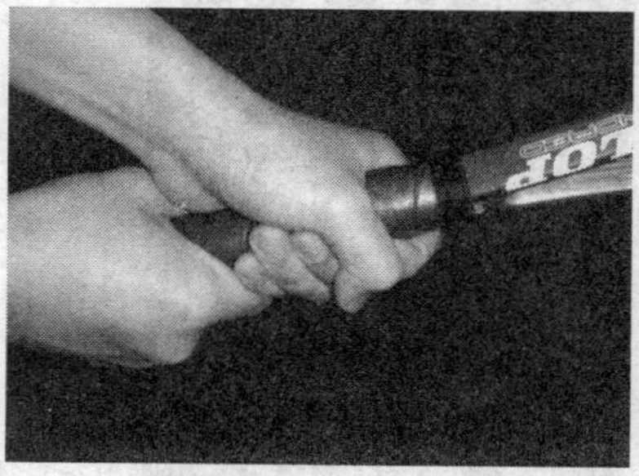

图 8-9　双手反拍握拍法

敏捷、步伐移动快。

二、非持拍手的运用

网球运动是靠持拍手完成击球的，但实际情况却并没有这么简单。能够良好的运用非持拍手，是提升网球技巧的关键要素之一。

(一) 维持拍形，帮助转拍改变握法

在处于准备姿势和两次击球之间，非持拍手要负责抓握球拍，从而让持拍手完全放松，其实只是简单的放在拍柄上即可。这样持拍的手就可以在大部分时间里处于放松状态。非持拍手抓握球拍时要注意将手放在拍颈部位，并伸出食指放在弦床上（图 8-10），以此来精确感受弦床和身体之间的距离，为寻找合适的击球点提供方便。

图 8-10　非持拍手抓握球拍

在对手击球后，要选择使用正拍还是反拍。此时，要求非持拍手继续握住球拍，直到身体扭转后双手分开，才让持拍手承担起单独抓握球拍的责任。这样的目的明显不是为了简单地放松，而是帮助调整拍面。无论是打正手还是单反，非持拍手在即将离开拍颈的时候，都能帮你完成对握法的最后调整。

(二) 维持身体平衡，帮助挥拍转体

想让动作协调、敏捷，就要让两只手臂都派上用场。打正拍球时，为了让上身获得良好的平衡，打出力道和流畅性俱佳的击球，非持拍手臂应伴随击球来协调动作。

1. 滞肘

滞肘是持拍手臂挥拍过程中最常见的问题。表现为身体一侧的肩膀已经转动，但另外一侧的肩膀却没有同时转，导致上身在转动中被挤得紧紧的，从而抑制了挥拍的发力动作（图 8-11）。

2. 死臂

在正手击球时，非持拍手既不会辅助完成随挥，也不会产生滞肘，只是无力地垂在身体的一侧。死臂的毛病虽然并不太严重，但绝不是最理想的运用方式（图 8-12）。

图 8-11　滞肘

图 8-12　死臂

三、正手击球

正手击球是网球技术中最基础同时也是最重要的技术。正手击球是一种进攻性的击球，它是进攻取胜的主要技术。初学者若能掌握正手击球，就可以与对方连续对打，体会网球的乐趣。掌握了正手击球的原理，再学习其他击球也就容易多了。

(一) 正手击球的步骤与方法

1. 准备姿势

球拍放在身体的正前方，左手握住拍颈，面向击球方向，双脚左右分开，比肩略宽，膝关节稍弯曲，身体重心放在前脚掌上，并在两脚间变换，双肘适当向前离开身体，全身放松，盯住来球（图 8-13）。

2. 引拍

当发现来球可以采用正手击打时，就开始向后拉拍，转髋的同时转动双肩，带动拍子向后引，成弧形向后摆动，肘关节弯曲并稍抬起（注意手臂不要伸直），与此同时，左手向前伸出，以保持身体平衡。

引拍的幅度，以拍柄的底部指向击球点即可。引拍过小，拍头加速距离不够，身体肌肉缺乏牵张，影响发力；引拍幅度过大，用时过多，向前挥拍时身体旋转过多，增加了击球的难度。向后引拍重要的是应将拍面前倾，以防在向前挥拍时做翻转球拍的动作，难以控球（图 8-14）。

图 8-13　准备姿势

图 8-14　引拍

3. 挥拍

在向前挥拍的过程中，应以肩为轴转动，手腕和前臂相对固定，肘关节与腕关节在同一水平面上，球拍低于手腕，这样可以发挥整个身体的力量。

4. 击球

击球时拍面要保持垂直或略微前倾，前倾的角度不应超过 5°，如果球拍前倾过多会导致击球不过网。通常东方式击球点比西方式击球点低且靠后，打直线球比打斜线球时的击球点略靠后（图 8–15）。

5. **随挥**

随挥是击球后跟随击出的球继续挥拍。击球后，球拍沿着球飞行的方向继续向上挥动。身体由侧身对网转向正面对网。拍子随挥至左肩上方结束，动作放松，同时立即还原到准备回击下一球的状态（图 8–16）。

图 8–15　击球

图 8–16　随挥

（二）正手击球教学要点及练习方法

1. **教学要点**

（1）重心：引拍时要强调将重心放在击球手臂的同侧；击球时要将注意力放在脚下，重心从后向前转移，同时蹬直膝关节。

（2）平衡：引拍时为了保持动作平衡，非执拍手要与执拍手同时向后；挥拍结束前，两眼应始终注视球。

（3）击球：击球部位应从 4 点开始打向 10 点的位置，要沿着时针逆时针转动。击球部位的概念主要是从击球的中下部开始（图 8–17）。

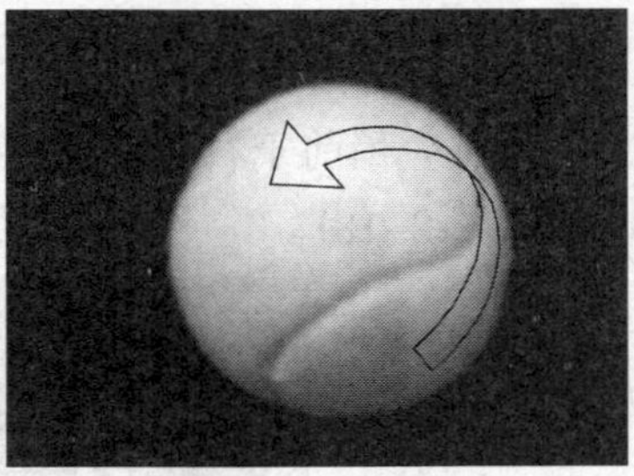

图 8–17　球的中下部

2. **练习方法**

（1）徒手练习：从握拍到挥拍结合起来做完整模仿。

（2）扔球拍：用一支废球拍，做向前挥拍击球的动作，当球拍挥出时，顺势将球拍甩出至球网的对面，可帮助找到放松的感觉。

（3）原地喂球：在提前引拍到位的情况下练习，再从准备开始击球的姿势开始练习。

四、反手击球

（一）双手反手击球的步骤与方法

反手击球已经不是单纯地防守和过渡的概念，它已经发展到可以向对手发起进攻的作用，有些选手甚至反手进攻强于正手。对于初学者，双手反手击球要比单手反手击球更容易掌握。

1. 准备姿势

双手反手击球的准备姿势与单手相同，只是双手在拍柄上可以重叠在一起。

2．握拍

右手在后，靠紧拍柄末端，左手在前靠紧右手，握在拍柄上。其特点相当于右手做反手击球，而左手做正手击球。

3．引拍

任何一种双手握拍反手击球，其动作要点都是后摆要早，这是成功完成反手击球的关键。一旦决定用反手击球，就要开始向后收拍。收拍时要靠肩部的转动带动手臂后拉，在转肩和转体的同时变化握拍的方式（即左手也参与握拍），身体重心移至左脚，屈膝为身体重心的前移做准备。球拍拉向后方并低于来球的高度，球拍底托正对来球，拍头基本与手腕高度一致。手腕固定，手臂放松，平伸向后。

4．挥拍

右脚向来球方向——左前方跨出一步，开始向前挥拍。前挥动作要求平滑连贯，拍头稍微低于击球点，手臂和手腕从低向高向前挥拍，身体重心前移，眼睛始终盯住球，保持低头姿势。

5．击球

击球点应稍前于右膝，在右髋前面。击球时双手紧握球拍，右臂伸直。击球时拍面垂直于地面（图 8–18）。

a

b

c

图 8–18　击球

6. 随挥

击出球后，球拍沿目标方向继续挥出，自然完成随挥动作，球拍应向右前上方挥到尽头，使球产生上旋。动作完成时双手应高于肩，手臂可在身体前面伸直或屈肘并且手抱肩（图 8–19）。

a

b

图 8–19 随挥

(二) 双手反手击球教学要点及练习方法

1. 教学要点

(1) 击球点：反手击球无论是双反还是单反，击球点都比正手击球点靠前。

(2) 引拍：在反手击球中，引拍不到位是普遍存在的问题。所谓引拍到位，就是将球拍引到引不动为止，这样才能产生个人所能达到的最大力矩。

(3) 转体：在击球过程中，应先使右肩碰到下颌，然后左肩再碰到下颌。

(4) 随挥：反手击球用力不当，很大程度上是由于随挥不充分造成的。

2. 练习方法

徒手挥拍练习时体会左手参与发力的作用。慢喂球，让初学者充分完成每一个动作。

五、发　球

网球比赛始于发球，所以发球是最重要的技术之一。

(一) 发球的步骤与方法

1．准备姿势

双脚前后开立与肩同宽，在端线后侧身站立。右脚与底线基本上平行。左脚正对右侧网柱。手腕和手臂放松握拍于身体前。左手在拍颈处托住拍。两脚尖的对角线应对着目标。

2．握拍

握拍要放松，要尽量采用大陆式握拍法。

3．抛球

抛球时，抛球点距离身体的约为 45 厘米，并且要用手指持球，这样可以保持抛球的稳定性，尽量不要让球旋转；手臂伸直，由肩部发力，而不是屈肘；为了使身体充分向后转动引拍，抛球手臂应有一个随身体向后再向前、向上抛球，而不是原位直接向上抛球（图 8–20）。

4．引拍

引拍动作应简单，在向后引拍的最后阶段准备向前挥拍时，前臂有一个旋外的动作，为向前挥拍增加了距离（图 8–21）。

5．向前挥拍

合理的发球动作必须有向上的动作，只有向上才能制造弧线，才能安全。在做向上动作的同时还要做向外的动作，这样才能将球完全包住（图 8–22）。

图 8–20　抛球

图 8–21　引拍

图 8–22　挥拍

6．击球

不同的击球方式决定不同的击球部位。上旋球从球的 7 点到 2 点；切削球击球的 2 点钟，球拍向侧下移动较多；平击球打球的中部，球拍做横向移动较多（图 8–23、图 8–24）。

7．随挥

初学者容易出现做不整随挥动作。随挥动作的充分完成应以是否结束在身体右侧面并手心向外大拇指朝下为标志。随挥动作直接影响到对球的控制（图 8–31）。

图 8–23　击球

图 8–24　击球

图 8–25　随挥

(二) 教学要点及练习方法

1. 教学要点

(1) 紧张度：发球是所有击球技术中要求紧张度最低的一项，一般用 70%的力量击球。

(2) 用力顺序：发球时手臂动得过早、用力过多是普遍存在的问题，没有体现用腿、髋、肩控制球。在向上挥拍时肘部向上、向前顶得不充分；在手臂还没有基本伸直之前，手腕已经向前转动，导致即没有充分的包球也没有最后的鞭打动作。

(3) 视线与头部的控制：抛球前，应先抬头，眼睛注视击球点，再抛球，而不是眼睛一直盯着球。

2. 练习方法

可在网球挡网前找一个标志进行抛球练习，也可以用左手抛球，右手击打。

六、截击球（中级技术）

截击球的选位应该是站在对手可能回球范围之内的正中间。首先根据自己的进攻路线和球的深度，预判对手返回来球的可能范围，然后朝着这个范围的正中间移动选位。

(一) 截击球的步骤与方法

1. 准备姿势

靠近球网，将拍放在胸前，左手握住拍颈，屈膝，双脚开立与肩同宽，重心在前脚掌上。

2. 握拍

理想的方法是用大陆式握拍，这一方法可使正、反手截击都不用换拍，因为网前来球较快来不及转换球拍。

3．引拍

拍引到击球者的眼睛能看到击球拍面的背面，合理的发力方式是腿、髋和肩依次发力，而不是只用前臂。

4．击球和蹬地

击球时拍型稍做后仰，手腕锁牢，拍面所指的方向就是球被打出的方向。截击的发力是靠蹬腿、转髋和送肩来协助完成的。

（二）截击球的教学要点及练习方法

1. 教学要点

(1) 手腕松动：手腕松动的原因主要是球拍拍头部分没有抬起来，拍头要保持与眼睛同水平的高度，同时还要明显高于手腕，这样手腕就会自然锁住。

(2) 挥拍方向：球拍在整个向前击球和随挥过程中都应是向前的，要想做到这一点，就必须有身体的转动，身体的侧面对准击球方向，确保球拍的轨迹是直线的。

(3) 击球时拍面后仰：在击球的瞬间，球拍拍面是从后仰逐渐向前直立的，几乎是垂直于地面，所以在击球时要有意识地将球拍拍面逐渐竖立起来，这样才能真正发出力来。

2. 练习方法

喂球方式逐渐向后，距离击球者越来越远，喂球速度逐渐加快，由手抛球改为用球拍喂球。击球者也逐渐要将球击向后场，击出角度、速度。可以先从网前对拦开始，从轻的和较慢的球开始，要求控制住球，并保持一定的稳定性，再逐渐向后退，增加难度。

七、高压球（中级技术）

高压球是指在头上用扣压的动作完成的一种击球方法，是一项强攻性技术。一般来讲打高压球就意味着得分。高压球有凌空高压球、落地高压球、前场高压球、后场高压球、反手高压球等。

（一）高压球的步骤与方法

1. 准备姿势

上网或在上网途中随时做好准备。

2. 握拍

高压球与网前截击球都是大陆式握拍（图 8-26）。

3. 引拍

以准备姿势为开始，在脚步开始调整、身体位置相

图 8-26　引拍

应变化的同时做转体、侧身，并以最简捷的动作将球拍摆至肩上（图 8–34）。

4. **非持拍手**

引拍的同时非持拍手应指向来球，这样不仅可以帮助找到击球位置，还有参照系的作用，如果没有参照系，击球时就很难找准击球点（图 8–26）。

5. **背弓动作**

后摆时应有适度的屈膝及背弓动作。高压球不能单纯依靠手臂或手腕的甩动发力，而应靠腰腹、腿部及身体整体的协调发力（图 8–27）。

6. **挥拍击球**

发力程序和感觉与发球相似，但击球点在能保证球过网的前提下，其位置越靠前越利于发力和控制球出手的角度（图 8–28）。

7. **随挥**

击球后顺势将球拍收于持拍手异侧的腿侧。如果击球点靠后或较偏，不适合正常发力，那么随挥动作就有可能被强行的扣碗或旋腕动作所代替（图 8–29）。

图 8–27　背弓动作

图 8–28　挥拍击球

图 8–29　随挥

（二）教学要点及练习方法

1. **教学要点**

初学者遇到高球，心理较慌，致使肩关节发紧，产生平时“拍苍蝇”的习惯动作。所以要在做动作时，放松心态，用身体去击球，去控制球，而不是手臂发死力。

2. **练习方法**

（1）徒手接球：同伴用手抛球喂高球，击球者非持拍手举起用食指指向来球，转肩侧身用持拍手将球抓住；再用持拍手手心向前击球。

（2）击球练习：持拍手可直接从胸前向后引拍，引拍要比发球动作幅度稍小。向前挥拍时，积极向前，不要等球。

第三节　网球基本战术

一、基本打法

网球打法的类型大致可分为底线型、上网型和全能型三种。

(一) 底线型打法

这种打法的特点是以底线抽球的旋转、球速、节奏、落点变化来取得主动。当对手在底线时，可调动对手，寻找制胜的机会；当对手在中前场时，则用破网和挑高球来化解。目前多数选手都选择底线型打法，能攻善守的休伊特就是这种打法的杰出代表。

(二) 上网型打法

发球上网是上网型选手在发球局中的主要战术，依据发球技术可分为“强力型”和“艺术型”发球上网。前者的代表人物是桑普拉斯和伊万尼塞维奇，他们强大的发球往往能够直接得分，至少能以球速破坏对手的击球质量，然后上网轻松得分。后者的代表人物是拉夫特和埃德博格，他们的发球有非常强烈的旋转，为此甚至可以牺牲球速为代价，上旋发球能高高跳过接发球者的肩部，迫使对方在难以发力的高度击球，并快速上网。这种打法的特点是以发球或随球上网为自己创造上网的机会，再通过网前截击和高压球来限制对方的底线抽击，直接得分或造成短兵相接的中前场搏杀。

(三) 全能型打法

这种打法的特点是既能发球、随球上网，又能通过底线抽杀控制局面，战术手段多样。全能型打法一般有两种倾向，一是倾向于网前和中场；二是倾向于底线。

二、单打战术

(一) 基本战术

1. 一贯性与冒险性

在比赛中，击球的目的是使对方无法回击或造成失误。

在早期的训练中，应把击球的稳定性放在首位，保证击球的成功率，并且避免无故失误。当自信心和技能有所提高后，则应将注意力集中在击球的落点上，并且逐渐试打一些威胁性较大的球，目的是迫使对方失误。

将球击深（发球线后，接近底线）有许多好处：

(1) 迫使对手回击过来的球落地后起跳较高。

(2) 迫使对手向后移动。

(3) 在回击深球时不容易使对手打出角度。

(4) 使对手远离底线，可降低对手回球的精确度。

(5) 可使对方回球较浅，这样可以赢得更多的进攻角度。

2. 击球线路与回位

击球后回位较好的选手，不易被对方逼至防守的地步。当回位时，在对手回球前应设法回到与场地中间相关的位置上，或回到对方回击角度的中间。回击球位的选择，在很大程度上影响着回位的距离。

(二) 在临场情况下使用的战术

1. 当自己发球时

(1) 一般原则：利用发球控制局势；对自己的发球要有信心；变换发球位置和目标，使对方琢磨不定。

(2) 一发：不要用力过大，通常用七八成的力量击球；要稳，力求一发成功率达到70%；通常将球击向对手弱的一侧；发追身球；大力发球上网截击。

(3) 二发：要保证100%的成功率；发追身球；宁肯发深球失误，也不发近网球；通过控制手腕来变换旋转和速度。

(4) 球路、旋转：采用多变的发球方式，如果是关键分，发追身球；在右区时，发外角侧旋球，在左区时，发中路侧旋球；发平球时，发左右区的内角；发上旋球时，发对方右区内角，发对方左区外角时注意对手是否是左手握拍的选手。

(5) 发球上网：当对手接发球时，快速向前移动截击；沿对手可能的回球线路移动上网；变换发球落点；关键分时，如果是二发，上网截击会带来不一样的效果。

2. 接发球时

(1) 一般原则：力求将球击入场地的一个特定位置（如对手的弱点）；找准时机变换接发球方式；可能时，改变接发球的速度和旋转；根据发球方的站位变化接发球的位置；接力量小的发球时，用快速击球或削球后上网进攻；接有角度的发球时要提前准备，朝球的方向斜线移动，并回击斜线球；接发球进攻时采用上旋球和平击球；接发球时力求打深，而不打网前球。

(2) 接一发发球：接一发时要稳，力求不让一发轻易得分；如对手留在后场，接发球时用挡击打一深的直线球，或有角度的球。

(3) 接二发发球：应有攻击二发的意识；攻击二发时，当球上升至肩高时用正手侧身或跑动中正手攻击直线球；偶尔打一个轻吊球；如果对手发球好，截击也好，回击低的追身球封住角度，留在后场，可以使用两次穿越球战术；接发球时用深的直线球或小斜线球将球挡至对方脚下，留在后场。

3. 当双方队员都在底线时

(1) 一般原则：通过连续的施压迫使对方出现失误，并保持高节奏，少让对手得“便宜”分。

(2) 击落地球：在3/4场地内用正手进攻和回击所有可能用正手的球；反手打斜线是为了底线对攻，打直线则是为了随球上网抢分，场上并不够主动时，要避免打轻吊球。

(3) 相持时：尽量调动对方，可以打高而深的球和斜线球，不要打穿越球，如果对方主动打反手，要尽力调整步伐用正手攻击。

4. 随球上网或在网前

(1) 一般原则：击球后朝对手弱点一侧随球上网；在中场使用大力、准确地击球或球在上升期就将球击出；将球打至对方的反手底线或高的弧线球、反弹高的上旋球非常有效，通常打直线上网较安全；截击时要先跨步；注意斜线移动，保持平衡；中场截击要低而深，网前截击要有角度且短而有力；随时防备对手挑高球。

(2) 中场打法的运用：连续截击不要过多，找到空当抢分；回击高球时始终要把球打向对手弱的一侧；随球上网时先打直线再朝空当截击；如果迫使对手上网，可以上网封死对手回球角度。

(3) 网前打法的运用：如果来球齐腰高就用截击球打对手的空当；如果来球是近网低球，就用截击的方式打对方中路；如果来球是高的慢速球，用空中截击或高压打空当；如果来球是高的中场球，就用高球打空当；如果来球是很高并很深的球，等球弹起后扣杀中路并上网截击；防备对手的穿越和挑高球。

三、双打战术

双打比赛和单打比赛的差别很大，双打更多的是依赖球员间的配合，以及网前的截击技术。密切协作，默契配合是双打比赛的突出特点。

(一) 击球的路线和落点

双打比赛中由于选手是并肩站位，有效的回击路线和球的落点多应选择中路和小斜线，应巧妙地把球打向对方的脚下，从而迫使对方从下向上击球，来赢得更好的网前截击时机。有时球的落点比力量更重要，选手更愿意选择打斜线球。

(二) 战术特点

如果说单打战术可以分为底线型、网前型和综合型，那么在高水平的双打比赛中，发球局一方几乎都会采用网前型打法。无论是女双、男双还是混合双打，如果不利用发球局抢攻，那么想在接发球时反攻就困难了。即使这样，接发球时也要全力反扑抓住机会上网。所以，经常会出现4人都在网前的对攻形式，这在单打中是很少出现的。

(三) 击球技术

高水平的双打比赛常见的是发球、接发球；高压、挑高球；截击—破网，凌空击球的场面屡见不鲜。这样就伴随着出现了许多高难技术，如接发球破网、接发球挑高球、反弹球、放小球、截击挑高球、追小球破网等，这些技术都是双打战术的需要。

思考题

1. 网球运动起源在哪里？如何理解网球属于贵族运动？
2. 如何欣赏网球比赛？
3. 你在球场上或球场之外如何与球友交流？

第九章 速度滑冰

第一节 滑冰运动简介

滑冰运动包括速度滑冰（简称速滑）、短道速度滑冰、花样滑冰和冰球等，本章只介绍速度滑冰运动。

一、速度滑冰运动的起源与发展

速滑运动在世界上有着悠久的历史。古代生活在寒冷地带的人们学会了滑雪和在封冻的、冰层较厚的江、河、湖泊中滑冰，并以滑冰作为交通和运输的手段。这种基于生产、生活需要的活动伴随着社会的发展和进步，逐步演变成滑冰游戏，直到现代的速滑运动。

速度滑冰成为国际性体育比赛项目始于19世纪末。1889年在荷兰首都阿姆斯特丹市举行了首届国际速度滑冰比赛，有荷兰、挪威等13个国家参加。1892年正式成立国际滑冰联合会。以后每年举行一届世界速滑比赛，1893年正式举办了第一届世界男子速度滑冰锦标赛，1936年举办了第一届世界女子速度滑冰锦标赛。

1924年，世界最大的体育组织——奥林匹克运动委员会举办了第一届冬季奥运会，设有男子速滑比赛，1964年增加了女子速滑比赛项目。国际速滑比赛的开展，极大地促进了速滑运动的发展和技术水平的提高。

20世纪80年代中期，人工室内速滑冰场首先在德国和苏联秘密使用，但真正把人工室内速滑场推向国际，引起革命性变化的是荷兰。赫列文在建成人工室内冰场后，在1986—1987年举办了世界男子速滑锦标赛。在这次比赛中，几乎所有的男子项目纪录都被打破，从而把建造室内速滑场的热潮推向了世界。人工室内冰场对比赛条件的恒定和对冰面滑度的改进起了很大的推动作用，但它更加深远的意义是，将速度滑冰由季节单周期运动项目变为全年多周期运动项目。加拿大、日本、荷兰等国的速滑选手近年已开始了夏季冰上训练和比赛的探索。

进入20世纪90年代，克莱普（Clap-skates）速滑冰刀的出现震撼了国际冰坛。各国速滑教练员和运动员对这种新式冰刀的认识都经历了不以为然、迟疑、惶恐、认同和紧随其后的过程。这种冰刀的研制始于荷兰，经过考宁等几位运动生物力学、运动医学专家10多年的研究，其科研成果对推动速滑运动训练理论和训练方法的变革，以及运动成绩的提高起了极大的促进作用。

克莱普速滑冰刀与传统冰刀的根本区别是，运动员在蹬冰结束阶段，刀跟脱离鞋跟，

从而保证了在蹬冰整个过程中冰刀全刃始终“咬合”在冰面上，延长了蹬冰距离，增加了蹬冰力量，减少了蹬冰角度，提高了蹬冰效果。

二、我国速度滑冰运动的发展概况

滑冰在我国有着悠久的历史，尤其是新中国成立后速滑运动迅速发展。在短暂的几年里，速滑运动就在我国黑龙江省、吉林省、辽宁省、河北省、内蒙古自治区以及西北广大地区得到普及。

20 世纪 60 年代初，我国速滑水平逐步跻身于世界速滑的先进行列，特别是在 1963 年的世界男、女速滑锦标赛中，我国女运动员王淑媛获 1000 米速滑比赛的亚军和全能的第六名，男运动员王金玉、罗志焕还在 1500 米速滑比赛中，以 2:09.2 的成绩获冠军并创造该项世界新纪录，为社会主义祖国争了光，这是我国速滑史上第一个高峰。

我国速滑运动从 1953 年第一届全国冰上运动会到 1963 年进入世界速滑先进水平的行列，仅用了 10 年的时间，这种惊人的进步速度在世界速滑史上是前所未有的。

1992 年，我国优秀女子速滑选手叶乔波在第十六届冬季奥动会上获得 500 米、1000 米速滑两枚银牌，实现了我国冬奥会上奖牌零的突破。1994 年，叶乔波又在第十七届冬奥会上获得 1000 米速滑铜牌。由于新式冰刀的出现，我们没能及时跟上时代步伐，在 1998 年第十八届冬奥会上出现了不应有的失误，没能取得理想的成绩。但是值得一提的是，我国优秀女子速滑运动员大杨扬在 2002 年第十九届冬奥会上，一举获得女子短道速滑 500 米、1000 米两枚金牌，进而实现了我国冰雪运动在冬奥会上金牌零的突破。

第二节　速度滑冰的锻炼价值

一、对心血管系统的作用与影响

经常参加滑冰运动能显著提高人的心血管功能。据测定，速滑运动员心脏比一般人的心脏横径大 4.4 厘米，长径大 1.5 厘米。优秀滑冰运动员在安静状态下心脏每分钟跳动 40~50 次，而普通人则跳动 70~80 次。科学研究表明，动物寿命的长短与每分钟心跳频率成反比，这是因为跳动慢而有力的心脏得到的休息时间较长，能够减轻心脏的负担，因此，经常参加滑冰运动对人们强身健体有很大的帮助。医学临床诊断表明，经常参加体育锻炼的人患心肌梗塞的几率是基本不锻炼人的 1/3。此外，经科学实验证明，速滑运动员在进行剧烈运动时每分钟心脏博动高峰可达到 230 次，提高了心脏的输出量，增强了运动员的心脏功能。

二、对呼吸系统的良好作用

经常参加体育锻炼的人，其呼吸的幅度和深度超过一般人将 1 倍（一般人的呼吸差是 6~8 厘米，经常参加体育锻炼的人是 9~16 厘米），而速度滑冰和滑雪运动员由于项目特点所致，要求上体前倾，髋、膝、踝三个关节保持一个特定角度，以利于滑跑和减少空气阻力。

在这种特定姿势下，运动员的膈肌（呼吸肌）活动受到一定限制，必须采用复合式呼吸（胸、腹混合呼吸）。调查统计资料表明，男滑冰运动员最大摄氧量平均为 5.8 公升/分钟，女滑冰运动员最大摄氧量平均为 3.1 公升/分钟，而普通男子只有 3 公升/分钟左右，速滑运动员的最大负氧债能力能达到 15~20 公升，而普通人只有 10 公升。这就说明，经常参加冰上运动的人，其呼吸功能得到了很大的改善，

绝大多数冰上运动的爱好者与参加者均在户外进行运动，能够呼吸大量的新鲜空气，从而促进体内的新陈代谢，不断地提高呼吸系统和消化系统的功能，有益身体健康。

三、对神经系统的良好作用

我们衡量一个人体质强弱时，不仅要看他的身体各个器官系统的发育情况、身体素质的强弱，还要看他对外界的适应能力，其中包括耐寒与耐热能力的强弱程度，这是很重要的一个方面。世界卫生组织认定的 10 条健康标准中的第 4 条是应变能力强，能适应外界环境的各种变化，第 5 条是能抵抗一般性的感冒和传染病。经常参加冰雪运动的人，由于常年与冰雪严寒打交道，对严寒冷风具有较高的适应能力。

第三节　速度滑冰的基本技术

一、直道滑跑技术

直道滑跑技术包括身体基本姿势、蹬冰、收腿、下刀、惯性滑进、两腿配合和摆臂动作。图 9–1 所示为直道滑行中连续动作正面图，图 9–2 为直道滑行中的连续动作侧面图。

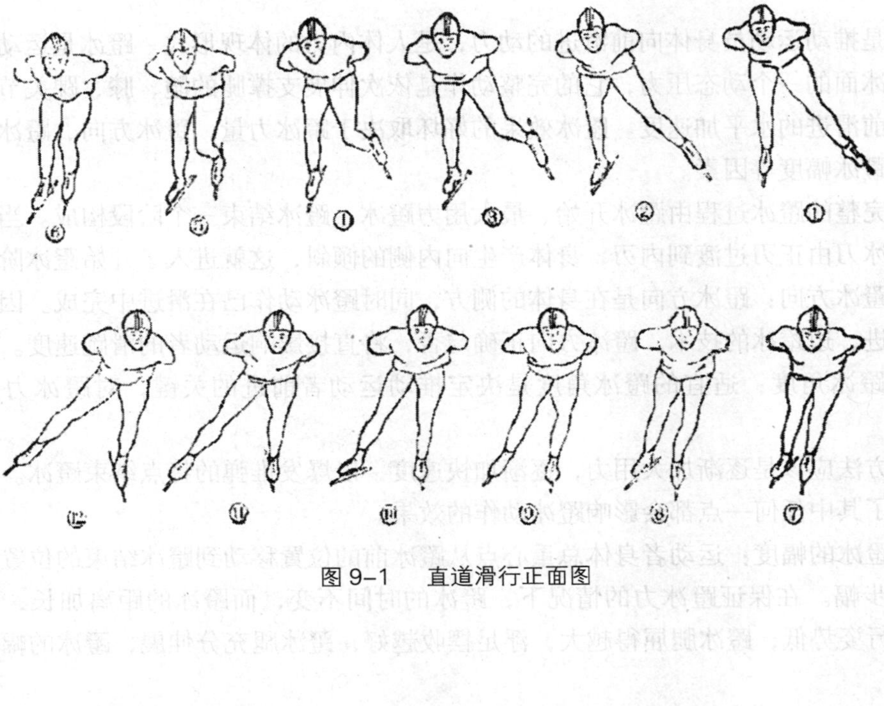

图 9–1　直道滑行正面图

图 9–2　直道滑行侧面图

（一）基本技术

1. 身体基本姿势

现代速滑技术一般采用相对较低的滑跑姿势。这种姿势可以减小迎面阻力，加大动作幅度，最大限度地发挥人体的运动能力，从而提高运动成绩。滑跑基本姿势的高低取决于上体与冰面的角度和下肢髋、膝、踝关节的角度。正确的滑跑姿势是上体前倾，肩略高于臀部，上体与冰面成 15°~20°角，肩背部放松，头微抬起，两眼平视前方 10~20 米处，腿部弯曲，膝关节前弓较大，背手或摆臂滑跑。

2. 蹬冰动作

蹬冰是推动运动员身体向前滑进的动力，是人体内力的体现形式。蹬冰是运动员通过冰刀作用给冰面的一个动态压力，它的完整动作是依次伸展支撑腿的髋、膝、踝关节，从而获得一个向前滑进的水平加速度。蹬冰效果的好坏取决于蹬冰力量，蹬冰方向、蹬冰角度、蹬冰时间、蹬冰幅度等因素。

一个完整的蹬冰过程由蹬冰开始、最大用力蹬冰、蹬冰结束三个阶段构成。当惯性滑进结束时，冰刀由正刃过渡到内刃，身体产生向内侧的倾斜，这就进入了开始蹬冰阶段。

（1）蹬冰方向：蹬冰方向是在身体的侧方，同时蹬冰动作已在滑进中完成。因此，就形成了边滑进、边蹬冰的技术。蹬冰方向正确与否，将直接影响运动者的滑跑速度。

（2）蹬冰角度：适宜的蹬冰角度是决定推动运动者前进的关键，对蹬冰力量起重要作用。

蹬冰方法应该是逐渐加大用力，逐渐加快速度，以爆发推弹的特点结束蹬冰。在练习中如果忽视了其中任何一点都会影响蹬冰动作的效果。

（3）蹬冰的幅度：运动者身体总重心点从蹬冰前的位置移动到蹬冰结束的位置之间的距离叫蹬冰步幅。在保证蹬冰力的情况下，蹬冰的时间不变，而蹬冰的距离加长，其速度就快，而滑行姿势低，蹬冰腿屈得越大，浮足摆收越好，蹬冰腿充分伸展，蹬冰的幅度越大。

3. 浮腿动作

蹬冰腿从结束蹬冰离开冰面时开始到重新着冰前，这期间的动作称为浮腿动作。它包括收腿和摆腿两个阶段，其主要任务是充分放松浮腿，帮助身体重心向前移动，增加蹬冰力量，为下次蹬冰做准备。

当蹬冰腿迅速抬离冰面后，摆动腿的大腿做积极内压弧形的提拉动作，向支撑腿靠拢。由于身体的惯性滑进使浮腿位于身体的后位，提拉时以迅速提摆大腿为主。

4. 下刀动作

下刀动作是以浮腿冰刀着冰到变换支点承接体重，由浮腿变为支撑腿的过程。正确的下刀动作关键是要选择好下刀的时机和位置。下刀动作是沿着身体重心移动方向，借助摆动腿的惯性以刀尖外刃在支撑冰刀稍前方的冰面上下刀，当新支撑冰刀全部支撑体重时，即蹬冰腿冰刀离开冰面时下刀动作结束，在这个过程中要注意合理的出刀角度和减小摩擦力。冰刀着冰开始用外刃，然后变成平刃，最后变成内刃。

5. 自由滑进动作

自由滑进动作是指一条腿蹬冰结束后到另一条腿蹬冰开始前，支撑腿冰刀利用前次蹬冰产生的惯性向前滑进的过程。由于冰刀与冰面的摩擦作用，自由滑进是减速过程，要求做到降低滑跑姿势以减小空气阻力，使支撑腿相对稳定以减小冰刀与冰面的摩擦力，找出适合不同滑跑距离的自由滑进时间以增加蹬冰次数。

6. 两腿配合动作

在直道滑行时，摆动腿与支撑腿的协调配合关系非常密切。当支撑腿由正刃支撑变内刃支撑开始蹬冰时，另一条腿开始由后向前移动，身体重心侧向移动。当蹬冰腿冰刀与冰面形成有利的蹬冰角时，蹬冰腿依靠肌力急剧用力推弹蹬冰，着冰腿开始准确地承接体重，形成新的支撑腿。当新的支撑腿支撑滑行时，摆动腿开始做具有加速特点的向支撑腿并拢和收腿动作。在摆动腿收到侧后位时，支撑腿冰刀为平刃支撑自由滑行，然后随着摆动腿继续向支撑腿后方移动，身体由于受摆动腿的摆动惯性影响，开始向摆动腿侧向倾倒，支撑腿冰刀由平刃变内刃切入冰面，形成新的蹬冰开始和两腿的协调配合动作。

7. 摆臂动作

摆臂动作可以提高滑跑频率，增加蹬冰力量。摆臂分单摆臂和双摆臂。方法是前臂至大臂垂直冰面时，屈小臂向里摆，手不超过身体纵轴，后摆臂时臂伸直微向后方，高度不超过肩。

（二）直道滑行练习

1. 陆地基本练习

（1）穿上冰刀在陆地上做站立和走步练习。
（2）用双脚的内刃或外刃站立。
（3）单脚支撑，左右脚轮流并保持一定时间和平衡练习。

(4) 单脚支撑，在一脚做上述支撑的基础上，另一脚做屈膝抬起练习。

(5) 双腿微屈，一腿支撑，一腿侧出练习。

(6) 双腿微屈，一腿支撑，一腿后行的练习。

2. 初学者直道冰上练习

(1) 外八字练习：在完成此练习时，上体要前倾，两臂自然下垂放于体侧，腿、膝部微屈，踝关节适当紧张。

(2) 双脚支撑惯性滑进练习：上体稍前倾，用一腿蹬冰获得惯性速度，通过双腿支撑维持惯性滑进后，再用另一腿蹬冰交替进行。

(3) 单腿支撑惯性滑进练习：要求同 (2)。

(4) 单腿交替支撑惯性滑进练习：要求同上。

(5) 在正确滑行姿势的基础上，做直道滑行练习。

(三) 易犯错误和纠正方法

1. 易犯错误

(1) 在滑行时，冰刀立不住，不能用外刃或平刃下刀，有的甚至原地都站不起来。

(2) 滑行时，浮腿收不回来，或者浮腿在体侧停留时间过长。

(3) 身体重心不能全部移到支撑腿上。

(4) 重心向前形成后蹬冰。

2. 产生错误的原因

(1) 滑行时冰刀立不起来，说明踝关节力量差，需要加强踝关节的力量。

(2) 由于身体重心不能很好地移到支撑腿上，整个重心在两腿之间，所以造成浮腿蹬出后收不回来。

(3) 由于踝关节力量差，滑行时浮腿下刀不能用外刃或平刃，或者下刀位置不对，使身体重心不能充分移到支撑腿上。

(4) 滑行时，身体重心向前，下刀位置向前或者用刀尖蹬冰造成了后蹬冰的错误动作。

3. 纠正错误动作的方法

(1) 加强踝关节力量，在陆地上采用台阶上的提踵和纵跳练习加强踝关节力量。

(2) 在陆地上多做滑冰基本动作练习。

(3) 陆地上多做倾倒练习，克服重心移动不够的错误。

(4) 在陆地多做滑冰基本动作练习。

二、弯道滑跑技术

(一) 滑跑姿势

弯道的滑跑姿势基本与直道相同，但弯道滑跑中采用身体左倾斜的姿势。上体、臀部一致向里倾斜，要求鼻尖、膝盖、刀尖成一条切线，整个身体的倾斜度要与身体的倾斜角度一致。弯道的姿势略比直道低，要保持较好的团身动作。

（二）蹬冰动作

弯道滑跑时的蹬冰动作原理和结构基本和直道相同。因为移动方向有变化，完成蹬冰动作时一直采用交叉内压步完成，有别于直道蹬冰动作。右腿蹬冰动作与直道蹬冰动作相近，而左腿的蹬冰特征和方向却不同于直道，同时难度也较大，成为弯道蹬冰技术的关键。

当左腿刀尖收到右支撑腿的刀跟时，右腿就进入开始蹬冰阶段，而当右腿的冰刀压收到要超过左腿冰刀时，左腿进入开始蹬冰阶段，蹬冰腿继续伸展，蹬冰动作进入到最大用力蹬冰阶段，此时浮腿悬在新的切线上，整个身体牢牢地压在蹬冰腿上，蹬冰方向要与蹬冰腿滑进的切线相垂直。在蹬冰过程中，膝关节不要过早地展开，注意将大腿控制在胸以下，蹬冰腿的膝节关尽量前弓，有下压、挤、送、蹬的感觉，有全外刃结束蹬冰的特点。

（三）收腿动作

蹬冰结束后，进入到收腿动作，这一动作的作用是充分放轻浮足，加速成移动重心，增加蹬冰力量，创造更大的滑跑速度。

右腿结束蹬冰之后，以大腿带动小腿，膝盖领先，与左支撑腿靠近，继续向左侧移动着冰完成右腿收腿动作。收右腿时，要以压收的方法完成，左腿蹬冰结束后，以大腿带动小腿，膝盖领先，向支撑腿靠近，收到右支撑腿里侧的稍前方准备着冰，完成收左腿动作。摆收左腿时要用拉收的方法完成。

（四）下刀动作

正确的下刀动作是右刀收回时，刀跟左内压，刀尖偏离雪线，以刀尖内刃开始着冰，而后滚到全内刃着冰。右腿着冰时，右小腿不要向前摆跨，保持右刀跟和左刀尖的最近距离，并要注意膝盖前弓，使下刀的右腿与身体成一个倾斜面。左腿以拉收的方法收回。下刀时贴近右腿内侧着冰，开始用左刀尖外刃着冰，很快滚到全外刃着冰，刀尖偏离雪线，保持小腿向里倾斜并与整个身体倾斜相一致。

（五）惯性滑进动作

在弯道滑跑是做圆弧切线运动，身体受到离心力的作用而必须保持向内倾倒，冰刀相应地始终与冰面保持一个夹角，给冰面造成一个动态压力。在惯性滑进中，应该保持身体倾斜角度的相对稳定。由于身体重心纵向运动规律的作用，重心从后部、中部移到前部。

（六）全身配合动作

目前弯道技术要求尽量挖掘身体各个动作潜力，创造向前更大的加速度。主要表现在上体配合摆动收腿，摆臂动作与蹬冰动作的配合上。

（七）摆臂动作

弯道的右臂摆动基本与直道相同，只是后摆时要贴近身体。左臂摆动时要将大臂贴近身体，小臂前后摆动，幅度要小，动作要短促有力。

（八）弯道滑跑的练习

1. 首先使学生了解弯道滑跑特点：用刃、身体倾倒、交叉压步。

2. 在较熟练地运用左脚刀及刀的外刃支撑滑行基础上，进行右腿压步的练习。

3. 左腿外刃支撑惯性滑行练习：助跑 3~4 步后左腿用冰刀外支撑滑行，争取延长滑进距离。

4. 交叉步的练习：用不连贯的方法，将右腿移至左腿的前外侧成交叉步的练习，连续做交叉的练习。

5. 左腿蹬冰动作练习：右脚着冰后左脚用外刃向侧做推、蹬的练习，过渡到右腿与左腿靠近时，尚未着冰，左腿开始蹬冰的练习。

6. 做摆单、双臂的弯道滑行。

7. 在不同半径的圆圈上做弯道练习。

8. 直弯道结合的练习。

（九）易犯错误和纠正方法（同直道滑跑）

三、停止技术

（一）内八字停止法

停止时，上体稍前倾，两腿微屈，两膝内扣上体后坐，重心下降，用两刀内刃压冰，刀跟逐渐分开，成八字。

（二）转体内外刃停止法

两腿并拢，两刀平行向左（右）转体 90°，同时后坐，上体前倾，身体向左（右）倾倒，用右刀内刃，左刀外刃（或右刀外刃，左刀内刃），逐渐用力压切冰面。

（三）右脚外刃停止法

在滑行中，身体逐渐成直立姿势，用右脚支撑左腿抬离冰面，体重置于右腿上，此时身体与右脚冰刀，同时快速向右转动，重心稍下降，身体向右侧倾倒，用右脚冰刀外刃压切冰面。

（四）停止技术的练习

1. 初学者不易控制平衡，滑行姿势从微屈到半蹲，从站、走到蹬滑，开始两臂自然摆动，便于协调工作。

2. 学会一般滑行后，即可进行停止技术的练习，首先学会内八字停止，当滑行较熟练后方可学习转体内外刃、外刃停止。

四、简介起跑和冲刺技术

(一) 起跑

起跑技术由四个部分构成，即预备姿势、起动、疾跑、衔接。

1. 侧面和正面起跑

(1) 侧面起跑：当听到发令员喊“各就位”时，运动员以直立姿势站好，当听到“预备”口令时，运动员侧身向起跑方向，使两刀平行，与肩同宽，用内刃着冰，将有力脚放在后面，无力脚放前面，两刀与起跑线成 20°~30°角，身体重心均匀地放在两只冰刀上，两腿微屈，膝盖内压，上体前倾，两臂自然下垂，后臂侧后平举，高度不超过肩，目视前方 8~10 米处，当听到枪声立即跑出。

(2) 正面起跑：当听到发令员喊“各就位”时，运动员面向起跑方向，以直立姿势站在起跑线前，当听到“预备”口令时，就以两脚跟距离比肩稍窄，用内刃压冰，两刀成外八字站好，角度为 90°~120°，两腿微屈，两膝前弓，身体重心均匀地放在两腿上。上体稍前倾，如果右脚是有力脚，左脚放于体前自然下垂，右臂侧后平举，高度不超过肩，目视前方 8~10 米处，当听到枪声时立即跑出去。

2. 起动

当听到枪声后，运动员将前腿冰刀微离冰面迅速外转，同时快速用力蹬直后腿，身体前倾，臀部前送，小幅度地摆动两臂。

3. 疾跑

当第一步踏出后，就进入疾跑阶段，第二、三步均以踏切动作完成，从第四步起切滑结合，随着步数的增加，滑的成分逐渐增大，切的成分减小。手臂摆动幅度要小而有力，步距以小为佳，下刀动作位于身体重心投影点上。从 5~6 步开始，身体姿势由高变低，步伐由小变大，摆臂幅度逐渐加大。身体重心的投影点由前向后移动，移到正常滑跑时重心投影点上。疾跑时用两刀内刃完成动作。

4. 衔接

衔接就是疾跑后采用 3~4 个单步，利用惯性，把疾跑中已获得的速度转移到正常滑跑中去。

(二) 冲刺

冲刺是一个全程滑跑的组成部分，冲刺技术是在全程的最后阶段采用的保持速度的合理技术，运动员要到终点时，应全力保持前一段完整技术和已经取得的速度滑完全程。

第四节　速度滑冰的运动常识与注意事项

一、运动常识

1. 服装

冬季在室外进行冰上运动，要注意衣着，要以保暖、吸汗、轻便、合体、不要影响练习为宜。

2. 冻伤

为防止冻伤，要注意营养，增加热量；不要穿潮湿衣服、过紧的鞋袜；要充分做好准备活动；对于手、脚、面部要经常地擦摩，涂冻伤膏，或者采取保暖措施。

二、速度滑冰的注意事项

1. 严格冰场管理制度，要规定按逆时针方向滑冰；不得在跑道上倒滑；初学者不得在快道上学习；禁止在冰场上打闹、追逐或并排滑行，前后之间亦要保持一定距离。

2. 注意循序渐进，运动量和运动强度要逐渐增加；初学者要注意降低重心，上体前倾，即使摔倒也要防止向后摔。

3. 加强冰场的维护，遇到裂缝、冰坑、碎石、杂物、铁钉等要及时清理修补。

4. 注意预防冻伤，低温、大风或高速度滑行要戴滑冰帽和手套。

思考题

1. 简述滑冰运动的起源。
2. 滑冰运动的锻炼价值有哪些？
3. 为什么滑冰时身体重心要尽可能低？
4. 冬季户外滑冰有哪些注意事项？

第十章　健身项目介绍

第一节　健身走

一、健身走的健身价值

行走运动是以脚和双腿为主要活动对象。双脚有“人体之根”与“第二心脏”的美誉。从解剖学的观点看，人体的五脏六腑无不与脚有关：人体有500多条肌肉，其中2/3集中在下半身，双脚是全身的支柱；人体有206块骨头，每只脚各有26块独立骨头、19条不同的肌肉、50根肌腱、25万个汗腺和33个关节；脚踝以下有51个穴位；脚部有6条经络及众多穴位在此交错汇集。人通过行走，便可刺激胆、肝、胃、脾、膀胱、肾及各内脏器官，从而增加它们的活力。人体50%的血液在腿上。人除卧姿外，血液总量的一半都在下肢。从人体的血液循环特点看，静脉血的回心过程是依靠肌肉收缩来完成的，行走时，腿部每一次运动，都等于有节奏地将血挤送给心脏。所以，中医认为行走时腿部的肌肉收缩，相当于按摩心脏。

国外的研究资料表明，步行锻炼对焦虑、抑郁等心理疾病有辅助的治疗作用。但是，这样的运动必须是有氧运动，运动时间必须在20分钟以上，坚持10周才能取得良好的效果。国内的研究表明，不同速度的走步锻炼对练习者的摄氧量、心率、相对摄氧量、氧脉搏、呼吸频率、呼吸交换率、每分通气量、二氧化碳呼出量等生理指标有积极的影响（马楚虹，2009）。

二、健身走的基本方法

1. 健身走的正确动作

第一，走步时要有正确的姿势，比如头要正，目要平，躯干自然伸直（沉肩、胸腰微挺、腹微收），头与躯干成垂直状态，这种姿势有利于经络畅通，气血运行顺畅，使人体的活动处于良性状态。

第二，步行时身体重心前移，臂、腿配合协调，摆动自然，步伐有节奏，注意迈步时以大腿带动小腿，上臂带动前臂，步幅适中，两脚落地要有节奏感，步伐有力、自然、优美。

第三，步行过程中，呼吸要自然，应该尽量注意腹式呼吸的技巧，即尽量做到呼吸时稍用力，吸气时要自然，呼吸的节奏与步伐的节奏要配合协调，这样才可以在步行较长距离时减少疲劳感。

第四，步行时要注意紧张与放松、用力与借力之间相互转换的技巧，也就是说，可以用力走几步，然后再借力顺势走几步，这种转换可以大大提高走步的速度，并且会感到轻松，节省体力。

第五，步行时，与地面相接触的一只脚要有一个“抓地”动作（脚趾内收），这样对脚和腿有促进微循环的作用。

表 10–1　健身走的强度控制

行走的特点	负荷强度的要求
慢速走	每分钟 70 ~ 90 步，每小时 3 ~ 4 公里
中速走	每分钟 90 ~ 120 步，每小时 4 ~ 5 公里
快速走	每分钟 120 ~ 140 步，每小时 5 ~ 7 公里

2. 健康身走的运动量

健身走锻炼的负荷阈主要由三个方面构成，即运动锻炼的强度、运动锻炼的持续时间和运动锻炼的频率。

（1）运动锻炼的强度：锻炼强度指锻炼者在单位时间做的功。锻炼强度十分重要，强度过低则不能充分动员人体的呼吸–循环系统的功能潜力，有效地发展有氧代谢能力，强度过大持续时间必然缩短，功能系统就可能向无氧代谢途径改变。走步锻炼强度的选择还要根据锻炼者的个人特点来制定。

表 10–2　运动强度的组合

锻炼时间	低强度锻炼（VO2max%）	中强度锻炼（VO2max%）	大强度锻炼（VO2max%）
5 分钟	70	80	90
10 分钟	65	75	85
15 分钟	60	70	80
30 分钟	50	60	70
60 分钟	40	50	60

（2）运动锻炼的持续时间：每次锻炼的持续时间对锻炼效果有明显影响。一般认为，锻炼产生效果的最低限度时间，是呼吸循环功能适应运动的最低时间为 5 分钟。持续时间取决于运动强度，即较低强度的活动可以持续较长的时间，持续时间较短的活动可以提高强度。（表 10–2）。

（3）运动锻炼的频率：锻炼频率是指每周训练的次（天）数。实验研究表明，每天进行运动对最大摄氧量的影响远远超过集中一天进行。当锻炼的次数增加到每周 3 次以上时，最大摄氧量增加的量趋于平缓，而每周锻炼少于两次时最大摄氧量提高不明显。因此，一般人至少每周锻炼 3 次以上，最大摄氧量才能显著提高。

三、健身走计划

（1）走步锻炼的时间要求：一般地讲，人体锻炼的最佳时间是 15:00–20:00。因为这个时间段是人体机能进入工作状态的黄金时间，机体各个器官与系统机能的活跃水平较高，肌肉的粘滞性较小，可以避免运动损伤的发生，促进锻炼效果的改善（表 10–3）。

表 10-3　健身走锻炼计划

周 次	步行速度 /（步·分钟）	步行时间	距离 /km
1	80	30	1.8
2	85	45	2.7
3	90	45	3.3
4	90	50	3.4
5	90	55	3.7
6	95	55	3.8
7	95	55	3.8
8	100	55	4.1
9	100	60	4.5

(2) 走步锻炼的空间要求：走步锻炼尽量在户外进行。一般选择车辆较少、空气新鲜、公园等树木较多的地方，可以利用人工道路、草地、沙滩等地况进行锻炼。也可在雨中进行，雨后空气新鲜，阴离子促进人体新陈代谢，改善呼吸系统功能，使人精神振奋。同时可以进一步提高人体的适应能力。

在室内锻炼时一定要选择卫生条件、通风效果良好的环境进行锻炼。

(3) 走步锻炼的装备要求：进行健身走锻炼时要穿着宽松、透气、吸汗性好的衣服，注意保暖。鞋应合脚，选择运动鞋、旅游鞋或平底鞋为宜。

第二节　跑步锻炼

跑是人体最基本的活动技能之一，是从上古时代的生存技能到现在社会健身的主要方式之一。跑步在人类社会发展与维护人类生存质量过程中肩负着重要的角色。但是，由于现代社会生活方式的变化，在无形中减少了人们跑步的机会，造成人们体质严重下降的现象；由于学校体育课程中跑步项目的削减，使得现在的学生身体素质逐年下降。

一、健康跑的健身价值

如果你想强壮，跑步吧！如果你想健美，跑步吧！如果你想聪明，跑步吧！这是2500多年前，在古希腊埃拉多斯山岩上刻着的三句名言。如今，两千多年过去了，医学有了高度的发展，但跑步仍是人们锻炼身体、预防疾病、使自己健美的法宝。欧美各国和原苏联都很推崇库珀的《美国科学健身法》，其核心是运动项目的优劣应以耗氧量的大小为标准，选择项目依序为跑步、游泳、骑车、步行、原地跑和球类。库珀特别推崇跑步，认为“跑步是最好的、最有效的、最有价值的”“跑步比其他任何项目都见效快、见效多”。而经常从事跑步锻炼可以在以下几个方面对人体的机能有积极的改善作用。

(1) 提高睡眠质量：通过跑步，大脑的供血、供氧量可以提升 25%，这样夜晚的睡眠质量也会跟着提高。

(2) 提高肺通气功能：在跑步的过程中，肺部的容量平均从 5.8 升上升到 6.2 升，同时，血液中氧气的携带量也会大大增加。

(3)“心泵”能力增强：运动中，心脏跳动的频率和功效都大大提高，心跳、血压和血管壁的弹性也随着升高。

(4) 缓解心理疲劳：慢跑可以抑制肾上腺素和皮质醇这两种造成紧张的激素的分泌，同时可以释放让人感觉轻松的“内啡呔”。

(5) 保持青春活力：经常运动，生长激素 HGH 的分泌增多并且可以延缓衰老。

(6) 储存能量：通过跑步，肌肉肝糖原的储存量从 350 克上升到 600 克，同时线粒体的数量也会上升。

(7) 减肥：经常从事跑步锻炼，女性体内的脂肪含量可以减少 12%~20%，男性可以减少 6%~13%。

二、健康跑的正确姿势

1. 上体动作

在自然跑时，躯干要保持正直略向前倾，头与躯干保持在一条直线上，不要左右摇摆，这个姿势有利于帮助身体更好地向前运动。上体如果过度前倾，会影响步长和增加背部肌肉的负担；上体后仰，会影响后蹬效果和引起胸、腹部肌肉紧张。所以，要控制好身体的正确姿势。双眼应该平视前方，面部和颈部肌肉放松。

2. 手臂动作

自然跑时，肩部放松，上臂自然下垂，肘关节的弯曲角度略小于直角，两手自然放松，在体侧前后摆动。两臂的摆动不仅可以维持身体平衡，而且可以提高两腿的摆动频率，加快跑的速度。在摆臂过程中要注意不要低头、端肩，以免引起两臂肌肉酸痛。

3. 下肢动作

两腿的蹬摆动作是推动身体行进的动力，其中后蹬动作是身体行进的主要力量，两腿后蹬时髋、膝、踝三关节要充分伸直，后蹬的力量与运动方向相一致。腿的前摆可以增大步幅。前摆时大腿应该积极向前上方抬高，同时带动髋关节尽量前送，小腿要保持放松且自然下垂，不要出现甩小腿的动作。脚落地时，脚跟先着地，迅速滚动到全脚着地，注意缓冲。双脚均应该落在同一行进线上，以保证身体向前运动的轨迹。

4. 呼吸方法

注意掌握好呼吸节奏，一般采用“两步一吸、两步一呼”的方法。也可以采用自我感觉适宜的呼吸节律。最好在呼吸时口、鼻并用，单纯用口呼吸，尤其在寒冷的冬季，容易造成运动中的不适。

三、健康跑的方式

1. 低强度持续健身跑

这种跑步的方式是将心率控制在 120~140 次/分钟，持续 30 分钟以上的锻炼方法。这种方法对防治关节炎有积极的意义。同时，这种锻炼方式可以健壮骨胳。日本千叶大学医学院专家研究认为，慢跑可使骨骼“年轻”。

2. 雨中健身跑

细雨中慢跑有许多晴天慢跑无法比拟的保健作用。一场毛毛细雨，不仅可使树更青、草更绿、路更洁，而且能消除尘埃，让空气更干净、更清新。另外，雨前阳光照射和细雨飘落时产生的大量负离子，有“空气维生素”之誉，能松弛神经，降低血压，加强新陈代谢。运动专家指出，雨中慢跑不仅能健身强体，还是一种很好的健脑活动，有利于大脑由紧张趋于平静，也就是人们常说的心理和精神的调节。在细雨中慢跑，接受雨水淋浴按摩，对于预防感冒、增强自身抵抗力等都大有裨益。

3. 沙滩健身跑

沙跑可以有效锻炼腿部与脚部小肌肉群的力量。只要你每天早晨或傍晚在沙滩上跑二三十分钟就够了。医学专家认为，在沙子上慢跑，最好选在热浴之后，因为热浴后的脚掌对体内“信号”的传递更为敏感，浴后进行这项运动，更有利于身体“元气”在经络穴位间的运行。

4. 定时、定距跑步法

定时跑就是规定每次锻炼时跑的时间的一种锻炼方法。定距跑就是固定每次锻炼时跑的距离的一种锻炼方法。定时跑、定距跑都要根据个人即时身体状态，循序渐进的增加或减少跑的时间与距离，以保证锻炼效果的实现。

5. 间歇跑步法

间歇跑是以相等距离或不等距离，严格控制间歇时间、间歇方式、跑的强度、重复次数的提高人体耐力的锻炼方法。具体方法如下：

(1) 等距等速间歇跑：400 米，采用同样速度跑 5 组，每组间隔 2 分钟。

(2) 等距不等速间歇跑：400 米，采用逐渐递增速度的方法跑 5 组，每组间隔 2 分钟。

(3) 递增距离间歇跑：100+200+300+400+600+800 等练习方法。

间歇训练法的生理基础是 Reindell 早期研究提出的“间歇训练的格施勒–赖因德尔定律”，即在负荷时心率达到 170~180 次/分钟，间歇恢复时至 100~125 次/分钟再重复负荷，使心输出量在负荷时和间歇休息时都保持在较高水平，在最佳心率范围之内，对心泵血功能有较大锻炼作用，同时由于肌肉活动有间歇休息，因此能够提高训练效果及肌体抵抗疲劳能力。

6. 变速跑步法

变速跑步法是在一定距离上变换跑速的练习方法，可以发展一般耐力或专项耐力。例如，100 米快+150 米慢+200 快+200 慢+400 米快+200 慢。在慢速跑时，可以采用慢跑、慢走或走跑结合的休息方式，促进肌体的积极性恢复。

7. 臂跑法

最近国外医学会向世人推荐一种新型的运动方法——臂跑。顾名思义臂跑就是用运动手臂的方法代替跑步。医学研究表明，臂跑健身效果与跑步异曲同工。由于臂跑不受时空限制、运动强度较小，特别适合缺少固定锻炼时间的群体以及老年人。臂跑有四种基本动作：

（1）单车手：仰卧，手臂向上伸直，用手模拟脚蹬车的动作，做1~2分钟。

（2）飞翔：站立，两臂向身体两侧平伸，慢慢煽动手臂，进行鸟拍翅膀似的动作，做1~2分钟。

（3）打沙包：想像前面有一吊着的沙包，用拳头击打沙包，或与假想的对手拳击，做1~2分钟。

（4）抛球；将球抛向空中，然后将其接住，或将球抛向地面、墙面反弹接住。如果没有球可以模拟动作，每臂做10次。

8.跑楼梯

跑楼梯比在平地上跑步的运动量大，它兼有跑和跳两方面用力，这不仅使髋关节活动范围增大，下肢肌肉得到锻炼，而且还能加强腰腹肌的活动，达到消耗赘肉、强壮筋骨的作用。同时，跑楼梯不受气候限制，只要留心，在生活与工作中就能达到锻炼效果。

四、健康跑基本要求

1. 健康跑前准备活动要充分

无论何种跑步的方式，其强度都是比较大的。因此，在进行锻炼前一定要进行准备活动，使机体提早进入工作状态，降低肌肉的粘滞程度，防止运动损伤的发生。准备活动一般以走跑交替、徒手体操、简单的拉伸韧带、活动各个关节为主。时间一般控制在10~15分钟。如果运动强度与运动量较大，准备活动的持续时间相对延长。

2. 健身跑的强度控制

要真正达到有氧健身跑的锻炼效果，其强度一定要在靶心率的范围。靶心率或称运动适宜心率，是指能获得最佳效果并能确保安全的运动心率。运动适宜心率是取最大心率的60%~80%，约相当于57%~78%最大摄氧量。日本称为“目标心率”。国内外科研结果表明，最适宜的锻炼强度为65%~75%，即心率为130~150次/分钟之间。

通常最大心率的计算方法是：最大心率=220−年龄。经常参加运动的人最大心率=210−0.8×年龄。个人误差在±10次左右。例如，18岁学生的靶心率范围为：

（220−18）×60%=121次/分钟

（220−18）×85%=172次/分钟

通过以上计算就能得出该学生靶心率范围为121~172次/分钟。

在运动过程中确定运动强度的方法可采用以下标准：

心率160次/分钟的锻炼强度大约是80%；心率140次/分钟的锻炼强度大约是70%；心率120次/分钟的锻炼强度大约是60%；心率110次/分钟的锻炼强度大约是50%。

如果利用有氧健身跑进行减肥，它的强度如表10−4所示。

表 10-4 减肥运动强度

年 龄	心 率（次/分钟）
20~29 岁	125 ~ 135
30 ~ 39 岁	125 ~ 135
40 ~ 49 岁	115 ~ 130
50 ~ 59 岁	110 ~ 125
60 岁以上	110 ~ 120

3. 健康跑的时空控制

建议健康跑锻炼时间是下午 15:00–20:00，这是人体进行运动的最佳时间。根据美国运动医学会的建议，健康跑最好坚持一周 3 次以上，每次 30~60 分钟。此外，饭前、饭后不宜进行跑步。睡前 1 小时内不适合进行健康跑的锻炼，这样会影响睡眠质量。跑步时尽量选择人流车流少、通风、空气好的公园小径、学校操场等地方，而且最好是泥地、草地等有弹性的地面。

4. 健康跑的运动卫生

冷天跑步可以提高机体的适应能力和抗病能力，但是一定要注意保暖，准备活动要充分，防止感冒与运动损伤的发生。热天跑步，最好选择较凉快的清晨和傍晚，避免阳光直射与中暑的发生。风天跑步，注意呼吸的保护，防止风沙对呼吸系统造成不良的影响。雨天跑步，注意速度的控制，防止路滑跌倒现象的发生，运动后尽快换上干衣服。雪天跑步要戴好帽子和手套，跑步时步子要小，频率要快，注意保护眼睛，防止雪盲症的发生。室内跑步，选择通气良好的健身场所，降低流行疾病传染的几率。

5. 健身跑的装备

从事健身跑时，一定要选择舒适、鞋底柔软的跑鞋。合适的跑鞋不仅能够提高锻炼的效果，而且可以很好的保护脚、踝、膝、髋关节，延长脚、踝、腿、膝的寿命。衣着的选择要根据不同的天气有所区别，但大体上要选择透气、吸汗性好的服装。如果天气比较寒冷，还要戴上帽子、手套等防寒装备，防止冻伤的发生。

第三节 无痛苦跑步法

痛苦是一种最直接、最强烈的肉体或心灵反应。千百年来，人们就对医学的无痛领域进行了不懈的探索。进入 20 世纪 90 年代以来，世界范围内相继出现了无痛胃镜检查法、无痛苦分娩法、无痛创伤或手术法、无痛苦死亡法等无痛技术和理念，减少了患者的痛苦，促进了社会的进步。

然而，长期以来，传统耐力跑教学以其枯燥、乏味、痛苦和恐惧的特点，一直困扰着教育界和体育界。调查表明，半数以上的大学生厌烦跑步，在中小学 67%的学生不喜欢耐力跑，86.7%的大学女生不喜欢耐力跑锻炼，而 90%以上的学生对长跑有恐惧心理。这一数字，远远超出学生们对其他“达标”项目不喜欢的比例。而在不愿意跑步的大学生中，有50.9%的学生不愿忍受跑步的痛苦。传统观点认为，以顽强的意志品质克服“极点”的痛苦，从训练学的角度来说，固然不错，人类挑战极限必须克服自身的惰性，必须忍受常人所不能忍受的痛苦。然而，从健身的角度来看，大多数现代人在锻炼过程中更多的是寻求愉悦、放松、自然，因此，枯燥加上“极点”带来的痛苦是影响长跑效果的关键因素。

一、无痛苦跑步法的定义

无痛苦跑步法是一种在慢跑基础上通过转移注意力减少跑步痛苦和枯燥的方法，是跑步与想象、跑步与感觉相联系的跑步方法。跑步之前尽量缩小心理上可能产生的痛苦感觉，同时放大身心愉快程度。在跑步过程中，要严格控制速度，尽量使身体或精神都不感到非常难受。跑步者无需在较疲劳或较痛苦的状态下刻意坚持。每次跑步后程，都尽量要接近或达到痛苦的临界点（主观感觉），可走跑结合，不计时，不记名次。在跑步过程中，可以多运用情景联想、聊天、听音乐、思考问题等方法转移注意力。是一种比传统跑步更加人性化的锻炼方式。无痛苦跑步法既不是回避痛苦，也不是向困难妥协，而是寻找减少或减缓痛苦的方法。其目的不是追求短时的耐力增长效果，而是着眼于跑步锻炼的可持续发展。无痛苦跑步不是零痛苦，只是相对于“极点”痛苦而言。

二、无痛苦跑步与传统跑步的区别

无痛苦跑步侧重身体和心理感受，其目的不是从锻炼效果出发，而是在较轻松无痛苦的状态下逐渐减少对跑步的恐惧心理，并使之养成跑步习惯。慢跑是在控制速度的前提下侧重锻炼效果，尽管慢跑也强调以轻松步调跑步，其目的在于增进健康、增强体质、减肥防胖并求体态优美和心情舒畅。无痛苦跑也基于慢跑，但慢跑并非都无痛苦，有时为了达到某种锻炼效果可能要忍受很多痛苦，例如，长距离、长时间的坚持或为了减肥而忍受痛苦。两者的显著区别是锻炼的目的。无痛苦跑的基本内容及与传统耐久跑的对比见表 10–5 和表 10–6。

表 10–5　无痛苦跑步法的基本内容

名称	具体内容
情景跑步	头脑中构思出田园风光、乡间小道、朝霞满天、微风轻抚、林间小溪、名胜古迹等情景或意境
音乐跑步	一边听音乐（MP3），一边跑步
交流跑步	与同伴在跑步时聊天或交流
感受跑步	跑步中感受自己身体的细微变化，呼吸着新鲜的空气
欣赏与观察式跑步	欣赏沿途或周围的景物
自我暗示跑步	我能够接受这种方法，我感到很舒服，通过这种跑步，使我对跑步有了新的认识，我将终身受益
问题式跑步	带着某种思考和问题一边跑步一边思考

表 10-6　无痛苦跑与传统耐久跑的对比

项目	无痛苦跑步	传统耐力跑步
目的	培养跑步兴趣、减少恐惧心理	锻炼、提高、培养意志品质
精神方面	以人为本、因人而宜、量力而行	争先恐后、力争上游、坚持不懈
宣传方面	普及与可接受性、突出无痛苦感觉	跑步对身体与精神的好处
态度方面	把它当做心理医生或健康专家，去心平气和的咨询或请教	冷漠、缺少热情。它仅仅是一个项目，具有测验、锻炼或健身功能
表情方面	面目自然放松，最好面带微笑	无要求。（不自然、紧张、痛苦）
心理感受	好奇、尝试、紧张程度明显下降	不得以而为之、恐惧、痛苦
距离	第一阶段 600~1200 米 第二阶段 1200~2000 米	800~1200 米
速度	2.0~3.0 米 / 秒	2.5~3.5 米 / 秒
心率	120~140 次 / 分钟	130~160 次 / 分钟
安全性	安全隐患明显减少	存在一定程度的安全问题
接受程度	易于接受　55%~60%	较难接受　8%~12%
途中要求	平常心态、不追不赶、量力而行	加油、坚持、别落后
承载的内容	兴趣、参与、当做一项普通运动	意志品质、健康、耐久力

三、无痛苦跑步法的教学步骤与方法

（一）教学步骤

1. 认识与适应阶段（强迫无痛苦跑阶段）。目的是使学生了解、认识、对比无痛苦跑步法与传统跑步的异同。

2. 为自由无痛苦跑阶段。

（二）教学方法

1. 无痛苦跑步的宣传与动员。

2. 无痛苦跑心理活动引导内容，尽量不考虑跑步曾经带来过的痛苦，或是缩小痛苦，放大身心愉悦程度，放大跑步带来的益处。

3. 以体验用跑步的姿势完成普通走的速度。

4. 反复体验各种跑步速度，从而确定自己适宜的速度。对有跑步基础的人来说要控制节奏；对没有跑步基础的人来说要严格控制速度，特别是前 100 米。让学生反复体会 100 米距离的 3 种不同跑速（35 秒、40 秒、45 秒），并发给每个学生一份强度对照表，以此来确定自己适合哪种速度（表 10-7）。

表 10-7　运动负荷自我评定

运动负荷	100%	90%	70%	60%	50%	40%	30%
自我感觉	剧烈痛苦	很痛苦	痛苦	稍痛苦	稍轻松	轻松	很轻松
心率	185 以上	175	165	150	135	110	90 以下
其他感觉	全身不适	呼吸困难	忍耐坚持	感到紧张	具有快感	稍有出汗	无感觉

5. 学习呼吸方法与呼吸节奏，掌握呼吸与跑步频率的配合要领。呼吸较均匀，以跑步过程中可聊天、说话不气喘吁吁，对流畅为宜。

6. 学习自己测量脉搏。

7. 由学生骨干领跑，以此控制节奏（第二阶段也可不用领跑）。

8. 组织形式不要求全班同学统一列队跑，不计时间，不记名次。但应有一个相对统一的距离，根据场地情况，最好在整圈的起终点处，便于大家集中休息也便于教师监测脉搏和讲解。

9. 无痛苦跑步法的技术与其他技术大致相同，只是步幅应相对小一些。这样有利于加强节奏感、有利于呼吸、有利于节省体力。

10. 第一阶段每次跑完后，让学生即刻测脉搏，以了解情况，调整节奏。

第四节　游　泳

一、熟悉水性练习

熟悉水性是初学者必经的阶段，目的是了解、体会水的特性，熟悉水的环境，消除怕水心理，学习掌握一些基本的游泳动作，如呼吸、浮体、滑行、站立等，为下一步学习游泳技术打好基础。根据学动作先易后难的道理，熟悉水性可以做下面的几个练习：

（一）水中行走及头浸水练习

目的是掌握身体在水中维持平衡的能力，消除怕水心理。

1. 在浅水中手扶池壁或拉住同伴的手向不同方向行走。

2. 手扶池壁或拉住同伴的手做脸或头部浸入水中的练习：先用嘴吸足一口气然后慢慢下蹲，脸或头部轻轻放在水中，停留片刻后起立，在水面用口、鼻呼气。此练习可反复做，逐渐增加练习次数，增加头浸水中的时间。

（二）呼吸练习

游泳时吸气与呼气之间有明显的闭气阶段，而且是用口吸气，呼吸还要与头部的动作相配合，这些都与人们在陆上呼吸方式有明显的不同，在陆上人们一般是用鼻子吸气，用嘴呼气；而游泳时则是用口吸气，用嘴和鼻呼气。因此，在熟悉水性阶段，应先学习和掌握游泳的呼吸方法。

1. 扶池壁或拉住同伴的手，吸气后头浸入水中憋气几秒钟，然后头露出水面换气，逐渐延长憋气时间到十几秒钟（图 10–1）。

2. 同上练习。但头放入水中停留几秒钟后用口慢慢将气呼出。

3. 同上练习。但呼气后头露出水面，用口立即吸气，再把头放在水里。

上述练习连续有节奏地做，体会吸气——憋气——呼气动作。

（三）浮体练习

目的是体会水对人体的浮力，学会控制身体在水中平衡的能力和漂浮方法。

图 10–1　吸气与呼气练习

1.　团身浮体

站在浅水中，深吸气后，身体下蹲并憋气、低头、两臂抱膝团身，由于水的浮力作用，身体会漂浮起来。还原时稍抬头，两臂向下向后划水，两脚向下伸而站立水中（图 10–2）。

图 10–2　团身浮体

2.　直体浮体

在浅水中，两臂前伸，上体稍前倾，吸足气后两脚同时蹬池底，身体平卧水中，腿臂自然伸展。还原时，抬头、收腹收腿，向下伸腿，两臂往后下方压水即成水中站立（图 10–3）。

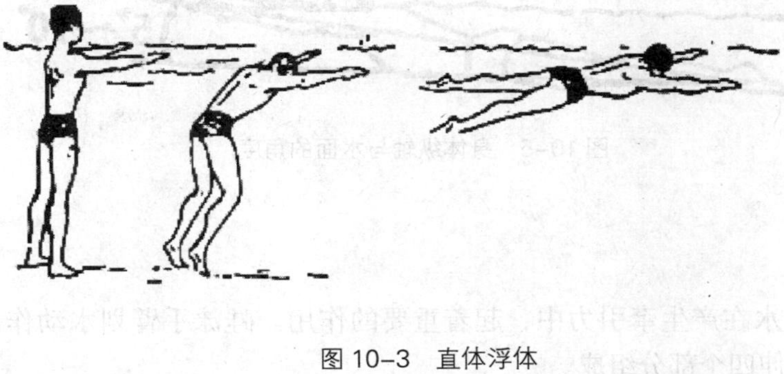

图 10–3　直体浮体

（四）滑行练习

这是熟悉水性的主要练习，目的是掌握身体的平卧和滑行，为学习游泳技术打下基础。

站在浅水中，背对池壁，两臂前伸，深吸气后头放入水中，两脚蹬池壁或池底，使身体向前滑行（图 10–4）。还原方法与直体漂浮练习相同。

在基本掌握上述熟悉水性的几个练习后，就可以过渡到学习游泳技术阶段了。

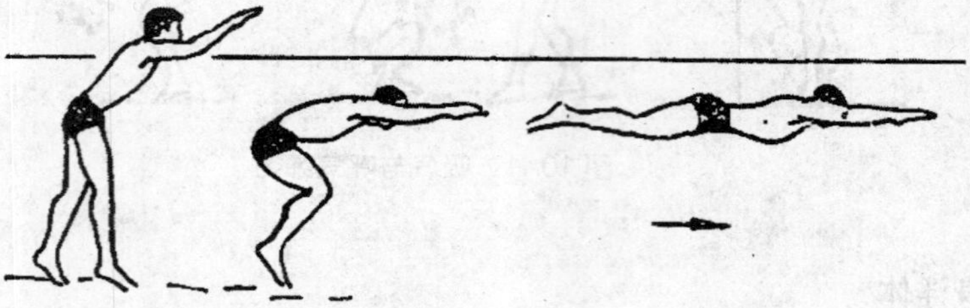

图 10–4　滑行练习

二、蛙　泳

(一) 蛙泳的基本技术

蛙泳的基本技术是身体保持平卧姿势，两肩与水面平行，两臂和两腿的所有动作应是同时的、对称的，并应始终保持在同一平面上进行，不得有交替动作，手臂划水后不得出水面。

1. 身体姿势

蛙泳的身体姿势要求俯卧在水中，微抬头，稍挺胸，使身体的纵轴与水平面成 5°~10°（图 10–5）。当抬头吸气时，头部和肩部应处于水面的最高点上。吸气时应伸颈抬头，吸气后屈颈低头，头部可以全部没入水中。头部上下动作的幅度要适度，过高抬头或没人水中过深，都会使肩部起伏过大，增加身体前进的阻力，影响游进的速度。

图 10–5　身体纵轴与水面的角度

2.　臂部动作

蛙泳的手臂划水在产生牵引力中，起着重要的作用。蛙泳手臂划水动作由抱水——划水——收手——前伸四个部分组成。

(1) 抱水：当身体滑行的速度开始下降时，两臂向前下方伸出，两手前伸离水面深约 20 厘米时，两臂内旋，两手掌外翻，并屈腕，在体前形成一个抱水的支撑面。

(2) 划水：当抱水形成时，掌心向外、双臂向下斜方划水。当两手划水相距约 30 厘米时，开始逐渐屈臂提肘，同时用力加速沿弧线做屈臂划水动作，形成高肘，随即向内划水。

(3) 收手：当高肘划水完成后，随着两臂的屈肘，不停顿地向内划水，即开始做收手动作，这一动作称为收手。它划水至向前伸臂的过渡动作，同时也是蛙泳技术动作的难点之一（图 10–6）。收手的动作要领是：当划水结束时，前臂和手向内，双肘逐渐向内、向下靠（靠近身体），双手手掌倾斜相对，以减少阻力。

图 10–6　收手

(4) 前伸：当两手臂收手到下颌前时，手臂迅速前伸，同时掌心转向下，两臂自然靠拢、前伸，肩部和身体尽量伸展、放松，向前滑行，并积极准备下一次的划水动作。整个蛙泳手臂划水路线近似"桃形"。

3.　**腿部动作**

蛙泳腿蹬水，是推动身体前进的主要动力，在蛙泳中起着极大的作用。蛙泳腿部动作的全过程由收腿——翻脚——蹬夹水——并拢滑行四部分组成。

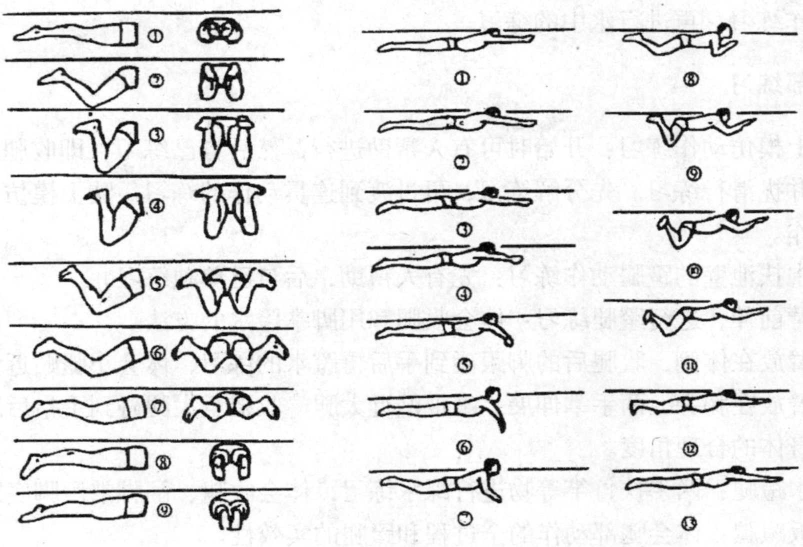

图 10–7　腿部动作

(1) 收腿：当身体滑行后，两腿逐渐边分边收，屈膝和屈脚慢收腿，收腿完成后，大腿与上体之间的夹角约 130°左右，两膝之间的距离约与肩同宽，两脚跟尽量靠近臀部。收腿速度要慢，以减少收腿所产生的阻力（图 10–7①~③）。

(2) 翻脚：即翻脚掌，是收腿之后蹬水之前的准备动作。当收腿后的两脚跟靠近臀部时，随即两脚掌外翻，同时大腿内旋，两膝稍向内，使两足内踝和小腿内正对着蹬水的方向，脚掌和大腿、小腿内侧之间形成一个最有利的蹬水支撑面，达到蹬水最佳的效果（图10–7④）。

(3) 蹬夹水：当翻脚掌完成后，立即以大腿发力，通过伸髋和伸膝，不停顿地做向外、向后和向内的鞭状蹬夹水动作，完成蹬水。整个动作要用暴发力，一气呵成。注意蹬夹水是一个面，避免一条线（图10–7⑤~⑧）。

(4) 并拢滑行：当两腿鞭状蹬水后，随着蹬水动作的惯性，两腿并拢伸直，做滑行运动。整个腿部动作可归纳为四句话：边收边分慢收腿，翻好脚掌对准水，向后用力蹬夹腿，双腿并拢漂一会儿（图10–7⑨）。

4. 臂、腿和呼吸的配合技术

蛙泳的技术动作比较复杂，整个动作的关键是协调配合，配合得好，获得推进力就大。蛙泳技术多采用臂划水一次、腿蹬夹水一次、呼吸一次的配合技术。其臂、腿动作配合可归纳为四句话：划手腿不动，收手又收腿，先伸臂后蹬腿，臂腿并拢漂一会儿。蛙泳的呼吸多采用中晚呼吸技术，它的动作是与臂部动作协调配合的。划水将要结束时即开始在水下用口和鼻同时平缓呼气，抬头将嘴露出水面，继续用力完成呼气动作，并立即用嘴进行强而深的快速吸气。收手和伸臂时将头放平，稍闭气后，用鼻和口慢慢吐气，直至下次呼吸的循环动作。

（二）蛙泳的练习方法

学习蛙泳技术，首先从腿部动作开始，然后再学习臂部、臂腿配合和呼吸动作。先进行陆上模仿动作练习，再进行水中的练习。

1. 腿部练习

(1) 陆上模仿动作练习：开始时可有人帮助进行，然后自己练习，即收腿——翻脚——蹬夹腿——并拢滑行练习。先分解练习，再过渡到连贯动作的练习。陆上模仿中，要特别强调翻脚掌动作。

(2) 水中扶池壁的蹬腿动作练习：先有人帮助，后自己单独练习。

(3) 两臂前伸，进行蹬腿练习：体会收腿和用脚掌蹬水的方法。

(4) 两臂放在体侧，收腿后的脚跟碰到手后再蹬水的练习，体会小腿贴近大腿的感觉。

(5) 两臂放在胸旁，两手掌伸展，掌根贴近大腿，收腿至大腿碰到手指后蹬水，体会收腿后大腿与身体的合理角度。

(6) 踩水蹬腿：两手扶竹竿等物进行踩水练习，体会收腿、翻脚掌用脚底蹬水的感觉。

(7) 扶扳蹬腿：体会腿部动作的全过程和蹬腿的实效性。

2. 臂部练习

(1) 陆上模仿练习。

(2) 站在浅水区进行划臂动作练习：滑行练习——体会手掌及前臂的抱水动作；划水练习——体会“高肘”划水动作和胸部抬出水面动作；划臂练习——两腿并拢伸直，体会腰部用力及身体与手臂的协调配合动作。

(3) 臂腿配合动作练习：先做陆上模仿练习，再做慢节奏的分解动作配合游。动作熟练掌握之后，再用最佳的技术动作游。其分解动作配合游的练习方法如下：划臂时，两腿伸直，当划水回手两臂在肋下时，屈膝收腿。当两臂前伸伸直时，初学者要强调两臂伸直后，才开始蹬腿，然后滑行 2~3 秒后再开始做下一次的配合动作。

(4) 呼吸练习：先进行小臂划水早呼吸的练习，逐渐过渡到晚呼吸的练习。体会呼吸的方法与时机。其练习方法是两臂伸展时，蹬腿，稍憋气呼气。蹬腿结束时，两臂向两侧稍分开，屈肘向后划水，抬头吸气。划臂的全过程在肩前小幅度完成。

三、自由泳

(一) 自由泳的基本技术

自由泳技术由五个部分组成，即身体姿势、腿部动作、臂部动作、呼吸技术、完整动作配合。

1. 身体姿势

自由泳时身体自然伸展，几乎水平地俯卧在水面，稍收腹，含胸，臀部接近水面，双腿自然伸直，脚稍向内扣，脚面绷直；身体纵轴线与水面构成 3°~5°角。头稍抬，水面在前额发际之间，目视前下方，头部轴线与水面构成 20°~30°角。

自由泳在游进时，身体要不停地绕纵轴线转动，角度为 35°~45°。以腰部转动为主，即以腰为轴带动肩，加上双腿的交替协调配合完成。在整个转动过程中，头要保持相对的稳定，同时配合肩部的转动完成移臂和划水过程。其优点是便于手臂出水后的空中自然前移，可大大缩短移臂的半径，使肩臂处于相对放松状态，有利于臂划水动作的完成，维持身体平衡及最大限度地发挥肩带肌群、胸大肌、背括肌的力量，有助于呼吸动作的完成。因此，转体技术是掌握自由泳的关键。

2. 腿部动作

自由泳的腿部动作，以维持身体平衡为主。双腿交替上下打水，产生一定的上升力和推进力，将身体保持纵向平衡。由于自由泳转体造成身体的偏移，同样需要打水动作调整其横向平衡。其次是协调双臂的划水、移臂，产生一定的推进力。技术要领是，两腿自然伸直，脚稍向内扣。打水时，要以髋、膝、踝三个支点为轴，利用杠杆原理，做复杂的鞭水动作。整个过程分为向下打水和向上打水。

(1) 向下打水过程：以髋关节先发力→大腿→小腿→踝→脚尖，即以髋部先发力，利用鞭打动作传递至大腿、小腿、踝，最后将全部力量集中于脚尖，向后下方踢出，整个过程俗称“下鞭动作”。在下鞭过程中，踝关节的灵活性对前进的作用有很大的影响。向下打水时，除了产生上升力外，还可产生向前的分力。其分力的大小取决于打水的力量和踝关节的灵活性。

(2) 向上打水过程：当向下打水过程结束，利用向下打水时产生的反作用力，由大腿带动小腿、踝自然地向上抬起至水面。当脚升至水面，完成向上打水过程。在整个过程中，由于腿上抬受到水的阻力，产生一定的下沉力。因此，在向上打水时，力量要小，速度较慢。

(3) 双腿交替打水动作：当一条腿向下打水时，另一条腿自然向上打水。向上打水要自然，相对放松，为向下打水做准备。向下打水要时脚背绷紧、加速，用爆发力做下鞭动作。

双脚垂直距离以30~40厘米为宜。

3. **臂部技术**

自由泳的划臂是推动身体前进的主要动力，其划水效果的好坏，直接影响自由泳的速度。自由泳在游进时，双臂轮流交替进行划水，其划水截面，主要是依靠手掌、前臂内侧协同上臂和肩部，共同形成一个划水的支撑面。臂的技术可分为五个部分，即入水、抱水、划水、出水、空中移臂。

(1) 入水：臂入水时，要求肘关节高于手，手指自然拼拢伸直向斜下方切拨入水（掌心稍向外侧）。入水点在肩的纵轴线上或在肩和身体的纵轴线之间。入水的顺序为手——前臂——上臂——肩依次自然切入水中，避免溅起大的水花（图10–8①）。

(2) 抱水：臂入水后，应积极插向前下方，并逐渐转肩、屈肘、屈腕，肘关节屈至150°左右，整个臂、手像抱一个大圆球一样，这时肩带肌群充分拉开，并以手、臂、肩形成一个对水的支撑面，为划水动作创造有利的条件。抱水技术的好坏直接关系到划水的效果（图10–8②）。

(3) 划水：划水是指从手臂与水平面成40°起，向后划至与水面成15°~20°止的这一动作过程。这是获得推进力的主要阶段。这个阶段又分两部分，即从整个臂部划至肩下方与水平面垂直之前称拉水，过垂直面后称为推水。

拉水是直臂到屈臂的过程。抱水结束时，屈肘为150°左右。拉水时，前臂的速度快于上臂，继续屈肘。当臂划至肩下方时，手在体下靠近身体中线，屈肘90°~150°。整个拉水应保持高肘姿势，使手和前臂能更好地向后划水。从拉水到推水，应连贯地加速完成，中间没有停顿，要始终感觉手对水的支撑，并要使肩、上臂、前臂也向后划动，同时肩部后移，以加长有效的划水路线。向后推水是通过屈臂到伸臂来完成的。为了使前臂、手掌能以最大的面积推水，在推水中肘关节要向上、向体侧靠近。在推水过程中，为了使手掌始终与水平面保持垂直，推水时要逐渐放松腕关节，使手伸展开，与前臂构成200°~220°角。整个划水动作，手的轨迹是向下——向后——向上。俯视划水路线呈“S”形。

(4) 出水：在划水结束后，臂由于惯性的作用而很快地接近水面。运动员立即借助三角肌的收缩将臂提出水面。出水时，肩部和上臂几乎同时出水，但肩部稍微早一些，掌心朝后上方。手臂出水动作必须迅速而不停顿，前臂和手掌应尽量放松（图10–8③）。

(5) 空中移臂：臂在空中前移的动作是手臂出水的继续，不能停顿。移臂时，动作应放松自如，尽量不破坏身体的流线型，并和另一臂的划水动作协调一致。在手臂提出水面前移的前半部分，前臂和手的动作较慢，落后于前移的肘关节。移臂完成一半时，肘部继续弯曲。屈肘程度取决于运动员肩关节灵活性和身体绕纵轴转动的程度。臂移至肩部时，手和前臂赶上肘部，并逐渐向前伸出。掌心也从后上方转向前下方，接着做入水准备动作。在整个移臂过程中，肘部应始终保持比肩部高的位置。在自由泳划臂的整个周期中，动作是不停顿的，有节奏的。随着阶段的不同，各部分所有的力量也不同，动作速度也有所区别。

(6) 两臂配合技术：自由泳中两臂的正确配合，是保持前进速度均匀性的最重要的条件之一。划水时，依照双臂所处位置的不同，可以分为三种交叉形式，即前交叉配合——一臂入水，另一臂处于肩前方；中交叉配合——当一臂入水时，另一臂处于肩下垂直部位，与水平面构成90°角左右；后交叉配合——当一臂入水时，另一臂划水至腹部下方，与水平面构成150°角左右。

4. **呼吸技术**

自由泳呼吸动作是有节奏地进行的。呼吸频率取决于动作频率，一般在两臂交叉各划一次过程，完成一次呼吸动作，即呼气、吸气和暂短的闭气过程。呼吸时利用右（左）臂推水的反作用力，（向侧后方）转体、转肩、转头，使口露出水面，同时，（在臂前移过肩之前完成）加速呼气，随即用口迅速深吸气，然后将头转至闭气，臂随之前移入水至第二次（左臂）前移动作（图 10–8⑤⑥）。

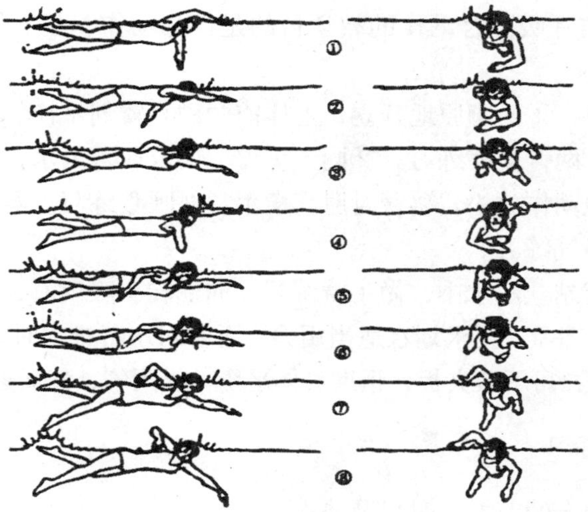

图 10–8　自由泳完整技术

5. **动作配合**

完整的配合技术是运动员匀速地、不间断地向前游进的保证。自由泳的配合动作有两腿打水六次、两臂划水各一次、呼吸一次的配合游法，简称 621；两腿各打水两次、两臂划水各一次，呼吸一次，简称 421；两腿各打水一次、两臂各划水一次、呼吸一次的配合技术，简称 221。另外，还有采用不规则打水、交叉打水等多种形式的配合技术。

（二）自由泳的练习方法

学习方法一般以打腿为先，然后是臂部技术、呼吸及配合技术。其中打腿是基础，臂划水是重点，呼吸是关键。

1. **腿部动作练习方法**

目的是建立打腿的概念，体会鞭状打腿（踢腿）的感觉和动作过程。

（1）陆上模仿练习：①坐在池边或岸上，双手后撑，做绷直腿的打水练习，体会上下打水的感觉和双脚间距。②俯卧池边、台阶或长凳上做大腿带动小腿的打水练习。③坐在池边，双手后撑，双脚插入水中，做向前踢水的动作，先做单脚的踢水动作，然后再做双脚交替动作。体会用脚尖踢水的感觉（下鞭动作）。

（2）水中练习：①手推池槽，身体成俯卧水平姿势，做直腿打水练习，要求脚面绷直，双腿勿弯曲，上下打水间距不要过大，不能漂浮者，可由另一人托腹部辅助练习。②反手握池槽，身体成仰卧在水中，先做直腿打水，再做鞭状动作的向上踢水动作，体会脚尖踢水的感觉（类似颠球的感觉），要求将水花向后踢，双腿间距不宜过大。③身体俯卧水面，双臂前伸，头夹在两臂中间，进行滑行打水练习，体会打水的推进作用。④双臂伸直放松，双手扶板或平贴在打水板面上，肘不要超过板的末端，身体平卧，双肩在水面下，脸向前，目视前方，做扶板打水练习。可以进行头入水闭气打腿，也可以配合转头呼吸练习。

2. 臂动作练习方法

手臂动作和手臂与呼吸配合动作的教学目的是体会动作，建立划水（抱水、拉水、推水）、移臂的正确概念。

(1) 陆上模仿练习：①两脚原地开立，上体前倾做直臂划水模仿练习。重点体会空中移臂动作和臂入水动作，两臂交替练习。②同上练习。要求屈臂划水，着重体会划水路线。除划水阶段用力外，其他动作放松。移臂时肘高于手。③呼吸练习。两脚开立，上体前倾，两手扶膝，做向侧转头吸气练习。

(2) 水中练习：①站立浅水中，做手臂练习。向侧转头吸气时，头不要抬高。②同上练习，由原地过渡到走动练习。要求划水适当用力，手掌对水，推水时掌心向后。③蹬边滑行，做两臂配合的划水动作，可下肢夹板，帮助身体平衡。先闭气，然后逐步增加呼吸次数。

3. 完整配合动作练习

学习、体会完整配合的节奏、时机及要求。

(1) 陆上模仿练习：①俯卧凳上做臂、腿配合模仿练习。②同上练习，加呼吸动作配合。

(2) 水中练习：①滑行打腿，一臂前伸，另一臂划水。②滑行打腿，配合两臂分解划水练习。③滑行打腿，两臂用前交叉或中交叉配合轮流划水练习。④同上练习，由划臂数次，呼吸一次，逐渐过渡到两臂各划一次、呼吸一次的练习。

逐渐加长游距，在练习中改进动作。

第五节　滑雪运动

一、滑雪运动的由来

滑雪运动有着悠久的历史。“滑雪”这个词始于古挪威语" skith"（雪鞋）。据考证，早在五千年前，在北欧、西伯利亚、乌拉尔山脉周围和中亚细亚、中国的北部等地已有人滑雪。

世界上最古老的滑雪板发现于芬兰的卡鲁夫瑞斯库和瑞典的豪汀，据炭粉鉴定为公元前2500年前的物品。在芬兰卡鲁夫瑞斯库发现的雪板，很像神话故事中的冬神渥鲁穿的雪板，其一支板窄而长（2–3米），用于滑行，另一支板宽而短，在滑行面粘着毛皮用于走路。据查最古老的雪鞋是加拿大和西伯利亚的爱斯基摩人在冻土带的雪地上使用的。

二、滑雪运动的发展

滑雪运动起源于欧亚大陆北部极度寒冷的地区。最初，由于寒冷的冬天给人们的生活带来不便，为了在这种恶劣的自然环境下求得生存，人们也许是用皮带把大片兽骨绑在皮靴上，作为滑雪的工具，使得人们可以在浩瀚的林海雪原中任意驰骋、追寻猎物，从事生活、生产活动。据有些史料记载，滑雪起源于北欧的挪威，距今约4000年。也有资料称滑雪运动的发源地是中国与俄罗斯交界的阿勒泰地区。

随着时代的推移，滑雪的实用价值已逐渐降低，由于它更贴近自然，贴近生活，被人们广泛接受，演变成了现代的竞技运动和旅游项目。人们在滑雪过程中，通过自我控制和调节，可充分领略其中的乐趣，增强体质。在美国，喜爱滑雪的人有800万之多。国际体育用品联合会公布的1996年十大最受欢迎的体育运动中，滑雪运动名列榜首。在我国，据有关部门统计，每年到滑雪场去体验滑雪感受的人数已达上万人次，而且呈逐年上升趋势。

三、我国滑雪运动的概

1949年新中国成立后，党和国家非常重视滑雪运动的发展。1957年在吉林省通化市江南滑雪场举行了第一次全国滑雪比赛。1959年举行了首届全国冬季运动会。1979年11月国际雪联决定接纳中国为临时会员，1981年5月16日成为正式会员。1984年7月中国滑雪协会正式成立。

我国现有的滑雪场主要有黑龙江的亚布利滑雪场、吉林的北大湖滑雪场，松花湖滑雪场，长白山滑雪场以及新疆的天山滑雪场等。就综合条件来看北大湖滑雪场和亚布利滑雪场都具备完善的高山滑雪场所必备的条件，适合滑雪爱好者开展滑雪运动和旅游滑雪项目。

滑雪运动从所处地理条件来说可分为越野滑雪、高山滑雪两大类。越野滑雪起源于北欧的挪威，主要是在平原或地形起伏不大的丘陵地带开展，是主要的代步工具。高山滑雪起源于欧洲的阿尔卑斯山区所以也称阿尔卑斯滑雪，主要是在地形起伏较大的山区开展这项活动。就娱乐性、刺激性、挑战性来说，高山滑雪对人们的吸引力最大，从事高山滑雪运动的人数也最多。这两种滑雪运动所使用的滑雪器材和滑雪技术完全不同。就我国来说，开展高山滑雪运动的条件比开展越野滑雪运动的条件要好，以上所提到的北大湖滑雪场、亚布利滑雪场都是标准的高山滑雪场，可供不同技术水平的滑雪爱好者开展滑雪活动。

四、滑雪运动的演变

就高山滑雪技术而言，主要分为滑降技术和转弯技术两大类。学习滑降技术主要是学会在高速滑行运动中保持重心，滑降技术是滑雪技术的基础，必须掌握。由于高山滑雪是由山上向山下滑行，其过程为加速运动，太快的滑行速度使滑雪者不容易控制滑雪板而产生危险，但转弯技术可将加速运动控制为匀速运动或减速运动，从而使滑雪者能自如操控滑雪板滑行。转弯技术是滑雪技术的精华所在，学习起来难度很大，要有很大的耐心。

参加高山滑雪运动需要的器材主要包括高山滑雪板、滑雪靴、滑雪杖、全封闭滑雪镜、滑雪手套等。

滑雪运动的基本含义是指人们成站立姿态，手持滑雪杖、足踏滑雪板在雪面上滑行的运动。“立”“板”“雪”“滑”是滑雪运动的关键要素。

滑雪运动从历史变革角度可划分为古代滑雪、近代滑雪、现代滑雪；从滑行的条件和参与的目的可分为实用类滑雪、竞技类滑雪和旅游类（娱乐、健身）滑雪。实用滑雪是将滑雪升华为在特定的环境条件下，运用比赛的功能，达到竞赛的目的。娱乐健身（旅游）滑雪是适应现代人们生活、文化需求而发展起来的大众性滑雪。

以上三类滑雪运动，从其所要求的器材、场地、设备及运动技术的形式来看，要达到的目的虽基本相同，但作用和其他一些方面还是有很大差异。

滑雪运动（特别是现代竞技滑雪）发展到当今，项目不断地增多，领域不断在扩展，目前世界正规比赛的大项目分为高山滑雪、北欧滑雪（越野滑雪、跳台滑雪）、自由式滑雪、冬季两项滑雪、雪上滑板滑雪等。纯竞技滑雪具有鲜明的竞争性、专项性，相关条件要求严格，非一般人所能具备和适应。旅游滑雪是出于娱乐、健身的目的，受人为因素制约程度很小，男女老幼均可在雪场上轻松、愉快地滑行，饱享滑雪运动的无穷乐趣。由于高山滑雪具有惊险、优美、自如、动感强、魅力大、可参与面广的特点，故高山滑雪被人们视为滑雪运动的精华和象征，更是旅游滑雪的首选和主体项目。通常情况下，评估人们滑雪技术水平的高低，多以高山滑雪为尺度。

近期出现的旅游滑雪项目还有单板滑雪、超短板滑雪、越野滑雪等。其中越野滑雪是在低山丘陵地带（平地、下坡、上坡各约占 1/3）长距离滑行，虽然远不如高山滑雪的乐趣和魅力，但从安全和健身角度而言，更具有广泛的参与性。超短板滑雪、单板滑雪（双脚同踏一只宽大的雪板）比高山滑雪更具有刺激性，技术更灵活，在中国尚未普遍开展。

高山滑雪的规范竞赛项目有滑降、超级大回转、大回转、回转、全能等。高山滑雪的技术种类很多，如不同的滑雪技术；多变的转弯技术；应急的加速、减速、停止技术；惊险的跳跃技术及特殊技术等。一般初学者应根据自身的素质、年龄、滑雪基础、场地条件、可投入的时间等因素，选取滑雪入门的最优方案。初学者切忌求急、随意、莽撞，因滑雪运动是在滑动中操纵技术，重心不易控制，易形成错误动作，故应在入门的那天起，就应在专业技术人员严格指导下，在姿势、要领、动作方面做到三正确，从练习基本动作起步，扎实掌握滑雪技术，为以后的提高奠定基础。

第六节 健美运动

一、健美运动简介

健美运动起源于欧洲，最初叫“健身运动”，英文为“Body Building”，意为“身体建设”。健美运动曾经是举重运动的一部分。

健美运动是以表现人体健、力、美，采用器械或徒手的各种练习手段，有效地发达肌肉，改善体型、体态，增强体质，陶冶情操的一项体育运动。

二、健美体型标准

根据我国具体情况，健美专家和人体美学研究人员提出了一个博采众家的健美十条标准：

（一）骨胳发育正常，身体各部位结构和谐，比例适度、匀称和给人以健壮之感。

（二）男子肌肉发达均衡，有较好的力度和清晰度。女子体态丰满而无肥胖臃肿之感，肌肉有一定力度。

（三）五官端正，头部与五官位置比例协调。

（四）双肩对称，男宽女圆，微显下削。无耸肩、垂肩或缩脖。

（五）脊柱呈正常生理弯曲。肩胛骨无翼状隆起和上翻之感。

（六）胸部宽厚，比例协调。

（七）腰围呈圆柱形，腹部扁平，腹肌垒块隐现，左右对称。女子腰围比臀围细二分之一。

（八）臀部圆满结实，男子鼓实微呈上翘，女子丰满而不显下坠。

（九）下肢修长且不纤细，大腿肌肉结实但线条清晰柔和，小腿肌肉丰满圆实，腓肠肌位置较高并稍突出。两脚无内扣和外撇之不足，且足弓高。直立时两腿并拢两大腿间无缝隙。

（十）整体观给人以健壮而不臃肿，苗条而不纤细，丰满而不肥胖，形态适度，比例匀称，俊美靓丽之感。

归纳起来，健美就是骨骼美、肌体美、姿态美和心态美。

三、各部位肌肉的主要锻炼方法

（一）手臂肌肉群的练习方法

1. 前臂屈伸练习（主要发展肱三头肌）

（1）方法：两手握住杠铃，两肘高抬，肘尖向上，置杠铃于颈后；然后用伸前臂的力量将肘伸直，将杠铃举过头顶。用力时吸气，举过后呼气（图 10–9）。

（2）要点：肘部不要外展，上提时稍快，下落缓慢。

2. 弯举练习（发展肱二头肌、肱肌、前臂肌群）

（1）方法：双手反握杠铃，手臂自然下垂伸直，然后用力屈臂使杠铃举到胸部前，再慢慢还原。屈肘时吸气，放下时呼气。

（2）要点：练习时上体不可摆动不定，弯曲时稍快，伸臂时稍慢（图 10–10）。

图 10–9　前臂屈伸练习

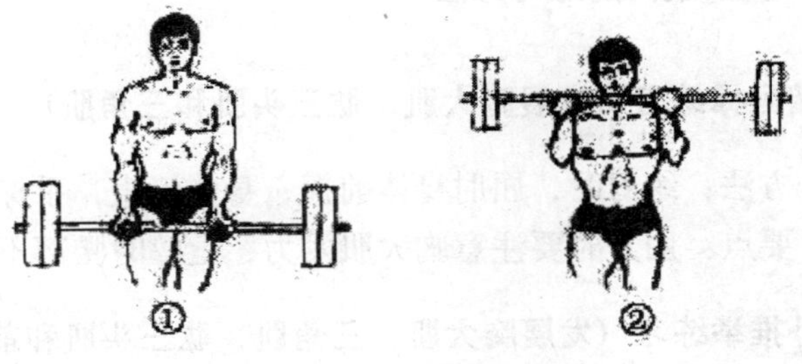

图 10–10　弯举练习

3. 腕弯举练习（发展前臂屈（伸）腕肌、屈指肌、手肌等）

（1）方法：两脚开立，两手反握杠铃，将肘关节垫放在凳上或膝关节上，成固定状，手腕伸腕由下往上翻卷，然后还原，练习时呼吸保持自然。

（2）要点：每个动作幅度尽量做到最大，快慢节奏要控制好。

（二）肩部肌肉的练习方法

1. 后肩上推举练习（发展三角肌、斜方肌）

（1）方法：两手握住杠铃架在后肩上，然后用力把杠铃推起，至手臂完全伸直后再还原，注意动作从吸气开始，还原时呼气（图 10–11）。

（2）要点：推起杠铃时，身体应直立，放下杠铃时，动作应稍慢，注意放下的位置，不要碰到颈椎。

2. 手臂绕环练习（发展三角肌中部、前部肌肉）

（1）方法：两臂伸直持哑铃在体前交叉，做双臂向外大绕环，向上举开始吸气，向下还原时呼气（图 10–12）。

（2）要点：不要耸肩，下放要彻底；动作要自然、幅度尽量大。

3. 俯卧展翅练习（发展三角肌后部、斜方肌）

（1）方法：俯卧在凳上，两臂向上抬举哑铃至水平位置成飞鸟姿势，然后还原。振臂前吸气，放松还原后呼气（图 10–13）。

（2）要点：飞鸟时维持最大肌紧张 6 秒左右。

图 10–11　后肩上推举练习

图 10–12　手臂绕环练习

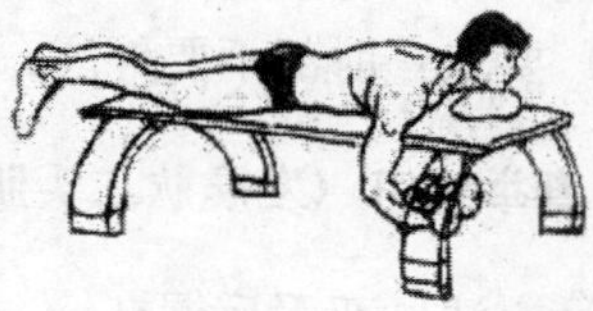
图 10–13　俯卧展翅练习

（三）胸部肌肉的练习方法

1. 俯卧撑练习（发展胸大肌、肱三头肌和三角肌）

（1）方法：练习时，屈肘身体前探，身体挺直，手撑距比肩宽。起吸落呼。

（2）要点：用力时要注意胸大肌发力，上撑时腰部不得下塌或屈体。

2. 卧推举练习（发展胸大肌、三角肌、肱三头肌和前锯肌）

（1）方法：仰卧在专用运动凳上，双手握杠铃与肩同宽或稍宽于肩，放在胸部上，两肘自然外展,然后用力将杠铃垂直往上推，推至手臂伸直，上推时应憋气,推出后呼气(图10-14)。

(2) 要点：在整个发力过程中，躯干呈弯月状，做到挺胸、沉肩，使胸大肌彻底收缩。

3. 仰卧扩胸练习（发展胸部肌肉）

(1) 方法：仰卧在专用运动凳上，双手握哑铃（两手相对）于胸前，臂与身体垂直，开始两臂慢慢向侧下分开（微屈肘）置于体侧下，胸部要挺起，腰部不触凳，仅肩背部和臀部着凳；胸大肌用力收缩，两臂内收到胸上伸直，然后两臂侧分（图 10-15）。

(2) 要点：在上举过程中，手臂不要翻转，下落要缓慢。

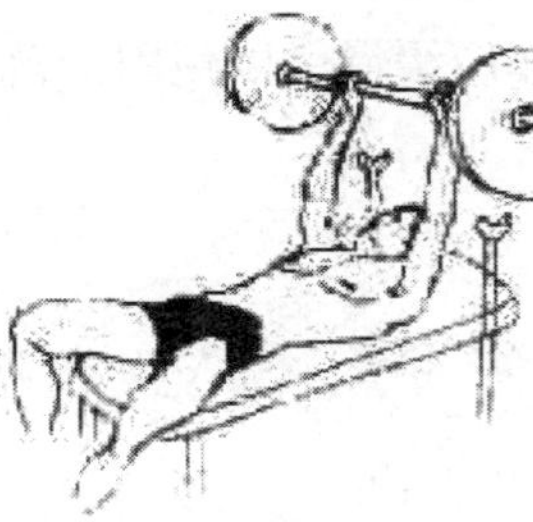

图 10-14　卧推练习

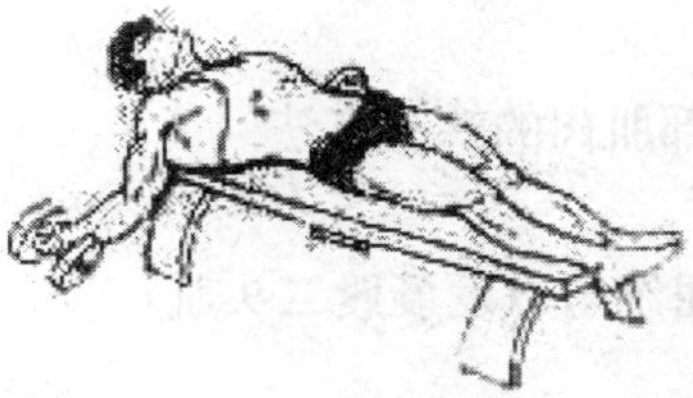

图 10-15　仰卧扩胸练习

(四) 背部肌群的练习方法

1. 拉力后划练习（发展背阔肌）

(1) 方法：坐好后，拉住拉力器，上体前屈，可屈膝，脸朝下置于双臂之间；然后双臂向后拉动牵引绳，同时上体后仰、挺胸。当拉力器的把手触及胸腹部后，还原重新开始。

(2) 要点：向后拉引时吸气，还原时呼气。

2. 宽握引体向上练习（发展背阔肌上、中部肌肉）

(1) 方法：正握住宽约 40 厘米的单杠，两臂伸直悬垂；然后两臂用力把身体往上引起，肩部触到单杠时头稍向前伸，

(2) 要点：下肢放松，还原下落过程应缓慢有控制，不可猛然放松下落。

3. 提铃耸肩练习（发展斜方肌、肩胛提肌、菱形肌）

(1) 方法：两手垂直将杠铃提起，身体直立，直臂用力向上耸肩至最高点，运用时保持胸部挺直，不能内扣，双肩外靠，再自然还原。动作时吸气，还原时呼气(图 10-16)。

(2) 要点：耸肩时杠铃应贴紧身体，发力过程中不要过于屈臂，上下运动时应以最大限度来做动作。

图 10-16　提铃耸肩练习

（五）腰腹部肌肉的练习方法

1. 仰卧起坐练习（发展腹直肌、腹内外斜肌、腹横肌）

（1）方法：仰卧垫上（或斜位），可直腿或弯腿，两手抱头，下肢固定，向后慢倒起身。

（2）要点：当背触到垫时用力收腹坐起，然后还原。

2. 俯立弯起（发展骶棘肌、腰后部肌肉）

（1）方法：两脚开立同肩宽，把杠铃置于颈后肩上，两手紧握杠铃，身体直立，慢慢向下弯曲，直至背部与地面平行，稍停，头稍抬起，用力挺身还原。

（2）要点：腰背部及膝盖应始终保持挺直，下落时动作应缓慢，以免因下落太快引起腰部肌肉受伤。

（六）腿部肌肉的练习方法

1. 腿后屈练习（发展股二头肌）

（1）方法：俯卧在专用运动凳上，两脚勾住拉力器的皮筋，双腿向后做屈伸动作，屈至90°时控制不可放松，然后伸直还原（图 10–17）。

（2）要点：注意动作过程缓慢进行，控制住肌肉的紧张度，待练完后放松肌肉效果更佳。

2. 负重深蹲练习（发展股四头肌）

（1）方法：两脚左右分立，两手正握杠铃放置颈后，挺胸收腹立腰，慢慢屈膝下蹲（图 10–18）。

（2）要点：保持上体直立，下至深蹲而后还原。

3. 负重提踵练习（发展小腿后群肌肉）

（1）方法：肩部顶住负重物，两脚自然略微开立，脚背用力向上迅速推起，然后自然下落还原（图 10–19）。

（2）要点：上提和下放脚跟时动作幅度要大。

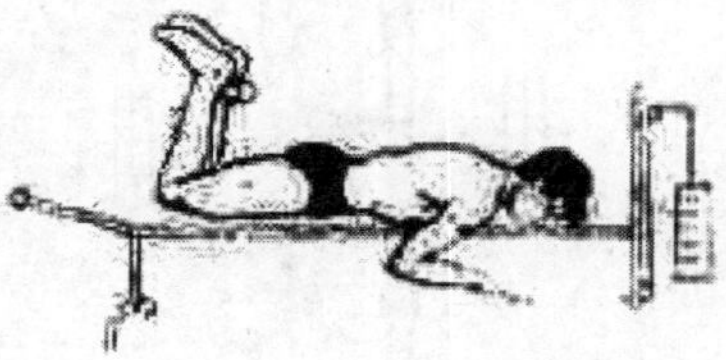

图 10–17　腿后屈练习

图 10–18　负重深蹲练习

图 10–19　负重提踵练习

四、健美锻炼的原则与技巧

(一) 男子健美锻炼的原则

1. 以器械练习为主，以形体练习为辅。
2. 动作设计要符合解剖和生理特点。
3. 要循序渐进，因人而异。
4. 要全面匀称、协调地发展。

初学者半年内的训练安排，主要是掌握动作技术，体会肌肉感觉，发达上肢肌肉，使身体向均衡的方面发展，这一阶段一般每周安排 3 次训练（隔天训练），开始第 1 个月每次训练 6~8 个基本动作，每个动作练 2~3 组。第 2 个月可增加到 8 个基本动作，每个动作练 2~3 组，重点动作练 3 组（重点动作不超过 4 个）。第 3~4 个月，每个动作训练 3~4 组。第 5~6 个月，每个动作练 3~4 组，重点动作练 4 组（重点动作不超过 5 个），一堂训练课不超过 30 组。

(二) 女子健美锻炼的原则

1. 以器械练习和体形练习相结合。
2. 重点预防肥胖锻炼。
3. 突出胸部健美锻炼。
4. 加强全身柔韧性锻炼。

初学者一般每周训练三次，每次训练应安排健美操或形体的内容（约 30 分钟），器械练习 6~7 个动作，每个动作练 2~3 组，对发达肌肉者每组练 8~12 次，对着重减少脂肪者每组至少 30 次以上，一堂训练一般不超过 20 组。

(三) 健美技巧

1. 动作规范

在规范动作的前提下，充分刺激肌肉拉伸与收缩，慢举慢放。

2. 最有效组数

每组 5~10 次的最大负荷训练，更有利于增大肌肉体积。

3. 呼吸方法

用力时吸气或屏气，放松时呼气。

4. 念动一致

注意力与意念要集中于所练肌肉上。

5. 注意安全

锻炼前认真做好准备活动，大负荷练习时要有保护，锻炼后要及时放松所练肌肉，并注意营养恢复。

第七节　健美操

一、健美操的概念与分类

（一）健美操的概念

健美操是一项以有氧运动为基础，以健、力、美为特征，融体操、舞蹈、音乐为一体的身体练习。它既是健身美体、陶冶情操的大众健身方式，又是竞技运动的一个项目。

（二）健美操的分类

健美操内容丰富、形式多样、种类繁多，根据不同类型健美操所要达到的主要目的和侧重完成的任务，可将健美操归划为健身健美操和竞技健美操两大类。

健身健美操以健身为目的，通过全面活动身体，提高有氧代谢能力，增强体质，促进人体健美，焕发精神，陶冶情操。健身健美操面对大众，强度和难度相对较低，可为社会不同年龄、性别、职业、层次的人所选用。健身健美操还可根据不同的需要，从不同的角度进一步分类命名。

竞技健美操以竞技为目的，有特定的竞赛规则和评分方法，需完成一定的难度动作，对人的身体素质、技术能力和艺术表现力有较高的要求，是展示人体健、力、美和全面素质的竞赛项目。

二、健美操的锻炼价值与特点

（一）健美操的锻炼价值

健美操锻炼对人的身心健康、形体健美、素质提高具有良好的促进作用。

1. 增强体质

（1）对呼吸系统的良好影响：健美操尤其是健身健美操是一项以有氧代谢为基础的运动项目。人体在健美操活动中，肺通气量成倍增长，肺泡的张开率提高。从而增长了肺部的容积和吸氧量。经常参加健美操锻炼可使呼吸肌变得有力，安静时呼吸加深，次数减少，运动时吸氧量大，使机体具有较强的氧代谢能力。

（2）对心血管系统的良好影响：长期参加健美操锻炼，可以使心肌纤维增粗，心肌收缩力增强，心输出量增大，从而提高供血能力，为全身输送更多的氧和营养物质，促进人体新陈代谢，减少脂肪沉积，延缓血管硬化。

（3）对运动系统的良好影响：做健美操对肌肉、骨骼、关节、韧带均有良好刺激，经常从事该项锻炼可以使力量增强、体积增大、弹性提高，使韧带、肌腱等结缔组织富有弹性，并提高关节的灵活性。如从青少年开始就持之以恒地参加健美操锻炼，还可以促进骺软骨的生长，有助于身体的增高，且使骨质更为致密、结实。

（4）对神经系统的良好影响：健美操是由类型、方向、路线、幅度、力度、速度不同的多种动作组成，并在较快的音乐伴奏下迅速变换动作。从事健美操锻炼可以提高神经的灵活性、均衡性，提高人的动作记忆和再现能力，从而发展人的协调性、灵敏性。

2. 健美形体

健美操是以塑造健美体形为重要目的而编排的，其动作姿态健美，频率较快，跳跃动作较多，讲究力度、幅度，运动负荷较大，因而消耗身体能量较多，利于消除体内多余脂肪，又可以发展某些部位的肌肉，使人的形体按健美的标准得以塑造。此外，通过经常进行健美的形体动作训练，可以矫正不正确的身体姿态，培养大方端庄的体态，使练习者不仅在体形方面而且在举止风度方面都产生良好的变化。

3. 提高素质

健美操中有许多不对称的动作和较复杂的上下肢配合动作，经常从事健美操有助于提高人的协调灵敏素质。同时，健美操强调动作的力度和幅度，长期锻炼有助于提高人的力量和柔韧。此外，健身健美操运动持续时间较长，尤其是有氧健身操练习可长达一个多小时，竞技健美操强度较大，因此要求练习者具有克服疲劳的意志力和较好的耐力素质。

健美操是讲究艺术性的运动项目，从事健美操练习和锻炼可以增强韵律感、节奏感，提高音乐素养，同时培养认识美、鉴赏美、表现美甚至创造美的能力，使人的身体素质和文化艺术素质得到全面提高。

4. 陶冶情操

健美操的音乐强劲、欢快，动作奔放、充满活力，经常从事这样的练习，令人心情愉快，不仅可以排除紧张、郁闷的情绪，还可使人的心灵和性情得到陶冶和改善，使人的身心得到全面、协调、健康的发展。集体配合练习，还有助于增进友谊，增强群体意识。

（二）健美操的特点

健美操与其他体育锻炼方式相比较，具有以下几个主要特点：

1. 健身美体的特效性

健美操是随着时代的发展和人们对美的追求日益增强，以人体解剖学、人体生理学、体育美学、体育心理学等多学科理论为基础，以健身、美体为目的而创立的。与其他体育项目相比，健美操动作讲究健美大方，强调肌肉力量，提高协调灵敏性，学会健美的体姿表现。因此，可以说健美操对塑造人健美的体形，培养健美的体态，提高人的审美意识有较突出的作用。

2. 鲜明的动律感

健美操是融音乐、体操、舞蹈为一体的身体练习。与艺术体操、花样游泳、自由体操、技巧等具有音乐伴奏的体育项目相比，健美操的音乐因其动作风格特点的需求而更强调旋律的激昂振奋，节奏的鲜明强劲。健美操的音乐多取材于迪斯科、爵士、摇滚等现代音乐，加上讲究力度、速度，变化快、节奏感强的肢体动作，使健美操体现出一种鲜明的动律感，充满青春活力。

3. **广泛的群众性**

健美操能够健身美体，符合现代人追求健美身心的需要。在激昂振奋的音乐声中，舒活筋骨，自娱自乐，又能给人们带来欢快奔放的情感体验，因此深受广大群众的喜爱。同时，由于健美操（尤其是健身健美操）的运动负荷、难度可以根据练习者的年龄、性别、形体、素质、练习目的不同而进行自由选择，因此为男女老幼所接受。此外，健美操锻炼对场地、器材条件要求不高，练习起来简便安全，适合不同地区、不同条件的单位和部门开展。综上所述，健美操具有广泛的群众性。

三、健美操的发展简况

健美操起源于生活及人们对人体健美的追求，是体操、舞蹈、音乐逐步结合发展的产物。20世纪70年代末以来，健美操以其强大的生命力风靡世界。美国是对现代健美操发展具有较大影响的国家，其代表人物是电影明星简·方达。她根据自己的健身体会编辑出版了《简·方达健身术》，并以自己所编的健身操及其锻炼成效现身说法，对健美操在世界范围的推广作出了贡献。自1985年开始，美国正式举办一年一度的健美操锦标赛，确定了比赛项目规则，使健美发展成为既是健身美体、陶冶情操的大众健身方式，又是竞技运动的一个项目。

20世纪70年代末，健美热传到了我国。1984年原北京体育学院和上海体育学院分别成立了健美操研究室，率先开设了健美操课程。一些大中专院校也根据国家教委对学校体育教学的要求，逐步开设了健美操必修课或选修课。目前，健美操已成为我国各级各类学校体育课或课外活动中一项深受师生欢迎的教学内容和锻炼方式。1992年，国务院颁布了《全民健身计划实施纲要》，健美操成为了全民健身的重要项目之一。1998年10月国家体育总局制定并颁布了《健美操运动员技术等级标准》，对国际运动健将、国家运动健将和一、二、三级运动员都有明确的达标要求。1999年，国家体育总局颁布了大众健美操锻炼标准6套等级动作，并设立了国家级和一、二、三级健美操等级指导员制，从而大大促进了我国全民健身运动的深入开展和健美操运动技术水平的提高。

1987年5月，我国首次在北京举行了竞技健美操比赛—“长城杯”健美操邀请赛，此后每年举行一次全国健美操锦标赛，到2000年为止，先后在11个城市举行了14次。1992年9月中国健美操协会在北京成立。1992年2月，中国大学生体协健美操、艺术体操分会在北京成立，协会每年举行一次大学生健美操艺术体操比赛，至今为止，先后在北京、南京、上海、广州、西安、东莞、南京、北京举行了8届。标志着我国健美操运动已进入到一个崭新的发展阶段。我国健美操规则与我国健美操项目的发展紧密联系，在1987年到1999年之间，我国健美操竞赛规则有两个系列，一是原国家体委在1987年、1992年、1996年制定的《健美操竞赛规则与裁判法》；二是由中国大学生体协健美操、艺术体操分会于1991年和1993年制定的《大学生健美操竞赛规则》。1999年1月，我国健美操正式与国际接轨，并邀请了制定国际健美操竞赛规则的外国专家来华讲学。至此，全国统一执行由国际体操联合会制定的1997–2000年健美操规则。1999年6月在浙江萧山举行的全国健美操锦标赛首次采用了这一规则，这是我国健美操规则发展的重要里程碑。2001年我国开始执行《国际体操联合会2001—2004年健美操竞赛规则》。

第八节　体育舞蹈

体育舞蹈也称国际标准交谊舞，是体育运动项目之一。它是以男女为伴的一种步行式双人舞的竞赛项目，分两个系列，10个舞种，其中摩登舞系列含有华尔兹、维也纳华尔兹、探戈、狐步和快步；拉丁舞系列包括伦巴、恰恰恰、桑巴、牛仔和斗牛。每个舞种均有各自舞曲、舞步及风格。体育舞蹈经历了民间舞、宫廷舞、交谊舞、国际标准交谊舞四个发展阶段。

一、标准舞基本技术

（一）标准舞舞姿

在标准舞中，华尔兹、维也纳华尔兹、狐步和快步的舞姿（闭式舞姿）是一样的。探戈舞与上述舞姿稍有区别。

1. 闭式舞舞姿

男女舞伴相对向左错半身位站立，双膝微屈，右脚对准对方两脚之间，与同伴脚尖距离10厘米，双脚并拢也可以稍分开站立。腹部收紧轻轻接触，肩部放松，重心在前脚掌。男士头部中正，颈头尽量上拉，胯部向左转15°。女士头部左转45°，拉紧胸锁乳突肌，颈部尽量向上牵伸，头向上顶、向后伸，躯干背部肌肉收紧。这时可以看到男女舞伴右侧额头是拉开的。男士双臂侧平举，右上臂和前臂弯曲70°~80°，右手五指并拢置于女伴左肩胛骨外侧，右手腕放松，不要让女伴背部出现折皱。左上臂和前臂弯曲90°，左手高度齐女士右耳，男左手虎口与女士右手虎口相交，轻轻相握，手掌鱼际相贴，掌心空。女士双臂侧平举，右臂弯曲150°与右耳齐，右手虎口与男士虎口相交轻握，掌心向前，手腕放松，左臂轻置于男士右臂上，左手大拇指与中指轻卡在男士右上臂三角肌的中部，其余三指上翘，五指成莲花手指装或弹指装。躯干要保持含胸、收复、挺背和收臀的基本之态。

2. 探戈舞舞姿

探戈舞舞姿总体框架上与华尔兹、维也纳华尔兹、狐步和快步的舞姿相似，区别在于男女腹部的横位接触1/3，纵位胸下至膝关节接触。男女头均向左转45°。男女握持需要紧密。男士左前臂弯曲成锐角，左肘较其他舞姿稍高，左手略高于肩，.右臂围绕女士背部，右手五指并拢，手掌置于女士肩胛骨下方，中指稍过脊柱。女士左臂环绕男士右臂外侧，左肘内侧包裹男士的右肘外侧，左手虎口张开架在男士右上臂下靠近腋下，除拇指外的四指并拢。

（二）标准舞运步的方法

1. 向前运步

保持好基本舞姿，双脚平行站立，先向前移动重心，然后支撑腿的膝踝用力蹬伸，同时前脚向前移动时脚底贴着地面，踝关节放松，前脚脚跟、脚掌依次落地，做到脚到重心到。

2. 后退运步

保持好基本舞姿，双脚平行站立，先向后移动重心，同时摆动腿大腿主动后伸，然后支撑腿的膝关节主动向后蹬伸，当摆动腿前脚掌获得支撑重心时，原来蹬伸完的支撑腿膝、踝关节放松，脚后跟做轻轻的拖地动作，移动到原来摆动腿获得支撑重心的脚旁边，同时原来摆动腿获得支撑重心的脚的脚跟落地进入下一个循环动作。

（三）标准舞的四大特点

在标准舞中，华尔兹将升降、摆荡、反身、倾斜四大特点融为一体。探戈没有升降、摆荡，但有倾斜和强烈的反身动作。

1. 升降是指通过膝、踝、脚、趾的屈伸使身体重心由高到低或由低到高的转移。良好的升降技巧可增强体态表现力，使动作优雅，体现体育舞蹈的特色。

2. 摆荡是指身体横轴在空间位置的弧线运动。身体横轴像秋千一样，因带着运动脚从高位到底为，或从低位到高位，使舞蹈的升降质量得到升华，使舞者重心的运动呈现出波动的韵律美。

3. 反身是指一侧腰胯转向另一侧运动脚的方向，并与之同进或同退的运动方式。他是舞者完成完美身体流动的重要技巧。它是转动舞步开始、衔接其他技巧、协调身体的重要环节。反身动作是舞步转动的发力点，使整个身体的转动变得轻松自然。

4. 倾斜是指人体纵轴主动偏离地面垂直坐标的方法。有别于自然倾斜，它是身体主动运用技巧的方法。在身体产生自然倾斜的基础上，为了控制身体的前冲惯力，防止身体倾倒，身体侧面骨骼肌主动拉长收缩，使身体在保持自然倾斜的基础上，加大倾斜角度，使身体重新排列纵轴线，找到与地面垂直坐标重合的部分。此时身体虽然倾斜，但却保有垂直重心。倾斜起到制动和减速的作用。倾斜技巧充分展现了人体美，巧妙不露痕迹地实现了双脚的重心转移。

二、拉丁舞基本技术

（一）巴舞的基本技术

1. 伦巴舞的姿态

双脚自然靠拢站立，脚尖稍向外打开，双膝绷直。收臀、收腹、挺胸、压肩，两肩胛骨向后内关闭，胸腰上拔，颈部拉直，下颌微内收，两眼平视。

2. 侧点预备姿势

身体重心放在男伴的左脚（女伴右脚）上，双膝伸直；男伴右脚（女伴左脚）拇指内侧点地，脚背绷直；骨盆向侧后方扭转，呈现拉丁舞特有的形体。

3. 伦巴舞的脚法

向前的脚步都是以脚尖先接触地板，然后是前脚掌，同时对地板施加压力，脚跟在接近抵达定点之前时落下。后退的步法则先以脚掌带动，再换成脚尖，最后脚跟随着重心跟上定点位降下。

4. 伦巴舞的持握姿势

(1) 闭式相握姿势：男女相对侧点预备姿势站立，相距30厘米，男士右手放在女士的左肩胛骨上，女士左臂放在男士的右臂上，男士左臂稍抬起与女士的右手相握于眼齐高处。

(2) 开式相握姿势：男女相距一臂长，面对面侧点预备姿势站立。两人相握的手平举于胸骨略下的位置，微微弯曲。另一只手臂自然侧举。

(3) 伞形姿势：在伦巴和恰恰舞中这种姿势用得比较多，女士在男士左侧一臂距离，女左脚重心，男右脚重心，男女左右肩斜对，男士左手轻握女士右手手背。

(二) 恰恰舞的基本技术

1. 恰恰舞的姿态和伦巴舞的姿态相同。

2. 侧点预备姿势和伦巴舞的侧点预备姿势相同。

3. 恰恰舞向前的脚步，都是以脚尖先接触地板，然后是前脚掌，同时对地板施加压力，脚跟在接近抵达定点之前时落下。向后的脚步则先以脚掌带动，再换成脚尖，最后脚跟随着重心跟上定点位时降下。在这一舞步完成的过程中，另一不支撑体重的脚就可以自然的离开，但这不支撑体重的腿不可弯曲。因恰恰舞音乐速度的关系，每节最后一步向后退步的重心分布，就与伦巴舞有些区别。伦巴舞中，所有后退步数到“2”后的“&”时重心可以落到那只移动脚的脚跟。但在恰恰舞中，在“2”后的“&”的最后时全部重心才能落到那只移动脚的脚跟，这样步法的节拍就是“2&A”，之后就是在第“3”的时候把重心恢复到原地前面的那只脚上。在恰恰的向前抑制步、动作要领与数拍方式和后抑制步相似。

(三) 牛仔舞的基本技术

1. 牛仔舞的姿态与侧点预备姿势和伦巴舞相似，只是支撑腿的膝关节不要向后锁死。

2. 牛仔舞中的追赶步，是由三步组成，第二步移动脚是半靠在不移动脚的，同时胯向支撑腿外挤出，这样在完成追步后就会自然形成摆胯的动作。在牛仔舞中，重心主要是落在前脚掌上，摆动腿大腿的主动高台随着快节奏音乐就会自然产生跳的动作。

(四) 巴舞的基本技术

1. 桑巴舞的姿态与侧点预备姿势和伦巴舞相似，只是支撑腿的膝关节不要向后锁死。注意分式摇滚步、后退锁步和卷折步例外。

2. 桑巴舞的跳跃动作是靠膝、踝、髋关节的屈伸来完成的。但是这种跳跃是步法上的，不是身体重心方面的。身体重心上下波动时很轻微。

(五) 斗牛舞的基本技术

1. 斗牛舞的身体姿态

斗牛舞没有胯部的动作，骨盆微前倾，重心由两个脚掌均匀承受，挺胸时合肋，使胸部肌肉上推，这样更加突出斗牛士的雄壮、挺拔。

2. 斗牛舞的基本步法

顿足是一种预备式舞步，它用在一个舞步的起头，目的是打破闭式相握的摆置。即在开始时摆好闭握式，两脚合并男士重心落在左脚（女士重心落在右脚）。顿足也包括重心换到右脚，身体猛降，并通过适当的配合带领到下一步。

第九节　形体训练

形体是指人体结构的外在表现，它是一门艺术。人体只有在四肢、躯干、头部及五官的合理配合下才能显示出姿态优美、体型匀称的整体美。形体训练是美育教育，是培养正确的身体姿态、塑造优美体型、陶冶美的情操的训练过程，它以改变人的形体动作的原始形态、提高灵活性、增强可塑性、提高人体表现力为目的，是一种以力量、柔韧素质为基础的综合性练习。

常参加形体运动，可以改善形体、保持身材，增强肢体灵活性、协调性和表现能力，有效提高个人的气质。

一、基本位置练习

基本姿态是人无论行走、站立，还是做任何与肢体相关动作都需要学习掌握的，是人的体态美的基础，也是任何舞种教学的入门学习，是必备的基本功。

（一）站立的基本姿势

进行徒手练习时，首先要有正确的站立基本姿势，其要点是两脚伸直并立，两脚自然成小八字，头颈、躯干、腿在一条垂直线上，直颈、挺胸、收腹、立腰、夹臀、提气，两肩放松下沉，两臂自然下垂，目视前方。

（二）芭蕾的基本手位

1. 基本动作

一位手：双手自然下垂，中指相距一拳，手臂与手成椭圆形，置于体前，

二位手：手臂与肘关节的位置不变，向上抬至上腹前侧。

三位手：在二位手的基础上继续上抬，至前额前上方。

四位手：左手不动，右手回到二位。

五位手：左手不动，右手肘间夹角不变向外打开至体侧稍靠前的位置，起到延长肩部线条的作用。

六位手：右手不动，左手从三位手回到二位。

七位手：右手不动，左手打开至体侧，两手臂连线呈弧形（图 10-20）。

图 10–20　手臂的基本位置

2. 基本要求

(1) 肩放松，肘、腕自然微屈，手臂呈弧形，手指自然延伸，拇指与中指稍向里合。
(2) 要体现手臂的延长，而不是简单地抬起手臂。

(三) 芭蕾的基本脚位

1. 基本动作

一位：两脚跟靠拢，脚尖向两侧，两脚成 180°。
二位：脚尖向两侧，两脚跟左右相距约一脚，两脚成 180°。
三位：脚尖向两侧，一脚跟与另一脚足弓处前后相叠，平行横立。
四位：两脚前后平行，脚尖向两侧，两脚间相距约一脚。
五位：两脚前后平行相靠，脚尖向两侧（图 10–21）。

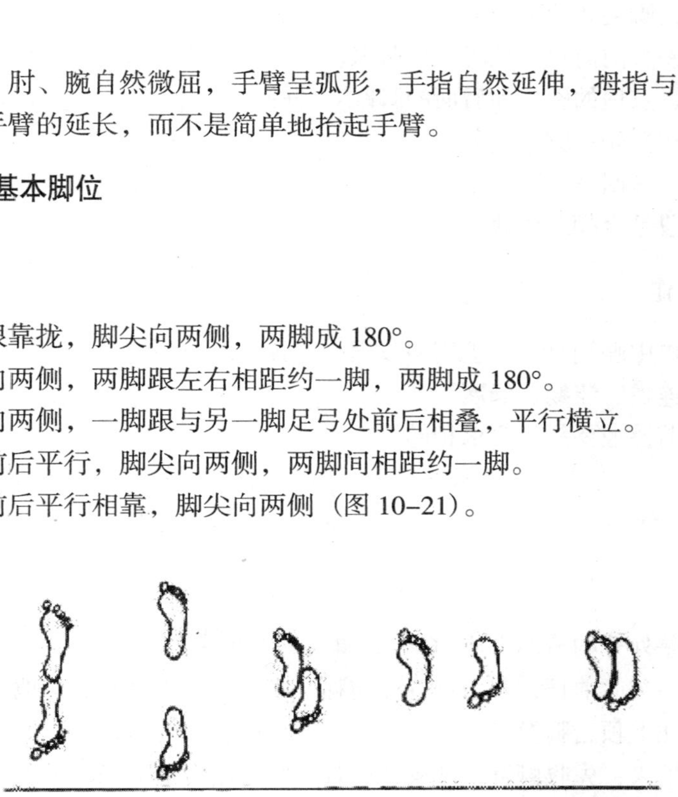

图 10–21　芭蕾的基本脚位

2. 基本要求

(1) 髋、膝关节充分外开，身体重心平均在两脚上。
(2) 站立平稳，姿势正确，两脚在一横线上或前后平行。
(3) 没有舞蹈基础的练习者，不要过分地追求脚位的开度，首先要保持身体的正确姿势。

二、基本步伐与舞步练习

基本步伐与舞步能展现身体运动过程中的动态美，同时可提高上、下肢和躯干之间的协调配合能力，使身体姿态更加生动，富有活力。设计内容包括擦地、小踢腿、柔软步、足尖步、华尔兹步等。

（一）前擦地

1. 动作过程

（1）动力脚整个平脚擦出，起步时是全脚着地向前抹，一定是外开的（两脚呈100°）。
（2）脚后跟向前顶起来，一节一节地向前顶，着力点逐渐向前，力量一直到脚尖。
（3）脚背推起，脚尖在地下点地。
（4）然后脚跟一直向前顶，把脚背顶起来。
（5）从正面看，点地的脚尖和后面的脚跟对齐的。
（6）收回来时相反先把脚尖压下去。
（7）先收脚背，抹回来，脚后跟一节一节地落下来。
（8）最后一小段是全脚踩住地面抹回来，不要让脚跟悬在空中。

2. 练习基本动作

（1）在整个动作中腿绷直，膝盖用力收紧，立腰收腹。
（2）动作要求连贯、流畅、舒展。
（3）侧擦地与前擦地要领、要求相同。

（二）后擦地

1. 动作过程

（1）向后一定是外开的（两脚成100°），脚尖先擦出去。
（2）脚跟一节一节向前顶，着力点逐渐前移，脚跟一直顶至脚尖点地。
（3）脚跟还要往上顶，腿绷直，脚尖跟主力脚（前脚）的后跟相对着。
（4）把脚尖放下来，先收脚背，随着往回收，脚跟慢慢落下来，最后一段是全脚着地抹回来。

2. 练习基本要求

（1）在整个动作中腿绷直，膝盖用力收紧，立腰收腹，上体保持正直。
（2）动作要连贯、流畅、舒展。

（三）小踢腿

1. 动作过程

小八字站立准备（有舞蹈基础同学做五位脚），后腿为支撑腿，前腿绷紧，髋关节处开始发力带动腿整体向前提起，脚经擦地出；收回时，亦经擦地回到原位。侧踢和后踢的动作要领与前踢相同。

2. 练习基本要求

(1) 练习时快慢节奏结合。快节奏时动作要求连贯完成。慢节奏时，第一拍至脚离地起，第二拍向上踢起，收回时第一拍至脚尖着地，第二拍擦地收回。

(2) 保持好身体的基本姿态和重心稳定。

(3) 熟练后，可配合手位的移动练习。

(四) 柔软步

1. 动作过程

左腿膝和脚面绷直向前伸出，脚面朝外，由脚尖过渡到全脚掌着地，身体重心随之前移，接着换右脚向前伸出落地，两脚一次交替进行，两臂自然前后摆动（图 10–22）。

图 10–22　柔软步

2. 练习基本要求

(1) 动力腿向前伸出由脚尖过渡到全脚落地，重心前移要平稳，收腹立腰，眼平视。

(2) 动作要求自然柔和。

(五) 足尖步

1. 动作过程

准备姿势为两脚并立提踵，两手叉腰。左膝腿和脚面绷直向前伸出（脚尖稍向外），由脚尖过渡到前脚掌落地支撑，重心前移，两脚交叉进行（图 10–23）。

图 10–23　足尖步

2. 练习基本要求

(1) 身体正直，收腹立腰，步符均匀不宜过大，支撑腿脚踝充分向上立。

(2) 动作自然、协调，提踵高，重心平稳。

（六）华尔兹步

1. 动作过程

（1）第一拍左脚向前做一次柔软步，落地稍微屈膝，重心随之前移。
（2）第二、三拍右脚开始向前做两次足尖步。
（3）第一至三拍，右脚开始做，动作相反（图 10–24）。

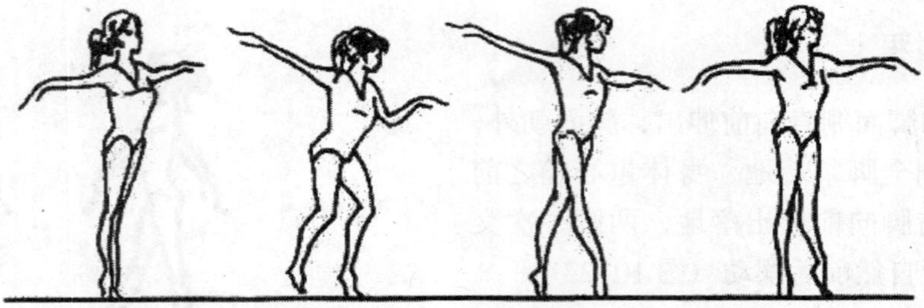

图 10–24　华尔兹步

2. 练习基本要求

（1）三步的步幅均等，动作自然起伏，收腹立腰，重心随动力腿而移动。
（2）动作要求连贯、柔和。
（3）后退和侧后华尔兹步只是出脚方向不同，后腿第一步可以稍大。

三、坐的姿态

在日常生活和工作中，坐的姿态也是非常重要的动作姿态，是人体的一种静态造型，它反映出人的气质、风度和修养，是体态美的重要内容。

正确的坐姿应该是娴雅、稳重、端庄，给人以自然、大方、得体的美感。不正确的坐姿会使人显得懒散、无礼、无教养等。

坐姿的练习方法

（一）脚心相对（地面）坐于地面，上体姿势同坐姿动作说明。两腿弯曲，两脚心相对于腹前，双肘放松，手腕搭于膝上，也可以双手背在身后。练习时可以靠墙坐。

（二）正步坐于椅子上，上体姿势同坐姿动作说明。两脚并拢，脚尖正对前方，而膝盖稍稍分开，两臂自然弯曲，两手自然扶于大腿处，上体正直，微向前倾，肩放松下沉，头、肩、臀应在一条线上。

（三）侧坐坐于椅子上，上体微向侧转，两臂自然放松扶于腿处。两腿弯曲并拢，双膝稍移向一边，靠外侧的脚略放在前面，这样臀部和大腿看起来比较苗条，给人以美的感觉。

四、形体训练的原则

（一）针对性原则

由于每一个人的体型状况各不相同，因此进行形体训练时，锻炼者要根据自己的实际情况，科学地制订训练计划，才能取得良好的效果。

（二）全面性原则

人体是一有机的整体，各器官系统的机能是有机联系的。锻炼者的训练内容与手段要有多样性和全面性，才能使身体机能全面增强，素质全面提高，形体更加完美。

（三）循序渐进、持之以恒原则

因为人的形体塑造是一个变化的过程，所以训练负荷的安排要由易到难、由简到繁、由小到大地逐步提高，从而使形体始终朝着自己理想的方向发展。人的形体变化，不是一朝一夕之事，也不是一劳永逸之功，而是长时间训练量的积累，是坚持不懈的结果。贵在坚持，是每一位健身者都要牢记的。

（四）积极自觉性原则

练习者要明确锻炼的目的与动机，把认真完成训练任务变成自觉的行动。克服自身的惰性，用积极、主动的态度，饱满的热情投入到每次训练中，这样才能收到较好的效果。

第十节　瑜　伽

一、瑜伽的作用及分类

瑜伽是一个通过意识提升，帮助人们充分发挥潜能的哲学体系及其指导下的运动体系。是一项运用古老而易于掌握的练习方法，用以提高人们生理、心理、情感和精神方面的能力，是一种达到身体、心灵与精神和谐统一的运动形式。瑜伽包含伸展、力量、耐力和强化心肺功能的练习，有促进身体健康，协调整个机体的功能。此外，培养心灵和谐和情感稳定的状态也引导改善自身的生理、心理、情感和精神状态，使身心协调平衡，保持健康。近年医学界还证实瑜伽可以有效调节神经系统及内分泌系统，进而改善个人整体健康。瑜伽对减肥、失眠、焦虑和关节炎等症状有非常好的疗效。愉悦的练习环境也衬托了瑜伽提倡的健康生活态度，提升心理、精神能量，使心理平和、宁静。

目前简单易于接受的大众瑜伽有双人瑜伽、跳绳瑜伽、球瑜伽、孕妇瑜伽、亲子瑜伽、高温瑜伽、有氧瑜伽等。其中高温瑜伽是目前最受年轻人推崇的，它强调在温度高达 40℃上下的教室里练习体位法，以大量流汗为主，可以迅速减脂瘦身。

二、瑜伽练习姿势和方法

（一）常用的练习姿势、动作及作用

1. 坐姿

⑴ 前倾式：向前倾的坐姿不仅能安抚整个神经系统，还能使大脑镇定下来。主要动作有钻石式、束角式、跨骑式、单腿交换伸展式、射箭式、背部伸展式、牛面式、船式等动作。

⑵ 后仰式：增强脊椎骨的灵活性，帮助改善站姿和坐姿，并保持脊椎的弹性。增加肩膀的灵活性，为深呼吸创造更好的条件，使呼吸系统受益，大脑也会进入被动的平静状态。主要动作有猫伸展式、骆驼式、眼镜蛇式、蝗虫式、弓式、鱼式、狗伸展式、桥式等动作。

⑶ 脊椎弯曲式：有效地扭曲腰部以上的脊椎。这些姿势能够温柔地按摩腹部区域的内脏，并提供新鲜的血液滋养这些器官。我们可以通过执行脊椎扭曲式来达到释放能量的目的，同时使身体和体力各个微妙部分充满活力。主要动作有脊椎扭曲式、坐扭曲式、新月式等动作。

2. 站姿

在瑜伽中，站姿对所有姿势都非常重要，进行站姿的目的是为了在执行那些不对称的姿势后，让身体恢复对称，同时这些站姿还能让大腿和脊椎得到放松伸展。主要动作有山式、蹲伏式、弯腰伸展式、侧面弯腰伸展式、战士第一式、战士第二式、三角伸展式、旋转/翻转三角式、侧三角伸展式等动作。

3. 平衡的姿势：站立和手的平衡

它是指通过平衡或均等地使用身体，使身体灵活地移动、摆姿势和协调四肢。它能使大脑宁静安详，注意力集中。主要动作有树式、战士第三式、半月式、鹰式、舞蹈式、平衡式、支架式、斜支架式、孔雀式、后仰支架式、乌鸦式、手倒立式等动作。

4. 倒立的姿势

能通过各种各样的方式影响身体的机能，使我们得到生理、心理和精神上的益处，而且这些姿势还能使整个系统重新充满活力。例如，它们能消除疲劳、缓解失眠、头痛、静脉曲张、消化疾病，以及过多的紧张情绪和焦虑。主要动作有肩倒立式、犁式、蝎子式、头倒立式等动作

5. 休息和放松的姿势

主要动作有仰卧、俯卧、半身仰卧放松功。

（二）瑜伽的呼吸方法

呼吸的方法从呼吸的部位分为腹式呼吸、胸式呼吸、胸腹式完全呼吸。唯有胸腹式完全

呼吸才是瑜伽的呼吸要求：肺的上、中、下三部分都参与呼吸运动。腹部、胸部乃至感觉全身都在起伏张缩。从呼吸的过程分为有屏息与不屏息二种：而屏息又分为呼气后的屏息与吸气后的屏息。

（三）练习瑜伽的备品

瑜伽垫、瑜伽服、瑜伽砖、瑜伽球、伸展带、铺巾等。

三、练习瑜伽的注意事项

选择适合自己的瑜伽，调整呼吸与动作相配合来提高自己的练习效果，并在极限的边缘温和地伸展身体，但不要过度用力推拉牵扯。练习时应穿着宽松、柔软、透气的棉麻质地衣服，保证练习时肌体不受拘束。赤足，饰物都应除下。使用瑜伽垫，加大缓冲作用，并帮助保持平衡。时间要求一般来说，清晨 4~6 点是练习瑜伽的最佳时刻，练习时间在 1 小时左右，每个星期可进行 3~4 次。练习环境应是干净、舒适、空气清新并有足够空间的场所。也可以选择在露天的自然地练习，但温度不能太低，避免阳光直射。不宜在过硬或太软的道具上进行练习，练习瑜伽前 20 分钟内不要沐浴，因为沐浴后血液循环加快，筋肉变软，不仅容易使身体受伤，而且会导致血压升高，加重心脏负担。心脏病、高血压、甲亢等疾病患者尤其要注意这一点。练习瑜伽后 20 分钟内也不宜沐浴，因为瑜伽练习会使身体感觉变得极其敏锐，此时若给予忽热忽冷的刺激，反而会伤害身体，消耗身体内储存的能量。另外，在长时间的太阳浴后不要练习瑜伽。但练习之前 1 小时左右洗个冷水澡，能让您的练习达到更好的效果。饮食要求是饭后 3 小时之内不宜练习瑜伽。但在练习前 1 小时左右，可以进食少量的流食或饮料，练习时，也可以喝一点清水以帮助排出体内毒素，练习结束 1 小时后进食最好。练习瑜伽后饭量减少，排气、排便增加属于正常现象。

第十一节　毽　球

一、毽球运动的历史和发展

毽球运动是由我国民间传统体育活动“踢毽子”游戏发展演变而来的。“踢毽子”为古代蹴鞠运动演变而成，它起源于汉代，盛于六朝隋唐时期，迄今已有二千年历史。

现代毽球运动（网毽）起源于上世纪 30 年代的广州。新中国成立后毽球运动在全国广泛开展，1984 年 3 月 3 日国家体委正式下发《国家体委关于把毽球列为正式比赛项目的决定》的通知，并于 1985 年在苏州举行了全国第一届毽球锦标赛。1988 年成立了“中国毽球协会”并制定了《中国毽球协会章程》，从而使中国毽球运动走上了有组织、有领导的发展道路。目前全国性的毽球比赛有一年一度的全国毽球锦标赛和全国中学生毽球锦标赛，并被列为全国体育大会、全国少数名族运动会、全国农民运动会的正式比赛项目。同时，分别于 2002 年和 2007 年进入了全国中学生运动会和全国大学生运动会。

随着我国改革开放的步伐，毽球运动开始走向世界。1993 年 10 月首届国际毽球邀请赛在我国重庆市举行。来自德国、韩国、日本、越南、中国香港、中国台北等国家和地区的代表队参加了本次比赛。至今已举行三届。1999 年 11 月由中国、越南、德国、匈牙利、老挝、中国台北、香港发起成立了世界毽球联合会。2000 年 7 月在匈牙利的乌伊萨斯市举行了第一届世界毽球锦标赛。现已举行了六届。

二、毽球运动的基本技术

(一) 准备姿势和移动

准备姿势和移动是毽球击球技术和战术配合的基础。

1. 准备姿势

(1) 左右开立的准备姿势：两脚左右平行开立，略宽于肩，脚尖稍内扣，脚掌内侧着地，脚跟稍提起，两膝弯曲内扣，重心落于两脚之间；上体放松前倾，两臂微屈于体侧，保持待动状态，目视来球。

(2) 前后开立的准备姿势：两脚前后开立，支撑脚在前，击球脚在后，重心下降，身体前倾，保持待动状态。其他动作同平行开立。

2. 移动

各种击球动作都是通过移动来完成的，合理的移动对提高毽球技术和战术水平至关重要。一般情况下，移动包括上步、撤步、滑步、交叉步、转身上步。

(1) 上步：上步时，击球腿蹬地，重心前移，支撑腿向前或斜前方迈出一步，击球腿迅速跟上，成准备姿势。

(2) 撤步：撤步时，支撑腿蹬地，重心后移，同时击球腿向后迈出一步，支撑腿迅速跟上成准备姿势。

(3) 滑步：左右开立的准备姿势时，左（右）脚前脚掌内侧用力蹬地，重心平移，同时右（左）脚向右（左）迈出，左（右）脚迅速跟上，可连续滑步，保持左右开立的准备姿势。

(4) 交叉步：当向左（右）移动时，右（左）脚前脚掌向左（右）蹬地，左（右）脚脚尖向左（右）外展，重心移到左（右）脚，右（左）脚从左（右）脚前向左（右）侧交叉迈出，同时，左（右）脚蹬地，从右（左）腿后侧迈出，成准备姿势。

(5) 转身上步：左（右）转身时，以右（左）脚为轴，身体重心下降，双臂曲肘抱起，以右（左）脚前脚掌为轴，用髋关节带动左（右）脚转体适当角度，成准备姿势。

(二) 基本击球技术

1. 脚内侧击球

(1) 动作要领：（以右脚击球为例）；左腿支撑身体，左腿屈膝稍外展；右腿大腿带动小腿屈膝向上摆动，膝关节外展，小腿积极向上摆动；击球时，左腿蹬地，右脚踝关节内屈端平，用脚内侧将球向上踢起。

(2) 重点：支撑腿微屈外展，击球腿大腿外展，击球脚踝关节内屈端平。

2. **脚外侧击球**

(1) 动作要领：(以右脚击球为例)，左腿屈膝支撑身体，右腿屈膝内扣，以大腿带动小腿，小腿向外侧上摆；击球时，右脚踝关节外伸端平，脚尖内扣，用脚背外侧将球向上踢起。

(2) 重点：支撑腿微屈，击球腿屈膝内扣，击球脚踝关节外伸端平。

3. **脚背击球**

(1) 动作要领：(以右脚击球为例)，左腿屈膝支撑身体，右腿大腿稍后摆屈膝，右腿大腿带动小腿屈踝前摆，用大腿前摆力量将球向前或向上踢起。

(2) 重点：支撑腿微屈，击球时用大腿前摆力量带动脚击球。

4. **大腿击球**

(1) 动作要领：(以右腿击球为例)，左腿屈膝支撑身体，右腿屈膝上摆，小腿和踝关节自然放松下垂；用大腿前部将球击起。

(2) 重点：大腿击球时机和击球部位。

5. **胸（腹）击球**

(1) 动作要领：两脚前后（或左右）开立，两膝微屈，上体后仰，两臂自然微屈，稍含胸收下颌，当球到胸（腹）前上方时，两腿蹬地，胸（腹）部上挺迎球，用胸（腹）将球击出。

(2) 重点：击球前，上体后仰，含胸收下颌，击球时挺胸（腹）迎球。

6. **踏球**

(1) 动作要领：(以右踏球为例)，面向球网站立，左脚为支撑腿，左脚向前迈出一小步，右腿大腿带动小腿，屈膝上摆，伸脚踝；同时，左腿蹬直膝关节和髋关节，以展髋、展腹、伸腿，迅速下摆小腿，抖屈脚踝，用右脚脚掌前部击打来球，使之过网，迅速收腿。

(2) 重点：击球腿要尽量上摆，掌握击球时机和脚掌击球部位。

7. **倒勾球**

(1) 动作要领：(以右脚倒勾球为例)，背对球网站立，左腿在前，屈膝上摆，右腿蹬地起跳，上体稍后仰，同时，右腿屈膝以大腿带动小腿用力上摆，使左右腿在空中作剪式交换动作，小腿用力摆出，抖伸脚踝，以脚背前部击球，随后顺势缓冲着地。

(2) 重点：击球腿用力摆出，身体协调配合踝关节发力。

三、毽球竞赛方法

毽球比赛设男子3人、女子3人、男子双人、女子双人、男女混合双人、男子单人及女子单人7个项目。

(一) 场地器材

1. 场地

毽球比赛场区规格为，3 人赛和双人赛长 11.88 米、宽 6.10 米；单人赛为 11.88 米，宽 5.18 米（图 10–25）。

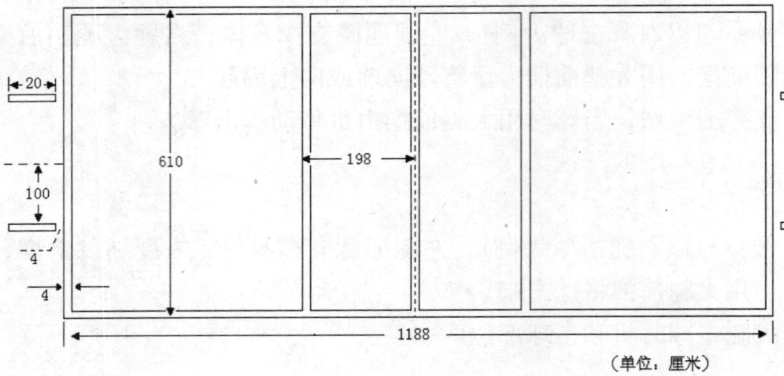

图 10–25　场地

2. 球网

球网长 7.00 米、宽 0.76 米，球网的中部顶端距地面垂直高度男子比赛为 1.60 米、女子比赛为 1.50 米、混合双人比赛为 1.60 米。两端的高度与中间的高度相差不得超过 2 厘米（图 10–26）。

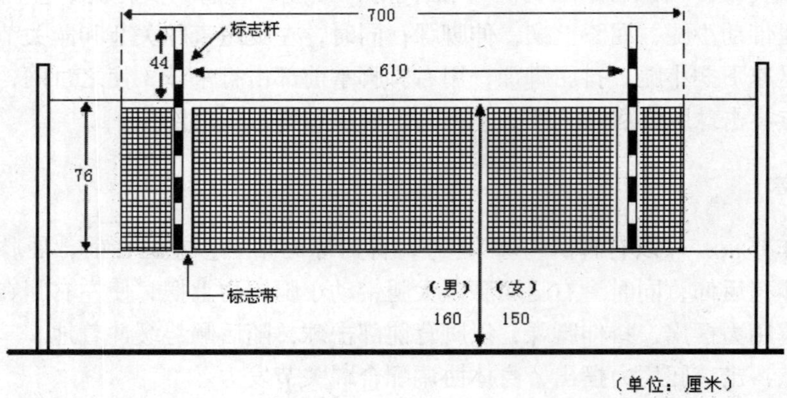

图 10–26　球网

3. 毽球

毽球的高度为 13~15 厘米，重量为 13 克（±0.5 克）。毽球由毽毛、毽垫等构成（图 10–27）。

（二）比赛通则

1. 毽球比赛，采用三局两胜制，先胜两局为胜一场。若各胜一局，第三局为决胜局。

2. 毽球比赛采用每球得分制。

3. 3 人赛每局 21 分，其他各项每局 15 分；当出现 20（三人赛）或 14（双人、单人赛）平时，以一方领先 2 分为胜一局，并采用轮换发球制。

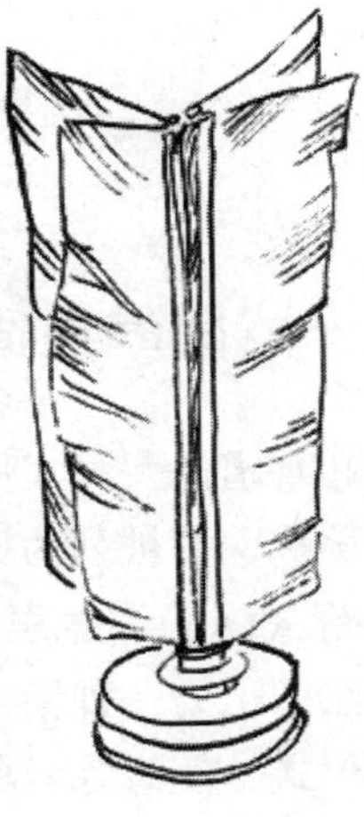

图 10-27 毽球

4. 击球

⑴ 3 人赛双方在将球踢入对方场区前，在本方场区最多只能击球 4 次。

⑵ 双人赛为 3 次击球过网。

⑶ 单人赛为 2 次击球过网。

⑷ 每名队员最多可连续击球两次。

⑸ 不得用手、臂击球（防守方第一次被动触球除外）。

5. 击球犯规

比赛进行中凡出现下列情况，即为击球犯规：

⑴ 持球（球明显停留在身体某一部位）。

⑵ 连击（同一队员连续 2 次以上击球）

⑶ 过网击球或随球过网。

⑷ 手球。

⑸ 超出规定的击球次数。

⑹ 头球（进攻队员在限制区内用头进攻性击球进入对方场区）。

6. 球的状态

⑴ 死球：出现球触地或障碍物、裁判员鸣哨间断比赛即为死一球。

⑵ 界外球：出现球触及界线以外的场地、球触及标志杆，或从标志杆及其延长线以外过网进入对方场区、球触及任何障碍物、球从网下空间进入对方场区即为界外球。

⑶ 触网球：在比赛进行中，球触及两标志杆以内的球网为好球；在比赛进行中，球触及标志杆为失误。

7. 暂停和换人

⑴ 暂停：比赛成死球，裁判员鸣哨发球前，允许暂停，每局比赛中，每队可请求两次暂停，每次暂停时间不得超过 30 秒钟。

⑵ 换人：3 人赛中比赛成死球后，裁判员鸣哨发球前，允许换人，每局比赛中，各方换人不得超过 3 次。其他各项不允许换人。

8. 裁判员

每场比赛设正裁判 1 人，副裁判 1 人，司线员 2 人，记录员 1 人，记分员 1 人，共 6 人。

第十二节　跆拳道

一、跆拳道简介

跆拳道是一种集修身养性，强身健体，防身自卫的技击性运动，享有“世界第一搏击运动”美称，并被列为奥运会项目。

跆（TAE），意思为脚踢、蹬踏之意；拳（KWON），意指用拳击打；道（DO）即为修炼的方法，也为一种精神。它是利用拳和脚进行搏击的对抗性运动，通过竞赛、品势和功力检验等形式，使修炼者增强体质，掌握技战术并培养坚忍不拔的意志品质。

（一）跆拳道的起源于发展

1. 古代跆拳道的产生与发展

跆拳道产生于朝鲜民族。大约公元前1世纪，朝鲜最古老的三个国家先后兴起，新罗国在朝鲜的东南部，高句丽国在北部，百济国在西南部。三国互相连年征战不断。为了对抗外侵，三个国家的武士们都把跆拳道作为一项强身体、保家卫国的搏击武艺来进行严格的训练。

在新罗国，跆拳道身受人民的喜爱，这可以从朝鲜史书记载中了解到新罗人的习武方式：两人面对面直体站立，互相用腿去踢对方。当时分为三个训练阶段：初学者先学会用脚去踢对方的腿（下段）；技术稍熟练的则可用脚去踢对方的胸部（中段）；技术高超的可用脚踢对方的发髻（上段）。

在百济国，由于当时自己国家的兵力较弱，因此全国从上到下都以强身健体、保卫国家为生活中的头等大事，当时在国内广泛推行马术、跆拳道、射箭等武技。后来新罗在唐朝的协助下吞并了百济和高句丽，跆拳道这一武技却被很好的保留与发展下来。

2. 现代跆拳道运动的发展

1961年9月，韩国成立唐手道协会，后更名为跆拳道协会。

1966年成立了国际跆拳道联盟（ITF），崔泓熙任首届联盟主席。1973年5月世界跆拳道联盟在韩国汉城成立（WTF），金云龙当选主席。截止到1998年，世界跆拳道联盟已有会员国144个。1975年世界跆拳道联盟被正式接纳为国际体育联盟的会员。1980年国际奥委会正式承认了世界跆拳道。目前世界上约有140多个国家在进行着跆拳道的训练活动。跆拳道第一届世界锦标赛和第一届亚洲锦标赛分别于1973年和1974年在韩国汉城举行。跆拳道在1986年被列入为第10届亚运会的正式比赛项目。1994年9月国际奥委会正式批准为比赛项目，设男女各四项级别。

目前，跆拳道运动已经成为完全独立的国际体育组织和正规的比赛项目。在世界锦标赛、亚运会和亚洲锦标赛上共设有男女各八个级别。跆拳道每两年举办一次世界锦标赛和世界杯比赛。1997年11月在中国香港举行了男子第十三届和女子第五届世界跆拳道锦标赛，共有103个国家和地区的1200多名运动员参加了比赛。

3. 中国跆拳道运动的发展

1992年10月7日，中国跆拳道协会筹备小组成立，这标志着我国跆拳道运动的正式开始。1994年5月，在河北正定举行了首届全国跆拳道教练员和裁判员学习班。1994年9月，在云南昆明举行了第一届全国跆拳道比赛，当时有15个单位150多名运动员参加了比赛。1995年5月，共22个单位250名运动员参加了在北京体育大学举行的第一届全国跆拳道锦标赛，从此跆拳道在中国迅速发展了起来。1995年8月正式成立了中国跆拳道协会，魏纪中当选为第一任协会主席。同年11月，中国跆拳道协会被世界跆拳道联盟接纳为正式会员。1997年11月在香港举办的世界跆拳道锦标赛上，我国女子43公斤级的黄鹂获得该级别的银牌。1988年5月17日，在越南举办的第13届亚洲跆拳道锦标赛上，北京体育大学97级学生贺璐敏为中国赢得第一枚亚洲比赛金牌，实现了我国在洲际比赛中金牌零的突破。此次比赛共有来自亚洲22个国家和地区的240多名选手参加，其中有世界一流强队韩国、中国台北、伊朗等。中国跆拳道队获得了1金5铜的佳绩，其中女队获得了团体总分第三名。1999年6月7日，在加拿大埃特蒙多举行的世界跆拳道锦标赛上，我国女运动员王朔战胜多名世界跆拳道高手，获得女子55公斤级冠军，这是我国运动员获得的第一个跆拳道世界冠军。2000年悉尼奥运，我国女运动员陈中获得第一枚跆拳道的奥运冠军。2004年雅典奥运我国女运动员陈中和罗微各得不同级别金牌。

我国跆拳道奥运冠军

第27届奥林匹克运动会	陈　中	女子67公斤以上级冠军
第28届奥林匹克运动会	罗　微	女子67公斤级冠军
	陈　中	女子67公斤以上级冠军
第29届奥林匹克运动会	吴静钰	女子49公斤级冠军

二、跆拳道的基本动作

跆拳道以其变幻莫测，优美潇洒的腿法著名于世，被世人称为踢的艺术，这是跆拳道区别于其他格斗术的一个重要特点。跆拳道的腿法讲究变化多样和灵活多变，对人体的柔韧性、大脑反应的灵敏性、身体运动的稳定性都有很高的要求，它是对人体机能和体能的综合考验。跆拳道实战中脚踢进攻时一般使用的部位包括脚前掌、脚趾、脚背、足刀、脚跟、脚后掌（脚跟底部）。利用这些部位可以进行站立踢、跳动踢、助跑踢、转身踢和飞踢等不同形式的踢法进攻，而且每种踢法踢击的部位各有不同。实战过程中，运用脚踢时要根据具体情况，如对方所处位置、暴露的部位、防守的姿势，以及双方的距离等，选择不同的踢法。脚踢时要利用步法保持身体平衡，并有效接近对方做出踢击动作。注意两臂的防守。踢击完成立即回到准备姿势，准备下次的进攻和防守。腿的回位动作要快，以免被对方抓住或抱住。脚踢的练习方法主要是靠平时用各种腿法踢击悬挂的沙袋，经过反复练习提高踢的力量、速度和高度。

三、跆拳道的教学方法与动作要领

(一) 前 踢

从实战姿势的基本姿势开始。右脚蹬地髋关节向左旋转，双手握拳置于体侧；同时，右腿以髋关节为轴屈膝上提。当大腿抬至水平或稍高时，关节向前送、向前顶，小腿以膝关节为轴快速向前上方踢出，力达腿尖，整条腿踹直。踢击后迅速放松，右腿沿原路线弹回，将右脚放置在左脚前面仍成实战姿势。

动作要领：膝关节夹紧，小腿放松，要有弹性；往前送，高踢时往上送；小腿回收与前踢的速度一样快。主要攻击部位有面部、下颌、腹部、裆部。前踢亦可用于防守。将前踢发力部位由脚尖改换为脚跟时，前踢动作就变为前蹬动作，动作方法要点相同，只是脚的形状发生了变化。

(二) 侧 踢

从实战的基本姿势开始。右脚蹬地，右腿以髋关节为轴屈膝提起，两手握拳置于体侧；随即左脚以前脚掌为轴外旋 180°，髋关节向左旋转，右腿以膝关节为轴向前蹬伸，右脚快速向右前上方直线踢出，力点在脚跟。发力后沿起腿路线收腿，放松，重心落下（原处或向前均可），再次回到实战姿势（图 10–28）。

动作要领：起腿时大小腿，膝关节夹紧；踢出发力时头肩，腰，髋，膝，腿和踝成一直线；大小腿直线踢出，原路线收回。侧踢动作的主要攻击部位有膝部，腹部，肋部，胸部和头面部。

图 10–28

(三) 后 踢

从实战姿势开始。转身后腿后撤背对对方。重心后移至左脚，右脚蹬地后屈膝提起，右脚贴近左大腿，两手握拳置于胸前；随即左脚蹬地伸直，右脚自左大腿内侧向后方直线踢出、力达脚跟。踢击后右脚沿原路线快速收回，成实战姿势。

动作要领：起腿后上体和大小腿折叠收紧；后踢时动作延伸要长，用力延伸；转身、提腿、出脚动作连续一次性完成，不能停顿；击打目标在正后偏右。后踢动作的主要攻击部位有膝部、腹部、裆部、胸部和头面部。

（四）下　劈

从实战姿势开始。右脚蹬地，重心前移至左脚。同时，右腿以髋关节为轴屈膝上提，两手握拳置于胸前；随即充分送髋，上提膝关节至胸部，右小腿以膝关节为轴向上伸直，将右腿伸直举于体前，右脚过头。然后放松向下以右脚后跟（或脚掌）为力点劈击，一直到地面，成实战姿势。

动作要领：腿尽量往高、往头后举，要向上送髋，重心往高起；脚放松往前落，落地要有控制；起腿要快速，果断；踝关节要放松。劈腿的主要攻击部位有头顶、脸部和锁骨。

（五）勾　踢

从实战姿势开始。右脚蹬地重心前移，右腿以髋关节为轴屈膝上提，两手握拳置于体侧；左脚以前脚掌为轴外旋 180°，右腿以膝关节为轴继续向前上方伸成直线，顺势右脚的脚掌用力向右侧屈膝鞭打，顺鞭打之势上体右转，右腿屈膝回收，右脚落回原处，成实战姿势。

动作要领：提膝、伸直，右侧屈膝鞭打动作要连贯快速，没有停顿；击打点在体前偏右侧，以脚掌为击打点；左脚旋转支撑保持平衡，踹击后迅速将腿收回。勾踢攻击的主要部位是头面部和胸腹部。

（六）后旋踢

从实战姿势开始。两脚以两脚掌为轴内旋约 180°，身体随之右转约 90°，两拳置于胸前。上体右转，与双腿拧成一定角度。右脚蹬地将蹬地的力量与上体拧转的力量合在一起，右腿继续向右后旋摆鞭打，同时上体向右转，带动右腿弧形摆至身体右侧，右腿屈膝回收；右脚落到右后成实战姿势。

动作要领：转身旋转、踢腿连贯进行，一气呵成，中间没有停顿；击打点应在正前方，呈水平弧线；屈膝起腿的旋转速度要快；重心在原地旋转 360°。后旋踢攻击的主要部位有面额和胸部。

（七）推　踢

从实战姿势开始。右脚蹬地，重心前移，右脚以髋关节为轴提膝前蹬，用右脚脚掌向前蹬推，力点在脚掌，推力向正前方。

动作要领：提膝后尽量收紧膝关节；重心往前移，利用身体的重量和力量；推的时候腿往前伸展，送髋；推的路线水平往前。推踢的主要攻击目标是腹部。

（八）横　踢

从实战姿势开始。右脚蹬地，重心前移至左脚，右脚屈膝上提，两拳置于胸前；左脚前脚掌碾地内旋，髋关节左转，左膝内扣；随即左脚掌继续内旋至 180°，右腿膝关节向前抬至水平状态，小腿快速向左前横向踢出；击打目标后迅速放松收回小腿。右腿落回原地成实战姿势。

动作要领：膝关节夹紧，向前提膝，尽量走直线；支撑脚外旋 180°；髋关节往前顺，身体与大小腿成直线；必须注意击打的力点在正脚背；踝关节放松，击打的感觉是“面团”“鞭梢”。横踢攻击的主要部位有头部、胸部、腹部和肋部。

四、跆拳道的规则

（一）场　地

竞赛场的表面须用指定的木板或被承认的材料铺着，而且要平滑，竞赛场以 12 米见方，表面不可有任何障碍物、突出物。竞赛场也可设于高于地面 20 厘米以内的地方。竞赛场分为两个区域，两区域之间的境界称做境界线。竞赛场中央部分有 8 米见方的境界，是用宽度 7.5 厘米白线标示，叫做境界线。境界线内的区域即是比赛场。

（二）得　分

以踝关节以下部位攻击对手髋关节以上的部位（不包括后背和后脑）称为合理攻击。每个合理的攻击将得分，下述为合理的攻击：

1. 击打对手的得分部位，除了头外，得分部位包括腹部及身体两侧，这三个部位标于对手的护具上。禁止击打对方小腹以下部位。

2. 用规则允许的身体部位击打对手。须用正确紧握的拳头的食指和中指的前部或脚踝关节以下的部位击打对方。

若三位裁判中的至少两位对击打进行了认定并记录，则得分有效。

五、跆拳道的竞赛

跆拳道比赛包括两，即蓝方和红方。双方以脚踢击打对手的头和身体或用拳击打对方的身体而得分。比赛分 3 个回合，每回合 3 分钟，两回合之间休息 1 分钟。选手可通过下述方法获胜：将对方击出场外，得分最高，使对手被罚分达到 3 分，或对手被剥夺比赛资格。

跆拳道是一项身体全面接触的运动，比赛开始前，要求参赛选手穿防护服，头部、身上、前臂、胫骨、腹股沟佩带护具。比赛前所有参赛选手将接受检查以确保其穿上所要求的护具。裁判分别发出“cha-ryeot”和“kyeong-rye”指令后，双方立正并相互鞠躬，然后裁判喊“Shi-jak”! 宣布比赛开始。

犯规是跆拳道比赛中的一个重要因素，不仅因为被罚 3 分--在高水平比赛中极为罕见--意味着自动失败，而且仅罚 1 分就可左右比赛的胜负。

跆拳道犯规分为 Kyong-go 和 gam-jeom 两种。最常见的 Kyong-go 犯规或警告意味着罚 0.5 分，但是若仅有一次这种犯规则不计入罚分，除非再次犯规而累计罚 1 分。若选手抓、抱、推、逃避性地背对对方、假装受伤等时，则判 Kyong-go。

另一种更为严重的犯规称为 gam-jeom，将被罚 1 分。典型的犯规行为包括扔对手、在格斗中在对手双脚离地时故意将其放倒、故意攻击对手后背、用手猛击对手的脸部。

选手被击倒后裁判如拳击比赛一样开始 10 秒的读秒。在跆拳道比赛中一方由于对手发力而使其脚底以外的其他任何部位触地则判为被击倒。裁判也可在选手无意或无法继续比赛时开始读秒。

一旦出现击倒，则裁判喊“kal-yeo”意为“暂停”，指示另一方退后，裁判开始用韩语读秒从 1~10。即使被击倒的选手站起来欲继续比赛，他或她必须等待裁判继续读秒至 8 或“yeo-dul”，然后裁判判定该选手是否能继续比赛。若其无法继续比赛，则另一方以击倒获胜。

在除了决赛以外的其他比赛若以平局结束，则分数高的一方获胜。若双方仍旧平分秋色，则由裁判根据比赛中双方表现的主动性来决定在三回合各三分钟的比赛中哪一方占优。若为争夺金牌的决赛，则双方进行第四回合即突然死亡回合的较量，率先得分者获胜，若无人得分，则裁判判定通过判断谁在该回合中占优而决定最后的胜方。

第十三节　台　球

一、台球运动简介

（一）起源与发展

台球运动至今已有五六百年历史，起源于哪国众说纷云，但源于西欧是无可争辩的事实。台球运动传入我国是在清末民初。当时在“上等阶级”中十分流行，各大城市包括北京都有很多的台球厅或台球社。到 1960 年，在当时国家体委主任贺龙元帅积极倡导下，举办了第一届全国台球比赛。近几年随着我国经济的发展，台球运动在全国蓬勃开展，各地纷纷成立台球协会，举办各种比赛。1996 年中国台球协会的成立，标志着我国台球运动进人了一个新的发展时期。

（二）运动特点

台球运动既不像其他球类运动那么激烈，又不像棋类活动那么安静。它不仅静中有动，而且还在动中求静。打台球时人的情绪会进人一种神宁、气足的境界，而这种境界，就是台球的“意”，同时，打台球时还必须消除一切杂念，全神贯注于发挥自己应有的球技，这种意识就是台球的“念”。因此台球的真实内涵，就是要以自身“心”“意”“念”的统一来提高自己的球技和锻炼自己的身心。

1. 台球的种类

台球大体可分为两大类，一种是无袋式台球，以击中球来计分，称为开伦球，另一类是有袋式台球，它有 2 红 1 白英式比例、有 22 个球的英式司诺克，以及有 16 个球的美式台球三种。美式台球在全世界是最普遍的一种台球。

2. 台球的器材和设备

球台台面是凹进去的，四边高于台面的边沿，台面部分称为“台盘”，边沿部分称“台边”。台球台一般分为三种，即开伦式球台（又称撞击式球台），它以台盘内沿垂直测量，长 2.85 米、宽 1.56 米、高 0.80 米；美式落袋球台在角上和边腰上共有 6 个网袋，四角的叫“角袋”，两腰的叫“腰袋”，从台盘内沿垂直侧量：长 2.72 米、宽 1.371 米、高 0.80 米；英式落袋球台以台盘内沿垂直测量，长 3.65 米、宽 1.82 米、高 0.85 米（图 10–29）。

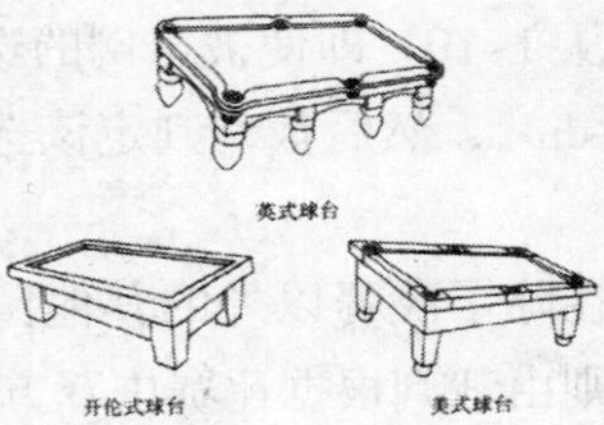

图 10–29　三种球台样式图

3. 球和球杆

开伦球的直径为 65.5 毫米，重 230 克。落袋球的直径为 52.5 毫米，重 170 克。球杆的长度没有硬性规定，一般长 1.5 米左右，重 400~500 克。球杆一头粗一头细，杆头上安装角质的部分称为“光角”，光角的前端装有皮制的圆形“皮头”，皮头坚韧而有弹力，是球杆上直接撞击球的部分。色粉又名“巧克粉”，是由一种特殊的粉末压制而成的硬块，以便给皮头上粉，以防击球时滑杆。记分牌是专门用来记录击球得分的器具，如算盘一样立式计分。现代式记分方法是电子数字式记分显示。

二、台球基本技术与技巧

（一）架杆手势

用手为击球做成的各种支架称手杆架，它的重要作用在台球运动中往往被人们所忽视。要保证击球的准确性，必须有自然而稳定的杆架来支撑，它可以准确地引导球杆进行击球动作的导向。架杆手势有两种基本手法，第一种是凤眼式；第二种是平背式。此外，还有 V 形架杆手势、台边架杆手势等几种架杆手势，不过都是在特殊情况下使用的。由于球的位置变化多端，以及打法不同，仅靠几种常用的标准架杆手势是不够的，因此架杆手势也不可能千篇一律，而是多种多样、五花八门。

（二）握杆方法

无论是右手握杆还是左手握杆，握杆的位置很重要。握得合适能轻松自如平稳击球，这是打台球开始的第一个重要因素。握杆时，不能握得太紧，不然手和手腕肌肉紧张，手臂僵硬，不能平顺滑动出杆击球。选择球杆时应注意长度，重量要合适。以右手握杆为例击球抽打时，要先把球杆轻轻送出接近主球的击点，抽送动作要连贯、自如。后手送出球杆时必须保持水平，不可左右上下摇动，抽打动作后的击球瞬间，利用手腕的爆发力出杆，才能将球击出较远的距离，手腕关节灵活且富有弹性是要诀。

（三）击球要领

能否瞄得准打必进，击球姿势起着重要的作用，而正确的击球姿势取决于以下几方面：

1. 身体站立位置

身体站立的合适位置要根据球和球杆的方向、距离来决定。先用右手按照要求握好球杆，而向球台上要打的主球方向站好，平握球杆，杆头指向主球，与主球相距 6~10 厘米。握杆的右手拇指要和裤子侧缝对齐。球杆的指向必须与主球行进方向成一条直线。

2. 脚的位置

身体站立的位置确定后，握杆的右手原位不动，在两脚立正站立的姿势下，左脚向左稍前侧方迈一小步，宽度略与肩宽（可根据身材高低调整），使左脚与球杆平行。左脚膝关节稍屈，轻踏在地上。右腿直立，右脚向右撇，与左脚成70°~80°，分开站立，以支撑住身体的后半部体重。两脚平放在地面上，不要虚提或离开地面，右脚绷，构成一个稳固、坚定的击球姿势。

3. **上身姿势**

左臂稍曲，左手置于主球后方约15厘米固定，上体尽量压低，球杆的中轴线在两眼中间。握杆的右手臂肘部向上抬起，前臂垂直下垂与上臂成90°。击球时，右手切不可过胸部，身体应根据两脚的位置和架杆的位置取一个自然的姿势，使球杆沿水平方向做前后抽打动作。

4. **面部位置**

使面部的垂直中心线与球杆的中轴线，保持在同一个垂直中心平面上。在瞄准时，将下颌对准球杆中轴线上，并与球杆相贴，用眼睛侧定主球的进路，两眼保持水平，向前平视。这样面部中心，包括鼻子、嘴和下颌，便都能与球杆和右上臂，进入同一个垂直平面里。

（四）16彩球的打法

美式16彩球有以下三种比较普遍的打法。

1. **顺序打法**

开球前先将1、2、3和15号球按固定位置放置，其余11个球自由摆放在三角形内。白球为主球，开球人把主球放在开球起点上，然后打出主球先撞击三角形内的目标球。要求以1号球开始打，顺着球的号码由低至高顺序把目标球击入袋内。如果击球者不能按顺序把球击入袋内，由对方击球，把不该进袋的球罚出。计分方法为打入1号球得1分，打入2号球得2分。依次类推，谁先打到60分以上谁就是胜利者。

2. **色球打法**

这种打法最简单、易学。把15个目标球分成2组，一组为全色球，另一组为三色球再加一个黑色球。要求先选择球色组开打，把一种颜色的球（7个球）全部击中袋内后再打黑色球，最后定胜负。先进黑色球者为胜利者，如果自已在击球过程中没有完成自己选定颜色球，把黑色球击人袋中，判对方胜。

3. **呼唤打法**

参加人数不限，击球者在击球前声明撞击哪一个球，进哪一个袋，如落错袋，球要罚出，失去击球权，最后进球多者为胜利者。

开伦球简要规则——4球撞击式开伦台球是开伦台球中最有代表性和最基础的。台面上有四个球，两白两红，其中一个白球嵌有黑点。首先选择开球权，比赛时要采用吊球法。开球者以嵌有黑点的白球为主球，对方为白球。开球者必须先撞击自己面前的台球，然后可撞击任何球。主球撞到三个目标中的两个就可得1分，最后先达到规定的分数者为胜。

第十四节　高尔夫球运动

一、高尔夫球简介

“高尔夫”是荷兰文 kolf 的音译，意思是“在绿地和新鲜氧气中的美好生活”。

19 世纪，高尔夫球传入美国。1922 年，世界上第一次国际性比赛是美国对英国的“沃克杯”高尔夫球对抗赛。高尔夫球于 20 世纪初引入中国。高尔夫球运动是在室外广阔的草地上进行，设 9 或 18 个穴。运动员逐一击球入穴，以击球次数少者为胜。比赛一般分单打和团体两种。1860 年，英格兰举行了最早的高尔夫球公开赛。在这一年中，印度、加拿大、新西兰、美国等国家也相继举办比赛，继而进行国际、洲际及至世界性的比赛。现在的世界杯、英格兰和美国公开赛这三项比赛，可以说是高尔夫球的最高水平的竞赛。

高尔夫球场一般设在风景优美的草坪上，中间需要有一些天然或人工设置的障碍，如高地、沙地、树木、灌丛、水坑、小溪等。球场的形状没有统一的标准。9 个球洞的场地面积为 3034 平方米；18 个球洞的场地面积为 6400 平方米。球洞直径 10 厘米，深约 10.5 厘米。每个球洞的旁边插一面小旗，距离洞口 100 米或 500 处设一个发球点。

二、比赛方法

高尔夫的比赛形式有比杆赛及比洞赛两种。无论是职业赛或业余赛均以比杆赛的形式较为常见。

1. 所谓比杆赛，就是将每一洞的杆数累计起来，待打完一场（18 洞）后，把全部杆数加起来，以总杆数来评定胜负。

2. 比洞赛也是以杆数为基础，但不同之处在于比洞赛是以每洞的杆数决定该洞的胜负，每场再以累积胜负洞数来裁定成绩。

3. 比杆赛规定必须待球被击入球洞后，才可移往下一个洞的开球台去开球。而比洞赛是在每一洞就决定胜负，因此只要对方同意就不必坚持球皆需进洞的原则。

4. 在比杆赛和比洞赛中，选手违反规则所受处罚也有所不同。一般而言，比杆赛的罚则是罚两杆，而比洞赛的罚则为处罚其该洞输球。

5. 正规的竞赛中，每位选手只能携带 14 支以内的球杆参赛，球杆若少于 14 支时可补充到 14 支。比赛中可更换损坏或不堪使用的球杆，但以不耽误比赛为原则；而且不论补充或更换球杆，皆不得向球场上任何一位参赛者借用。球杆一旦借出后，直至比赛终止，借出的球杆将供借用者使用，借出的一方不得使用。

比赛一般分为单打、双打、1 对 2、循环赛等。比赛时，运动员在开球区依次用球棍击出各自的球，然后走到球的落点处，继续击球，直到把球击入洞内。谁用最少的次数把球击入所有球洞，就获得胜利；分为补给、双倍补给、小鸟球、老鹰球、双鹰球五种。例如，规定杆数为三杆，打出四杆（多出规定杆数一杆）为补给，超出两杆为双倍补给，它们合称晦气，比规定少一杆为小鸟球，两杆为老鹰球，三杆为双鹰球。

三、高尔夫球基本规则

1. 虽然高尔夫球有许多规则，然而最基本的不外乎下列两点：

(1) 参赛者务必在公平的条件下进行比赛。

(2) 比赛过程中必须要客观地处理对自己有利的状况。

2. 至于其他各项规则，都是基于以上两点基本原则所制定的。

遵守规则从自己做起，高尔夫规则虽是由高尔夫协会所制定，但绝大多数仍是由选手本身执行实际上的管理。当比赛进行时，每位选手皆负有使比赛公平公正的责任，并且基于公平竞争的精神，每一位选手应要求自己成为一位遵守规则的裁判。

3. 以击球方式将球打进洞

(1) 所谓打高尔夫球最基本的原则就是将一个球自球台连续打击至使其进洞为止。简而言之，即是由第一杆开始，接着第二、第三杆，重复地击球，将球打进洞，除此之外别无他法。若是拿着球移动，或是利用投掷、滚地等方法，都是违反规则的。

(2) 待球处于静止状态后，方可继续进行比赛。当球被击出后，不论是在何种状态下行进，都应该等到球处于静止状态后才可继续进行比赛，此乃高尔夫不变的法则，绝对不可触摸或挪动球的位置，亦不能为求便于挥杆而改变周遭的环境。

四、安全事项

球员在击球或进行挥杆练习时，应确保球杆可能击打到的地方及可能因击球或挥杆而被球或任何石块、小石子、树枝等打到的地方及其附近无人站立。在前面一组球员还没有走出球的射程范围之前，球员不应当打球。在球员的击球可能会危及附近或前方的球场管理人员时，球员应当随时提醒有关人员。

如果球员打球后球飞向可能会击中别人的方向，球员应当立即高声喊叫进行警告，在该场合告警的惯用语是“看球”。为其他球员着想，不要干扰或影响他人，球员在球场上要始终为其他球员着想，不应以走动、讲话或制造不必要的噪声干扰他人打球。球员应当确保自己带到球场的任何电子用品不会对其他球员造成影响。在发球台上，在轮到自己发球之前球员不应先架球。当其他人准备打球时，球员不应站在球或球洞附近或站在球或球洞的正后方。

五、对球场的保护

在离开沙坑前，球员应仔细地平整好其在沙坑内造成的所有坑穴和足迹，以及他人在附近造成的坑穴和足迹。如果沙坑附近有沙耙，应当使用沙耙进行平整。球员应当避免对球场造成伤害，如在进行练习挥杆削起草皮，或因生气或其他任何原因用球杆杆头砸击地面。球员在离开球洞区之前应将旗杆正确地放回球洞中。球员应严格遵守当地有关驾驶高尔夫球车的注意事项。

六、成绩的计算

1. 平均法

差点=5 次比赛的平均成绩–标准杆。

2. 新新贝利亚计算法

A. 从 18 洞中任选 12 洞的杆数总和×1.5=总数。
B. 从此总杆数减去标准杆后×0.8=差点，即（12 洞杆数总和×1.5 —标准杆）×0.8=差点。
C. 净杆=总杆–差点。

第十五节　登山运动

一、概　述

登山是从低海拔的平缓地形向高海拔山峰攀登的一类体育运动，运动员徒手或使用专门装备攀登各种不同地形的山峰或山岭。登山运动始于 18 世纪 80 年代，因此项运动首先从阿尔卑斯山区开始，故也称为“阿尔卑斯运动”。中国此项运动始于 20 世纪 50 年代，1955 年出现第一批登山运动员，1956 年建立一支登山队。1960 年和 1975 年先后两次从东北山脊登上珠穆朗玛峰。

登山运动主要分为以下几种，一是金字塔式兵站式登山，即依靠大量雇佣人员的高山登山活动，登山队的人数与雇佣人员的比例一般为 1:3；二是登山旅游，一种不登顶峰的旅行游览活动，三是阿尔卑斯式登山，是一种不依赖他人，完全或主要靠登山者自身力量从事攀登各种山峰的登山活动；四是技术登山，一种依靠熟练的攀登技术和各种技术装备专门攀登悬崖峭壁的登山活动。

登山过程中遇到的危险，一般分为天然危险和人为危险两大类。前者指自然界对登山者构成威胁的各种危险，如滚石、雪崩、冰崩、冰裂缝、山间急流、日晒、大风、大雪、低温、云雾和雷电等。此类危险常给登山者造成伤亡。后者主要包括登山者由于不熟悉山间自然变化规律，或缺乏必要的装备和不注意保护，失足滑坠跌入冰裂缝中或悬崖冰壁下，或患高山病等。高山病又称高山适应不全症，主要是由于缺氧、低温、低湿、日光强辐射、高空风等因素结合在一起，对人体构成的综合性影响，主要包括高山反应、高山肺水肿、高山昏迷、高山高血压、高山红细胞增多症、高山心脏病、慢性高山混合型 7 种。

登山装备是指登山活动中集体或个人所使用的专用装备、保障装备和日用装备的总称。它与登山食品、燃料一样构成登山活动的整个物资保证。携带登山装备应重点考虑轻便易携、坚固耐用、便于拆卸、一物多用等特点。共分三大类：第一，宿营装备，包括帐篷、炊具、寝具和各种燃料等。第二，技术装备，包括登山绳、氧气装备、测量仪器、高度计、干湿度计、钢锥、登山铁锁、升降器、挂梯、滑车、雪铲等。第三，个人装备，包括登山服装、登山鞋、高山靴、头盔、电筒、手套、防护眼镜等。

二、登山技术

登山技术是指登山运动中为克服地形上遇到的各种困难而采取的科学的操作方法。分为行进技术、保护技术和结绳技术 3 大类。

（一）行进技术

1. 攀登技术

根据不同的地貌特点，可将攀登技术分为岩石作业和冰雪作业两大类。在陡峭路段上的攀登技术，主要有如下几种：

（1）攀登岩石峭壁技术：徒手攀登的基本要领是 3 点固定，即在双手双脚握（或登）牢 3 个支点的条件下才能移动第 4 点。对攀登者要设专门保护装置。攀登者要携带足够数量的钢锥（扁锥、螺锥等），沿路打入做人为支点。各支点间距离约为 0.5 米，不要密度太大数量过多。这种人为支点的作用不仅在于防止攀登者滑脱，而且通过保护装置可使胸部多一支点，借此便可腾出双手安全地进行打锥等操作。

（2）攀登岩石裂缝的技术：适用于宽度不超过 1 米的裂缝，根据其不同宽度，分别采用立式攀登、剪式攀登、坐式攀登和跪式攀登 4 种姿势。各种方法在身体姿势和支点接触方式上虽有所不同，但其动作基本要领则都是 3 点固定，在攀登过程中还要专设保护装置。

（3）攀登冰陡坡技术：要在脚下配带冰爪，而且一般情况下，要用绳索结组，在固定保护下轮流单人攀登。攀登时，双手在胸前横握冰镐，一手握镐头三通处，镐尖朝下，一手握冰镐下方 1/3 处（双手距离约等于肩宽），双臂用力将冰镐尖扎牢于冰面，然后依次移动双脚，反复进行。踏脚时也要用力使冰爪扎牢于冰面。近年来，出现了攀登者采用双手各握一把短小冰镐上攀的方法。

2. 下降技术

在 45°以下的缓坡、中坡下降，可在冰镐辅助下自然行进。在 45°以上的陡坡、峭壁下降则必须有一定的装备和技术。其下降方法有以下几种：

（1）三点固定下降法：岩石作业下降技术的基本方法是利用双手、双脚握或蹬牢三个支点，然后移动第四个支点。这种下降方法比三点固定攀登更加困难，因此一定要设上方固定保护。

（2）利用器械下降法：最常用的一种方法，原理是利用主绳同连接于身体上的一定器械之间的摩擦，减缓并控制下滑速度达到下降目的。主要包括利用下降器下降、单环结下降、坐绳下降和缘绳下降

3. 渡河技术

主要用于山间水流急湍、水深、河底多尖石、水温低而河面不很宽的河流。先将牵引绳一端捆扎于河岸树上，由一人涉水或绕着上游过河，将绳另一端固定于河对岸较低树干或地面上，后继者即以滑车或铁索在牵引绳上滑行过河。

(二) 保　护

1. 固定保护

在攀登岩石峭壁、冰峭壁等技术操作复杂、危险性大的路段时多被采用，是对行进者或攀登者预设的专门保护。根据保护者与被保护者的相对位置可分为交替、上方和下方 3 种保护方式。普遍采用的保护方法有站立式保护法、坐式保护法和器械保护法。

(1) 站立式保护法：保护者应首先要选好保护位置，做好自我保护，然后身体侧对岩石站立。站立时先将前（左或右）腿迈出一步，脚蹬在有利的支点上，腿伸直、脚尖指向攀登者，后腿稍屈成弓箭步，身体重心落在后腿上，形成保护姿势。为了使保护绳不易脱落，保护者应在身上适当缠绕绳束，其方法是先将保护绳的一端从左或右腋下由里向外在胳臂上绕一圈后握紧绳索，保护绳的上端经背部再从右或左肩搭下，用右或左手在胸前握绳。

(2) 坐式保护法：这种保护也要首先选好有利地形，做好自我保护。保护者面对被保护者，坐在地上，两腿自然分开，两脚蹬住较凸的岩石等作支点。保护者同样应把保护绳连接被保护者，另一端（即固定一端）经腰部向前拉拢。两手在腹前握住。

(3) 器械保护法：利用下降器和铁锁进行保护，其保护姿势可根据地形条件采取站立式或坐式。首先安装好保护装置，将绳索按“8”字形缠绕在下降器上，双手分别握紧从下降器绕出来的绳索。

2. 行进保护

行进保护是指行进中不预设专人保护，只是在出现险情后攀登者依靠保护装置而采取的一种应急保护。最普遍而简便的方法是用主绳将 2~5 名运动员的身体连接构成一个结组，结组行进中，一旦有人失误滚坠，同组其他人都要立刻以最方便的姿势和最快的动作，将冰镐全力插入冰雪、碎石或裂缝中，以期通过固定自己身体而拉住滚坠者。

3. 自我保护

不管是行进保护还是固定保护，攀登者一旦失误，都不能消极的依赖别人保护，而要尽量做出各种自救动作，这就是自我保护，特别是在行进中，如果失误滑坠，就要在高呼“保护”的同时，迅速将身体成俯卧姿势，并用全力使冰镐尖与坡面摩擦，以减低下滑速度。

(三) 结　绳

利用打结使绳索之间、绳索与其他设备之间互相连接的方法，称为结绳技术。结绳依其用途不同而分为固定绳结、结绳绳结、保护绳结和操作绳结 4 种类型。

1. 固定绳结

固定绳结是将绳索一端直接固定于自然物体上的结绳方法，多采用织布法（布林法）、牵引结、通过结、双套结、帐篷固定结等绳结。

2. 接绳绳结

接绳绳结是将短绳接成长绳的使用的绳结，所接绳直径有时相同，有时不同，方法可分为平结、交织结、“8”字结、混合结、防脱结。

3. 保护绳结

这是使绳索之间或绳索与铁索之间能够产生摩擦和滑动的连接方法。分为单环结和抓结。

4. 操作绳结

用于特殊的攀登和下降技术中所采取的结法，主要为双套法。此结法既可作固定用结，也可用于攀登和下降。

三、登山比赛的组织

开展登山竞赛要事先选定一座山峰（一股攀登难度不宜太大），以登顶为目标。将参加比赛的运动员分为若干个结组（或队），从一个出发点同时出发，按事先规定的路线越过草坡、山涧河流或小溪、冰坡或雪坡，选择宿营地点，攀登岩石峭壁等，最后登上顶峰，然后再下山返回原出发地点或指定地点。

在路线上，每一段特殊地形（如渡河口、峭壁、宿营等地段）都设有裁判员，对于各组（队）通过特殊地形时的路线选择、通过方式、技术装备的使用、攀登技术的运用和发展、宿营地点的选择（包括地点是否安全、生活是否方便、帐篷搭置是否合理等）进行评定。这种登山比赛多半在大专院校的学生中和军队中进行，参加者一般事先都经过比较系统的训练。竞赛项目一般包括单人计时攀登赛（分男子单人和女子单人比赛）、两条路线平行攀登赛、个人自选路线赛、双人结组攀登赛和集体（小队）登山攀岩比赛。

第十六节　定向越野

一、简　介

定向越野是一项融健身性、知识性、趣味性于一体的体力与智力并重的运动项目，非常适合在大学中开展。定向越野作为一种实用价值很高的运动，是指在野外凭借指北针与标有若干检查点和方向线的地图，按预先设定的陌生路线依次寻找到各个检查点后，用最短的时间跑完全部路程。定向越野可在野外或公园与校园中进行，通过这项运动的锻炼，可以熟悉野外行动规律，提高识辨复杂地理环境的能力，培养勇敢顽强的探索精神，掌握必备的生活技能和自我求生本领，最终达到克服自然障碍和预防不测事件的目的。经常参加定向越野不仅能强健体魄，促进耐力的发展，还能够在轻松愉快的游玩过程中增长识图、用图知识，同时对培养独立性、自信心和意志品质具有独特的作用。

二、定向越野所需的物质条件

开展不同等级、不同项目的定向运动，其所需的物质条件也不尽相同。以下介绍的是个人徒步定向越野所需的基本物质条件，原则上它们也适用于其他定向运动项目。

(一) 器 材

号码布、指北针、检查卡片、地图、检查点标志、标志旗、点签（图 10–30）。

除了上述 7 种器材之外，国际定联还制定了一套《检查点说明符号》，帮助运动员在某些等级较高或规模较大的比赛中正确地寻找检查点。这些检查点说明符号是在比赛前以表格的形式提供给运动员使用的。

定向越野比赛对运动员的服装没有特殊的要求。根据经验，运动员对服装的选择应该是：衣裤紧身而又不至影响呼吸与运动，为防止树枝刮伤和害虫侵袭，最好穿着面料结实的长袖衣和长裤甚至使用护腿。鞋要求轻便、柔软而又结实，为便于上下陡坡、踩光滑的树叶或走泥泞地，鞋底的花纹最好是高凸深凹的。

图 10–30　定向越野的器材

(二) 场 地

1. 赛区域的地形

地形是地物和地貌的总称。地物是指地面上的固定性物体，如居民地、建筑物、道路、河流、树木等。地貌是指地面的高低起伏状态，如山地、丘陵、平地、洼地等。由于地形对定向越野比赛的难易程度和用时长短有较大的影响，因此要根据比赛需要选择地形。

2. 起点和终点

定向越野比赛的起点与终点最好设置在同一处，这样能方便比赛的组织工作。起点与终点一般设在地势平坦且面积足够大（与比赛规模相适应）的开阔地上。对于作为终点通道的地段就更要平坦和有足够的长度，这样才能让裁判人员与观众看清楚跑回来的选手。

3. 比赛路线

定向越野比赛路线通常按环形设计（图 10–31）。比赛路线的距离只是个相对准确的数字，因为它是从起点经各检查点至终点的图上最短水平距离计算的。比赛路线的距离一般要根据运动员的水平和比赛时间确定。

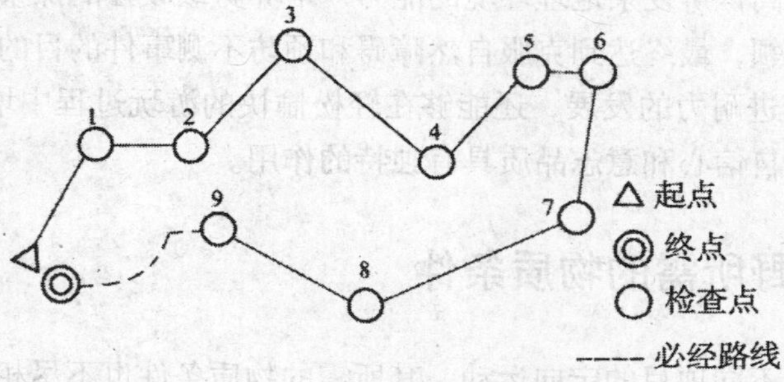

图 10–31　定向越野比赛路线设计

三、定向越野的基本技能

（一）国际定向越野地图与指北针的使用

地图和指北针是定向越野运动中使用的主要工具。如何熟练而灵活地利用它，为快速寻找目标点服务，是学习的目标。因此，这里重点介绍定向地图和指北针在实地的利用，包括实地判定方位、标定地图、对照地图确定站立点的位置。

1. 实地判定方位

实地判定方位是指在实地辨明东、西、南、北方向。了解实地的方位是使用地图的前提。

(1) 利用指北针判定方位：将指北针放平，待磁针完全静止后，磁针的红色一端即 N 端为北面，S 端为南面。如果测定方位的人面向北面，则他的左为西、右为东、背后为南。

如果想测某一点的方位，可将罗盘上的零刻度对准目标，当罗盘水平静止后，N 端所指的刻度便是测量点至目标的方位，如磁针 N 端指向 36°，则表示目标在测量位置的北偏东 36°。

(2) 利用地物判定方位：在野外，凡见到有地物和植物生长的地方，同样可以根据日常生活习惯和自然客观规律产生的现象进行方位判定。如在地球的北半球，人们居住的房屋或用于朝拜的庙宇大门通常都朝南开设；树木一般朝南的一侧枝叶茂盛，色泽鲜艳，树皮光滑，向北的一侧则相反；长在石头上的青苔喜阴湿，以北面为多旺；积雪多半是朝南的一面先融化等。

(3) 利用太阳和手表判定方位：在天气晴朗的日子，上午 9 时至下午 4 时，可将手表指示的时间折半后，用时针对准太阳，此时手表上的 12 时刻度即指向北方。其口诀是："时间折半对太阳，12 字头对北方。"但是要注意，一是将手表平置；二是在南、北纬 20°~30° 地区的中午前后不宜使用；三是要把标准时间换算为当地时间。

（二）标定地图

标定地图就是给地图定向，使地图的方位与现地的方位一致。通过标定地图，就可以将地图上的地物、地貌符号与实地的地物、地貌一一对应。这不仅可以帮助我们迅速地查看地图，了解实地地物的分布情况、地貌的起伏程度，以及它们之间的相互关系，还可以帮助我们根据地图上的路线，在实地选择具体的运动路线。这一技能将贯穿整个运动过程。常用的标定地图的方法有概略标定、利用指北针标定、利用地物标定。

1. 概略标定地图

地图上的方位是上北、下南、左西、右东。当我们在实地正确地辨别了方向之后，只要将越野图的上方对向实地的北方，地图即已标定。这种方法简单易学，是定向越野比赛中最常用的方法。

2. 利用指北针标定地图

定向地图上标有磁北线，用红色粗线条标出，箭头指向地图的上方。利用指北针标定地图时，通过转动地图，将指北针上的红色指针与磁北线的方向吻合或平行。由于指北针上的指针和地图上的磁北线都是红色的，所以也称此方法为“红对红”或“北对北”（图 10–32）。

3. **利用地物标定地图**

（1）利用直长地物标定地图：直长地物是指较长的线状地物，如铁路、公路、土垣、沟渠、高压线等。在图 10–33 中，运动员利用路边的沟渠来标定地图时，平移且转动地图，使图上的沟渠与实地的沟渠方向大致重合。

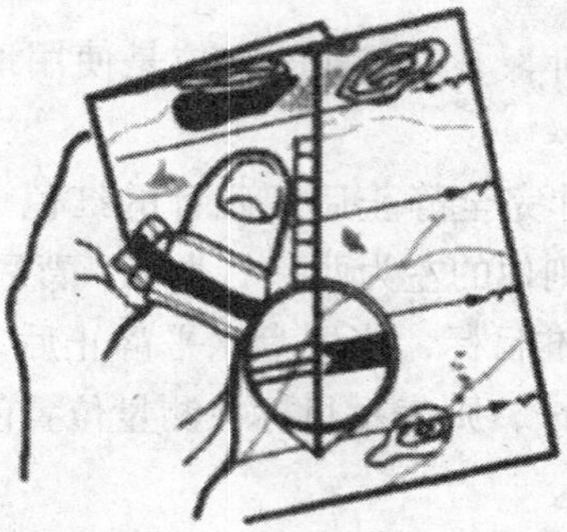

图 10–32　利用指北针标定地图

图 10–33　利用直长地物标定地图

首先，应在图上找到这段直长地物；其次，转动地图，使图上的直长地物与现地的直长地物方向一致；其三，对照两侧地形，使图与现地各地形点的关系位置相符。

（2）利用明显地形点标定地图：在实地找出一个与地图上地物符号相应的明显地物，如小桥、亭子、独立的建筑等，然后转动地图使图上的站立点至目标的连线与实地的站立点至目标的连线相重合。首先，选择一个图上与实地都有的明显地物；其次，转动地图，使图上的站立点至目标的连线相重合（图 10–34）。

（三）确定站立点在地图上的位置

在野外，时刻要注意确定自己站立的地点在地图上的位置，这是从事定向越野运动必须掌握的一项基本技能。其主要方法是，通过标定地图，将地图与现有的地物、地貌进行逐一对照，来确定自己的方位。

1. **直接确定**

当自己所处位置是在明显地形点上时，只要从图上找出该地形点、站立点即可确定，这是最常用的方法（如图 10–35）。

2. **利用位置关系来确定**

当站立点位于明显地形点附近时，可以利用位置关系来确定站立点。利用位置关系确定站立点主要依据两个要素，一是站立点至明显点的方向，二是站立点至明显点的距离。在地形起伏明显的地方，还可以结合高差情况进行判定。如图 10–36 所示，当站立于小河北岸、村舍正右方，左距公路 150 米远处，依此方位关系，在地形图上定出站立地点的位置。

3. 利用“交汇法”确定

当站立点附近无明显地形点时，可以利用“交汇法”确定站立点位置。按不同情况，它又可以具体分为90°法、截线法、连线法、后方交汇法和磁方位角交汇法。这些方法的优点是不需要判断或测量距离也能确定出较为准确的站立点位置。这对于初学者学习、巩固使用越野图的训练是很有意义的。以下为几种常用的方法。

当站在线状上时可以利用90°法、截线法、连线法来确定。

(1) 90°法：如图10-37所示。

图10-34 利用明显地形点标定地图

图10-35 利用道路交汇点确定

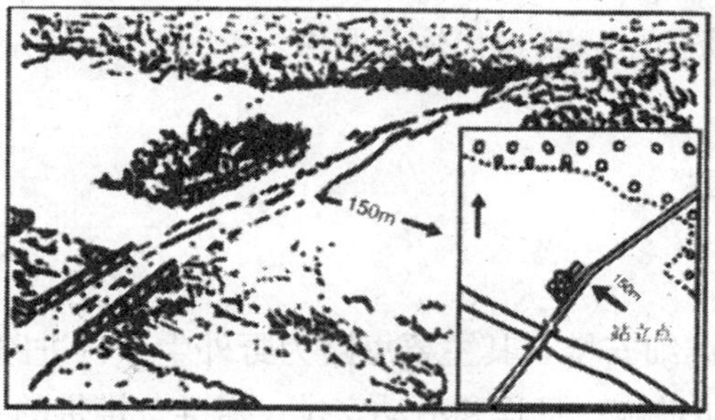

图10-36 利用位置关系确定

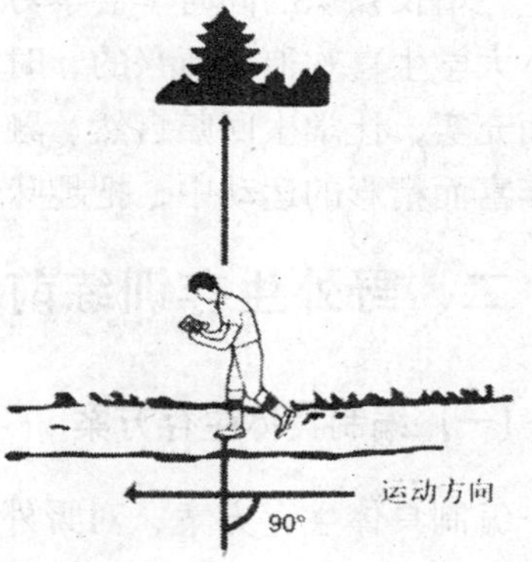

图10-37 90° 法

(2) 连线法：当你在线状地物上运动，同时待测的位置恰好是在某两个明显地形点的连线上时，可以利用这种方法确定站立点的位置（图10-38）。铁塔与小丘的连线中间与小路的交点，就是站立点的位置。小山顶与墓地的连线至路的交点，就是站立点的位置。

(3) 后方交汇法：在待测点上无线状地物可利用，地图与现地相应地都有两个以上的明显地形点，且地形较开阔、视线良好的情况下，可以采用这种方法确定站立点（图10-39）。

第一，在地图上取一个山顶为标志，与实地相应山顶在地图上做一直线。

第二，地图上的树丛与实地相应的树丛在地图上做一连线。

第三，两条直线的交汇点就是站立点。

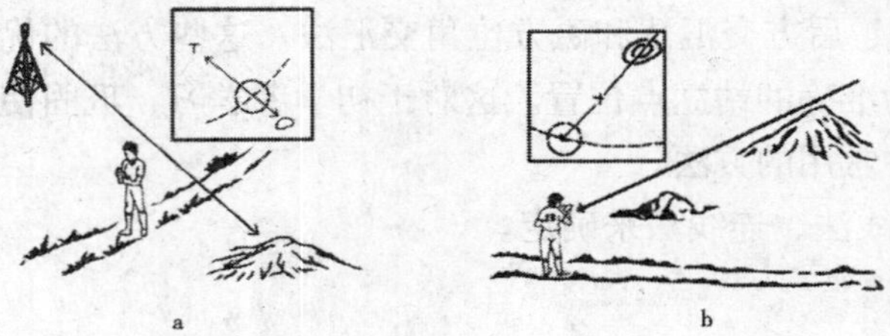

图 10-38 连线法

图 10-39 后方交汇法

第十七节 野外生存

一、野外生存训练的作用

在野外进行生存训练，空气新鲜，对人体的健康非常有益。

我国高校体育课程体系扩展到社会和大自然中，打破了体育课长期以来的封闭格局的教育形式。把野外生存与生活技能相结合，使学生在实践的体验中增长知识，系统地了解生存训练前的物质装备方面的知识及使用情况，掌握野外生存、急救、常见险情的处理措施。使学生在增长知识的同时学会学习、学会生存、学会做人。

大学生喜欢追求新兴的、时尚的、活泼的、富有激情的运动项目。野外生存训练内容丰富而充实，让学生回归自然、融入自然、适应自然，在形式灵活、方法多样、趣味性强、内容丰富而精彩的运动中，把趣味性与人文体育资源融入到现代体育课中。

二、野外生存训练前的准备

(一) 编制具体生存方案

编制具体生存方案，对野外生存过程做个详细安排。其主要思路为野外生存行进路线；每日宿营地；饮食来源；可能遇险的情况及预防措施；日程和活动安排；需准备携带的装备及食物；团队人员名单、组建领导小组及小组成员分工；应注意的事项和安排。

(二) 进行必要的生存前训练

野外生存是一项对人的心理、体能、生存技能要求很高的活动，没有必要的生存前训练是很难适应的。勉强进行野外生存运动很可能危害身心健康。野外生存前的训练，主要包括心理、体力和技能的训练。

(三) 生存装备

齐全的装备会给生存者带来很大的帮助，有时面对灾难，一些装备可能会挽救你的生命。

生存装备的种类很多，一般在选择携带的装备时，应该根据生存地的需要，选择实用、必需的装备。通常而言，生存者携带的所有装备用品应在15~25公斤比较适宜，有利于行进和保存体力。常用生存装备有折叠刀、钢丝锯、钢索、钢丝、鱼线和鱼钩、绳子、针和线、火柴、打火机、手电筒、指南针、手表、地图、消炎药水、季节性疾病的药物、食物、防雨用具、睡袋、帐篷、背包、手机等。

需注意的问题是，在野外生存出发前，一定要将行动路线图和日程安排复印件留给家人或朋友，一旦发生无法预防的意外灾难，不能设法返回时，就会有营救者前去，否则，你的命运就很难掌握在自己和他人手中了。

三、野外行走方法

（一）山地行走的一般方法

山地一般斜面陡峻、地形复杂、谷狭岭窄、崖高石多。山地行走应有路走路，在无路可走时，可选择纵向的边缘以及树高林稀、草丛低疏、空隙大的地形行进。一般不要走纵深大的深沟峡谷和草丛繁茂、藤刺交织的地方。尽量走梁不走沟，走纵不走横。

（二）复杂陡峻的山地行走

在复杂陡峻的山地行走时，需判断和选择有利地形通过。一般情况下，应该避开高坎、壕沟、藤刺交织、蛛网密集、草高茅锋的地带，避开碎石坡。在爬30°以上的上坡时，直线上行容易吃力，不容易踩稳双脚，可采取“之”字形上升法。攀登生长有树木的陡坡时，一面用手抓住树木引身向上，一面将脚移至树的根部稳住身体。下陡坡时，为防滑倒，应待脚站稳后，再松开抓住树木的手。南方多竹林，下竹林陡坡时，因竹叶铺地光滑，应先伸手抓住竹子，使身体依靠竹子的牢固性稳住后，再移动脚靠上去，依次而行，既不会滑倒，又有一定速度。攀登生长杂草或小灌木的陡坡时，注意不要乱抓草蔓，以免连根拔出或枝断使人摔倒。若不小心滑倒时，应立即面向山坡，张开两臂，以减低滑行速度。除密林外，不要面朝外坐，因为那样会滑得更快，在较陡的斜坡上还容易翻滚。

穿越丛林时，最好着长衣长裤，有条件的可进行绑腿，尽量减少皮肤的暴露，以免被藤刺所伤。穿越草深林密，难度很大的丛林时，可采取绕、砍、压、打、钻等方法。

在沙漠中行走，最重要的是要备足水、食物和保暖衣服。因为沙漠深处常常是寸草不生、忽冷忽热，上无飞鸟、下无走兽的不毛之地，一旦缺水断粮，会立刻陷入危险的境地。

沙漠中行走宜用慢行法，即每小时休息10分钟的走法，以免体力消耗过大，有利于防疲劳。同时，要尽量避开沙丘、溪谷、峡谷，选择安全省力的路线行走。另外，沙漠地区日夜温差大，为保持体内水分，宜采取夜行晓宿的方法，避开烈日高温。白色或浅色的衣服，有利于反射强光，减少身体水分蒸发。为免太阳直照，可用毛巾、衬衫、衣服遮盖头部，如有条件，应戴上墨镜，保护好眼睛。

如果人已极度疲劳并无法移动脚步时，应及时进行休整并通过有效的联络请求帮助。如果必须继续前进，实在走不动时，爬行也是一个好方法，因为这时你的腿可能没有力量，但胳膊可能还有力量。

过沼泽地时，如不能确定走哪一条路，可先投石问路，向前投几块石头，看地面是否坚硬，或用力跺一跺脚，看地面是否颤动。沼泽中的草丛有一定浮力，应尽量踏着草丛前进。

如果是团队行动，应分多条路线行走，必须走同一条路线时，彼此间要保持一定距离，并尽量不要踩着别人的脚印走，避免重力过于集中。过沼泽地时，最好手执一根长竿，先探一探前面沼泽的深浅和硬度，发觉不妙立即退回绕行，一旦陷入，可利用长竿支撑借力上移身体或递给同伴作借力之用。

四、野外生存训练的安全与保护

（一）野外迷失方向的处置

野外行走防止迷路的可靠方法是利用地图与现地进行对照，随时了解周围地形情况，每时每刻清楚自己所处的位置。如果没有地图，行走时应当注意观察和记住明显的标志物，多眺望附近的景观，以便遇到意外时心中有数。如果迷了路，首先不要惊惶失措，应立即停下来冷静地回忆一下自己所走过的路，想办法按一切能利用的标志重新定向，然后寻找道路。最可靠的办法是“迷途知返”，循着自己的足迹退回到原出发点，不要怕走回头路。但有时走回头路即使路线正确，由于观察角度的变化，也会出现标志物与记忆中的不一样，从而难以断定能否退回原出发点。如确实无法退回，就先登高望远，判明方向后再走。

野外迷失方向时的求救方法

1. 燃烧烟火。夜间的灯火非常耀眼，在1000米内，可以看见香烟头火光，1500米内可以看见手电筒的光亮，在12100米以上高空飞行的飞机，可以看见地面上的一盏普通照明灯。

2. 声音传导。试验表明，在1000米内可以听到汽车开动声和马蹄声，在1500米内可以听到人的呼喊声。但人在野外长时间呼喊，容易消耗体力，最好的方法是利用哨子。

3. 制作标记。在易于被空中、地面发现的开阔地段，如草地、雪地、海滩上，可以因地制宜制作地面标记——SOS字母，

4. 为便于被人发现，应脱去与周围颜色相近的衣服，露出白色或其他色彩鲜艳的衣服。注意发出信号后，不要匆忙离开原地，否则，难以被搜索队发现或错过被救的机会。

（二）防蛇咬的方法

1. 预防方法

（1）要防止被蛇咬伤，最好的办法是打草惊蛇。用棍棒拨打路边草丛，蛇一遇响动，就会逃之夭夭。

（2）注意观察。大多数蛇的皮色常与栖息处的背景色调相一致。灌木丛中攀缘的蛇，大多是绿色；栖息在树枝上的蛇，一般是棕色或灰色。

（3）要做好必要的防护工作，如穿长裤和高靴鞋，戴帽子和手套。防护器材越厚实越安全，即使被咬也不会伤及肉体中毒。

2. 毒蛇咬伤的处置

被毒蛇咬伤后，切不要惊惶失措和奔跑。第一，以最快速度挤血。第二，应立刻用橡皮带、绳子、布条、手绢，或就近拾取适用的植物茎、藤结扎伤口的上方，减少毒液的扩散。第三，结扎伤口上部后，立即用盐水、肥皂水或清水对伤口进行清洗，冲掉伤口周围的残余

蛇毒和脏东西。第四，现场用药。如果有蛇药，可按说明书使用，包括内服和外用。第五，送医院救治。

第十八节　轮滑运动

一、简　介

轮滑运动的起源可以追溯到8世纪，荷兰人最先发明了滚轴溜冰。到1760年，比利时的默林将木轮子安在鞋上滑行。1818年在柏林诞生了最早的滚轴溜冰鞋。轮滑运动也相继产生。

轮滑运动，在我国原称旱冰运动，又称滚轴溜冰运动，它是水冰在陆上辅助训练过程中逐渐演变形成的运动项目。同水冰相比，它更刺激、惊险，而且四季皆宜。旱冰和水冰的技术动作要求基本相同，不同的是场地和器械（鞋）有所不同，现在，轮滑已成为广大青少年喜爱的娱乐休闲运动。

轮滑有很强的娱乐性和趣味性，通过这项运动，可使人们从平时紧张、压力繁重的学习和工作中解脱出来，达到身心放松的目的。同时轮滑是一项全身性运动，它能促进心脑血管系统和呼吸系统机能的改善和代谢作用的加强，能增强臂、腿、腰、腹等肌肉的力量和身体各个关节的灵活性，特别是对人掌握平衡能力上有很大作用。轮滑运动的健身效果是相当明显的，美国麻省大学最近的研究报告中，提出了一项惊人的发现：轮滑鞋运动对关节所造成的冲击力较跑步对关节的冲击力低约50%。威斯康星大学医学院教授，美国竞速国家代表队医疗顾问Carl Foster表示，轮滑运动与跑步或骑自行车，同样都能达到健身的效果。除了上述两个特性外，轮滑还具有很多体育项目所不具备的一个特性，就是它可以当做交通工具。一般情况下，在平整的路面上，轮滑都可以代步成为交通工具。在交通越来越拥挤的今天，轮滑不失为一种流行和时髦的交通工具。

二、轮滑运动分类

轮滑运动分为速度轮滑、花样轮滑、轮滑球和滑板。轮滑是一项休闲运动，同时也是竞技项目，但随着它的不断完善，已经形成多项轮滑竞技项目。轮滑项目主要有双排花样轮滑、单排花样轮滑、速度轮滑（直排）、轮滑球（直排为主）、极限轮滑（街区和U池）、轮舞、自由轮滑FSK（休闲与野街）、平地花式（速度过桩、花式过桩、平地刹停）、速降、跳高（平地、抛台）。

（一）速度轮滑

以单排、双排轮滑鞋为比赛工具的竞赛项目，分场地跑道比赛和公路比赛两种。世界锦标赛场地跑道正式比赛距离为男子1000米、5000米、10000米、20000米4项，女子500米、3000米、5000米3项；公路比赛包括女子21千米半程马拉松赛、男子42千米马拉松赛。场地跑道像自行车场一样呈盆形。

（二）花样轮滑

花样轮滑分为规定图形滑、自由滑、双人滑和双人舞 4 个项目。比赛在不小于 50 米长、25 米宽的场地上进行。参赛各队每项比赛可以参加 3 人，男女总计 12 人。根据动作的难易程度、舞姿的优美程度打分确定胜方

（三）轮滑球

轮滑球看上去像是冰球和曲棍球的结合体，打法同冰球打法相似，比赛两队各上场 5 人，其中 1 名为守门员。运动员脚穿轮滑鞋，手执长 91~114 厘米的木制球杆在一块长 22 米、宽 12.35 米的长方形水泥质或花岗石制成的硬质地面球场上进行比赛。运动员可以传球、运球，通过配合把球攻入对方球门为得 1 分，得分多者为优胜队。球门高 1.05 米、宽 1.54 米，分置于球场两端线的中间。比赛用球形如棒球，重量为 155.925 克。每场比赛分两局进行，每局 20 分钟。

（四）极限运动和技巧

利用 U 形台、滑杆等做各种各样的惊险、复杂技巧表演动作，分街道赛和半管赛，它也是轮滑竞技项目中最吸引人的一项。

（五）休闲轮滑

以休闲健身为目的，穿着单排轮滑鞋，在各种场地、环境中无拘无束进行各种滑法，最主要的活动是“刷街”，慢慢滑行，浏览着街景，沐浴着阳光，呼吸着新鲜空气，身心放松。再有就是自由式轮滑，其中最有代表性的就是过桩的平地花式。平地花式讲究过桩的足部花式技巧，同时也要有全身性的节奏感，具有非常高的观赏性。

三、轮滑运动基本技术及训练方法

（一）直道滑行技术

1. 走步双滑技术

在八字行走基础上，连续走几步即可产生惯性，借助惯性，两脚由八字变为平行滑行。在八字行走与滑行过程中，要循序渐进，注意控制速度及步幅，逐渐由慢速行走到快速行走，步幅由小变大，而重心要随迈出脚同时前移，脚落地时重心应立即跟上。

2. 单蹬双滑练习

右脚蹬地，将重心送至向前滑进的左脚上，右脚蹬地后迅速向左脚并拢成两脚同时滑进。当速度减慢时，再用左脚蹬地，重心送至向前滑行的右腿上，左脚蹬地后迅速收回与右腿并拢成两腿同时滑进。

3. 单蹬单滑练习

右脚蹬地，将重心送至滑进的左腿上，右脚蹬地后收至左腿内侧。当速度减慢时，再用

左脚蹬地，将重心送至向前滑进的右腿上，左脚蹬地后收至右腿内侧后。

在几个滑行练习中，要注意把握蹬地后收腿的时机，过早会缺乏前进的动力，过晚会造成收腿不及时，使重心不能迅速前移。

（二）直道滑跑技术

1. 滑跑基本姿势

身体前倾，肩部高于臀部，腿部成屈蹲姿势。两臂配合两腿协调动作，两手置于背后。身体重心移至一条腿上，另一条腿后引成单腿支撑滑行，在滑行中保持身体平衡。

2. 两腿配合练习

两腿的配合是由 4 个时期 8 个动作形成的一个完整周期。当左脚进行惯性滑进动作时，即左单脚支撑，右脚做收腿动作。当左脚进行蹬地动作时，右腿开始做着地动作。当左脚进行收腿动作时，右脚做惯性滑行制作，即右单腿支撑。当左脚蹬地时，右腿做蹬地动作。

3. 摆臂练习

在滑行中，当左脚蹬地时，左臂由后向前上方摆动，而右臂由前向右后上方摆动。右脚蹬地时，右臂向左前上方摆动，左臂向左后上方摆动，摆臂以肩为轴，注意配合支撑腿的蹬地动作。

直道滑行有四个环节：蹬地、重心移动、惯性滑行和收腿动作。蹬地要有力，重心移动要及时到位，惯性滑行身体要平稳，收腿动作要协调，干净利落。

（三）转弯技术

1. 惯性 A 型转弯

当向前滑行有一定惯性后，两脚平行成双滑，如向左转弯时，左脚前伸，头与肩向左转，重心稍向左倾斜，借助惯性就会自然向左转弯。

2. 惯性平行转弯

当向前滑行有一定惯性后，两脚平行成双滑，如向右转弯时，头与肩向右转，带动身体借助惯性自然向右转弯。

3. 双脚平行短步蹬地转弯

主要用于前进速度比较快的情况。在滑行中两脚平行滑行，如向左转弯时，重心向左侧倾斜，左、右脚交替往右侧蹬，改变前进方向。

4. 弯道压步

助跑呈慢速滑行，右脚蹬地后，身体重心前倾并向左侧倾斜，左腿成单腿支撑，右脚收腿并越过左脚在左脚前方落地继续滑行。左脚同时向右蹬地后收腿落在右脚左侧继续滑行。

在转弯练习时，身体重心要比直道滑行时低，而且身体要向转弯方向倾斜。

(四) 起跑技术

起跑技术由预备姿势、起动、疾跑以及衔接 4 部分动作组成。

1. 预备姿势

面对起跑方向，两脚分开，两膝微屈，前脚跟抬起，脚尖点地，身体前倾，一臂微屈在前，一臂下垂置于体侧。

2. 起动

听到发令后，抬前脚、蹬后腿，两臂用力摆动，身体前冲。

3. 疾跑

起动后疾跑时，步幅较小，步频较快，蹬地要有力。

4. 衔接

由于速度的提高，重心由高变低，步幅逐渐加大，并过渡到途中滑跑。

(五) 急停技术

1. 脚跟停止法

在慢速滑行时将有制动胶的脚前伸，脚尖抬起使后跟的制动胶着地，前腿用适当力量压地，使制动胶与地面摩擦，逐渐减速而停止。

2. T 型停止法

当左脚支撑滑行时，上体抬起直立,右脚外翻并横放在左脚后面,两脚成 T 字型,使右脚的轮子横向与地面摩擦。两腿弯曲,重心下降并逐渐向右脚加大摩擦，使之逐渐减速而停止。

3. 双脚平行停止法

在快速滑行时，双脚略靠近，身体迅速转体 90°，同时带动两脚转体 90°，重心快速降低，腿弯曲，用双脚的轮子与地面摩擦使之减速停止。

轮滑运动还可以结合舞蹈、音乐、体操等形式进行，能够有效促进青少年身心发展。但轮滑作为一种体育项目在我国还处于起步阶段，无论是作为竞技项目，还是一种休闲娱乐方式都应大力发展。

第十九节　橄榄球

一、橄榄球运动的起源与发展

橄榄球起源于英国，原名拉格比足球，简称拉格比。因其球形似橄榄，在中国称为橄榄球。1871年英格兰橄榄球协会成立，并由当时参加协会的17个俱乐部共同商定了比赛规则。此后，英国橄榄球很快传入欧洲各国和美国、加拿大、澳大利亚、新西兰等国。1890年成立国际橄榄球理事会。1987年国际橄榄球理事会举办了第一届世界杯男子橄榄球锦标赛，1991年又举办了第一届世界女子橄榄球锦标赛。橄榄球已成为2016和2020年奥运会项目。

1990年12月15日，我国成立了第一支橄榄球队--原北京农业大学橄榄球队。1997年3月，国际橄榄球理事会正式接纳中国加入国际橄榄球理事会，并成为该理事会第96个会员国。从此，中国橄榄球运动全面与国际橄榄球运动接轨，得到了迅速发展。

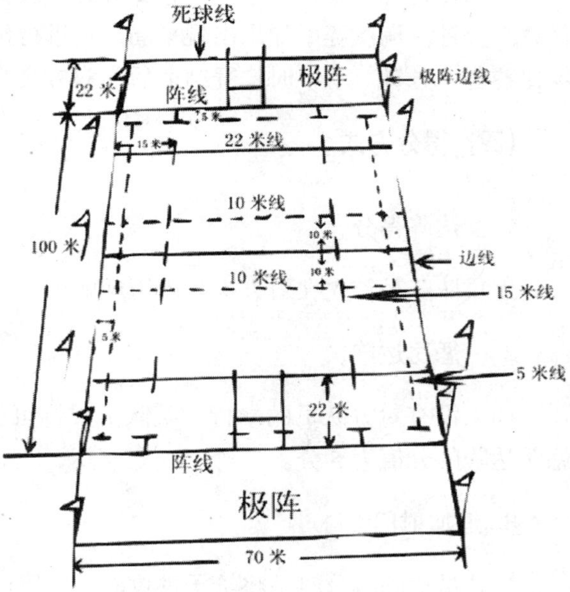

图 10–40　场地

二、橄榄球比赛规则

（一）场地（图 10–40）

（二）球

1. 形状

球必须是椭圆形而且由四块材料制成（图 10–41）。

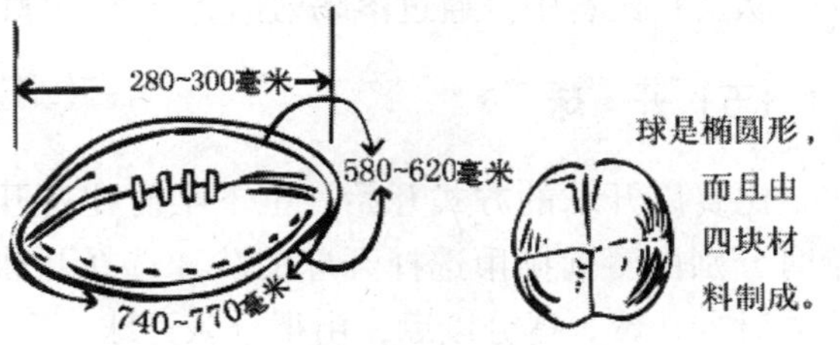

图 10–41　球

2. 大小

长轴 280~300 毫米；长轴周长 740~770 毫米；短轴周长 580~620 毫米。

3. 重量

410~460 克。

4. 赛开始时球胆内气压

每平方厘米 0.67~0.7 千克，每立方英寸 9.5~10 磅。

（三）队员人数和比赛时间

每队上场队员不得超过 7 人，替补队员为 3 名，比赛时间为 14 分钟，分上下半场比赛。

每个半场比赛各 7 分钟，中间休息 1 分钟。决赛时间为 20 分钟，上下半时各 10 分钟，中间休息 2 分钟。淘汰赛中如果出现平局，将进行延长期比赛。延长期比赛分上下半场，每个半场比赛各 5 分钟。上半时比赛结束后，双方交换场地，中间不休息。

（四）得分方式

1. 达阵得分

进攻队队员首先在对方极阵内压球触地时，就是达阵得分。达阵得分的分值为 5 分。

2. 惩罚达阵

如果没有对方队员的暴行，某队员或许可能达阵得分，在两球门柱之间判给惩罚达阵。惩罚达阵的分值为 5 分。

3. 追加射门

当队员达阵得分时，将给予进攻队一次踢球射门的机会，来争取将球踢进球门得分。追加射门的地点是在赛场内通过压球触地的地点线上任选一点踢球。追加射门的分值为 2 分。

4. 罚踢射门得分

队员通过罚踢将球踢进球门。罚踢射门的分值为 3 分。

5. 落踢射门得分

队员在比赛中，通过落踢射门将球踢进球门。落踢射门的分值为 3 分。

（五）开　球

比赛以开球的方式开始，上下半时比赛开始时分别由赛前抛币选择开球的队和选择开球队的对方开球。得分以后，由得分队开球。

开球是在中线的中点以落踢的方式进行，开球时，所有踢球队队员都必须在球的后方，所有对方队员都必须站在 10 米线上或后方。踢球队踢出的球必须到达对方 10 米线。

（六）比赛中的技术运用

如图 10–42 所示，开球以后，所有队员都可以接球、带球跑、传球、踢球、倒地扑球、扑捉、肩顶、扑搂对方持球队员、参加集团争抢球、压球触地等方法进行比赛。

图 10–42　技术运用方法

三、技术与定义

（一）传接球技术分析

1. 传接球技术是橄榄球比赛中运用最多的一项技术，它是组织进攻的纽带，是其他各项技术的桥梁，是快速、灵活、多变的战术基础。

动作要点是五指自然张开，持球于身体侧部，两拇指相对成八字形，在球体横切面的中心部位（最凹的地方），两食指置于球体两侧，平行于球体纵轴线，其余手指自然伸张。掌心空出，两手的五指有力地控制球。两臂微屈，腕部伸直，肘关节保持灵活自如地将球持于腰部的位置。

2. 前抛和前拍

比赛中，队员只能向后或向侧面传球，不能向前传球。接球时不能向前掉落。前抛是指持球队员向对方阵线方向抛球。前拍是指当球碰触到手臂后，向对方阵线方向运行。但当队员踢球时，对方队员没有接球动作去封盖踢出的球，不属于前拍。

（二）扑 搂

1. 扑搂发生在持球队员同时被一个或几个对方队员所捕捉而倒地或球碰在地上的时候。该持球队员成为被扑搂队员，与被扑搂队员一起倒在地上的对方队员扑搂队员。

2. 当队员扑搂对方持球队员，而且两人同时倒地时，扑搂队员必须立即释放被扑搂的对方队员，否则由对方罚踢。被扑搂队员必须立即传球或释放球，否则由扑搂人的队罚踢。扑搂发生后，其他试图控制球的队员必须两脚站立，而且必须从球的后面或直接从最接近他们自己阵线的被扑搂队员，或扑搂队员后面来控制球，否则将是犯规，由对方罚踢。扑搂发生后，其他试图控制球的队员不许倒在球上，或倒在双方倒卧在地上的队员身上。

（三）司克兰

如图 10–43 所示，当比赛中出现前抛和前拍，或多人争抢球而球无法从人堆中显露出来时，裁判员将鸣哨停止比赛。双方将进行司克兰，由前抛或前拍队的对方或获得球权的队向司克兰中投球。投球队员将球投进司克兰后，双方队员互相顶推，中间的钩球队员用脚争抢球，将球向后钩出司克兰。投球队员绕到司克兰的后面将球拾取，或传球，或带球跑，比赛继续进行。

图 10–43 司克兰

（四）乱集团争球

1. 拉克

拉克是由两队各一名或多名队员双脚站立，身体互相接触，紧密围绕地上的球所形成的一种比赛局面。

2. 冒尔

冒尔发生在当持球队员被一名或几名对方所捕捉，而有一名或更多的持球队员的队友用手臂搂抱着该持球队员的时候，所有卷入冒尔的队员都是双脚站立而且向阵线方向移动。

（五）出界和争边球

如图 10-44 所示，当球出界，双方每队至少两名队员在赛场内 5 米线以外，15 米线以内站成两列争边球队列。双方队员与队员之间相距 1 米。投球队员向双方争边球队列中间投球，双方队员互相争抢球，比赛重新开始。

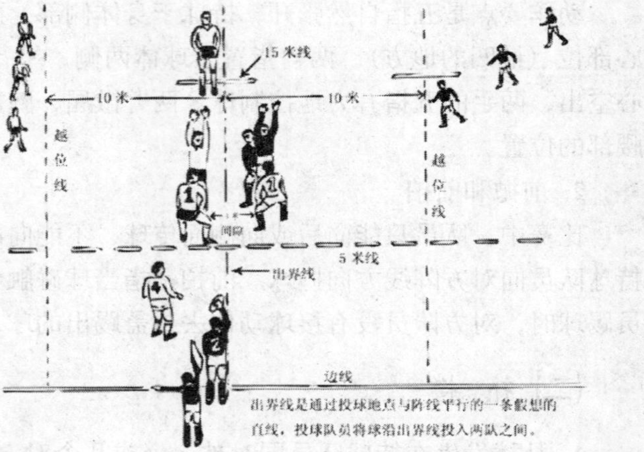

图 10-44　争边球

（六）反攻踢

反攻踢是防守队所做的一次落踢，可在 22 米线上任一一点或线后进行；反攻踢时，踢球方都必须在球的后方。踢球方在球被踢之前，不许超过 22 米线对球进行封盖。反攻踢踢出的球必须越过 22 米线，比赛才可继续进行

（七）暴行

图 10-45　暴行

如图 10-45 所示，暴行是某人在比赛场地内所做的违反比赛规则条文和精神的一切行为。

主要包括用拳、头部、膝盖、肘关节等击打对方队员；故意践踏倒在地上的对方队员；用脚踢对方队员；用脚或腿绊对方队员；扑搂对方持球队员肩以上的部位或搂抱对方颈部和头部；扑搂跳跃在空中接球的对方队员；过早或过迟扑搂对方队员；跑到持球队员前面队员扑搂本方持球队员；当某队员和对方队员一起朝着球跑去争抢时除肩碰肩以外，不得推拉或撞击对方队员；多次重复犯规。

当出现上述犯规动作时，裁判员将判处罚踢，并对犯规队员进行口头警告，或出示黄牌，犯规队员暂时出场禁赛 2 分钟，或出示红牌，将犯规队员罚令出场。

（八）罚踢与自由踢

1. 罚踢和自由踢是因对方犯规而给予未犯规队一次踢球机会。

2. 踢球方式可采用落踢或碰踢的方式踢球（图 10–46）。

图 10–46　踢球

在 7 人制比赛中，当队员执行罚踢和自由踢时，将球从手中轻轻地踢开，再将球接住。或将球放在地上，踢出一段可见的距离，再将球拾起，重新发动进攻。队员可采用落踢或碰踢的方式踢球。

3. 罚踢和自由踢时对双方队员的要求是，踢球队队员必须在球的后面、对方队员迅速退到距离踢球地点 10 米以外。

4. 罚踢时，踢球队可以要求射门。

（九）一般比赛中的越位和在位

1. 比赛开始时，所有的队员都是在位的。在比赛进行中，队员如果在持球队友的前面或在最后控制球的队友前面就是越位。这样的队员未必受到处罚，但如果该队员干扰比赛，或向前移动，或朝球移动，将受到处罚。

2. 在一般比赛中，当有越位队员的队友向前踢球时，该越位队员不许向等待要接球的对方队员移动，或向球的落地地点移动。

（十）挽　球

挽球是指当球进入防守队极阵后，防守队员首先压球触地。

（十一）5 米司克兰和反攻踢

挽球发生后，裁判员根据具体情况作出以下两种裁决：

1. 如果防守队队员将球传入、踢入或带进本方极阵，然后压球触地，双方将在赛场内，距离防守队阵线 5 米，对应球触地的地点进行司克兰，由进攻队投球。

2. 如果进攻队将球传入、踢入、带入或弄进防守队极阵时，防守队队员首先压球触地，则在防守队本方半场 22 米线上进行反攻踢。

第二十节　保龄球

一、保龄球运动简介

保龄球又叫“地滚球”，最初叫“九柱戏”，起源于德国，是一种在木板球道上用球滚击木瓶的室内体育运动。流行于欧、美、大洋洲和亚洲一些国家。保龄球具有娱乐性、趣味性、抗争性和技巧性，给人以身体和意志的锻炼。由于是室内活动，不受时间、气候等外界条件的影响，也不受年龄的限制，易学易打，所以成为男女老少人人皆宜的特殊运动。

二、保龄球运动发展历史

保龄球的历史源远流长，很早就有了类似保龄球的活动。英国考古学家佛兰达斯·佩德理在挖掘埃及古墓时，发现了 9 块成形的石头和 1 个石球，同现在的保龄球用具很相似。“九柱戏”是现代保龄球运动的前身，在公元三四世纪起源于德国。在 1626 年时，由于荷兰移民横渡大西洋到美洲，使这项娱乐也因而出现在美国。由于被渗入金钱赌博方式，于是九瓶制保龄球在美国销声匿迹。但经过行家们绞尽脑汁地将球瓶数增加一个，并排列成正三角形，以 10 瓶制保龄球的姿态出现，使之延存下来，流行到世界各国。

1895 年 9 月，纽约正式成立了保龄球协会（ABC 总会）。1916 年成立了女子保龄球协会（WIBC）和青少年保龄球协会（YABC）。

三、现代保龄球运动设备

现代化的保龄球设备由如下几个部分组成：

（一）自动化机械系统

由程序控制箱控制的扫瓶、送瓶、竖瓶、夹瓶、升瓶、回瓶、瓶位信号、补中信号显示和犯规器等装置组成。

（二）球道和助跑道

球道长 1915.63 厘米、宽 104.2~106.6 厘米。发球区和竖瓶区用加拿大枫木板条拼接而成，其余用松木板条拼成。在离犯规线 457.2 厘米范围内，有 7 个目标箭头和 10 个引导标点；竖瓶区（球台）从 1 号木瓶中心线到底部为 86.83 厘米，10 个瓶位间隔距离各为30.48 厘米，成正三角形排列。球道的两边为球沟，宽 24.1 厘米。相邻两条球道间的下面有公用会球道。球道和助跑道之间有 0.95 厘米宽的犯规线和光控犯规器。从犯规线到助跑道底线为助跑道，长 457.2 厘米、宽 152.2~152.9 厘米。在助跑道内距离犯规线 5.08~15.23 厘米范围内，嵌有 7 个滑步标点；离犯规线 335.5~335.9 和 426.9~457.4 厘米范围内，嵌有两排共14 个站位标点。这些标点和目标箭头都在同一块木板条上。相邻一对助跑道中间设有公用回球机。

（三）积分台

积分台包括双人座位、投影装置、球员座位、电脑计分系统和选瓶装置等设备。

（四）附加设备

附加设备有清洁打磨机、上油机、球箱和球架。

（五）木　瓶

每条球道有两组共 20 个木瓶。以枫木为主要材料，表面呈极为圆滑的曲线，重 1.26~

1.46 千克，高 38.85 厘米，最大部位直径为 12.1 厘米，圆周 38 厘米。

（六）装备及其他用品

保龄球鞋、运动服、护腕、吸潮粉、干粉、粘粉、防滑粉、滑粉等。

（七）球

球内部是由合成橡胶和软木塞等混合物填充，而外表是硬质橡胶及塑胶等组成。球的直径为 21.5 厘米，周长为 68.58 厘米。球重在 16 磅（7.2 公斤）以内，重量误差在 3 盎司以内，左右差距为正负 1 盎司，指孔差距也是正负 1 盎司。球的指孔和反面部分的差距为高差距，高差距越大，球的旋转效果和速度越快，速度越快相对地可加强瓶的局势，所以限制球的高底差为 3 盎司以内，左右重量差为 1 盎司以内。

四、选球与握球

1. 球的选用

保龄球的重量基本上从 6 磅到 16 磅，11 个级。

2. 简便的选球标准

6~7 磅为小学生；8~9 磅为中学生；10~12 磅为女青年；13~14 磅为男青年；15~16 磅为中、高级球员。

3. 以体重 1/10 为依据的选球标准

40~49 公斤，10 磅；50~54 公斤，11 磅；55~59 公斤，12 磅；60~64 公斤，13 磅；65~69 公斤，14 磅；70~74 公斤，15 磅；75 公斤以上，16 磅。

4. 握持球

先将右手的中指和无名指插入指孔，再把大拇指深插入指孔，手心贴着弧面，把球牢牢握住，手腕保持平直，手臂保持 90°角。

五、基本打法

四步助跑又叫标准型助跑，它包括第一步推球，第二步垂直下摆，第三步垂直后摆，第四步向前垂直回摆和滑步投球，动作如下：

第一步推球：平稳地把身体重心移到左脚，再迈右脚；迈出右脚的同时，双手把球向前下方推出到手臂伸直约 45°，然后左手离球向外侧展开。最后身体重心移至右脚。

第二步垂直下摆：从第一步终止时开始，右手在球的重力作用下下摆，同时迈出左脚，步幅比第一步稍大；左手继续外展，当球下摆至垂直位置时平稳的完成第二步。身体重心移至左脚。

第三步垂直后摆：从第二步终止时开始，握球的右手在球的重力和惯性作用下，由下摆过度到垂直后摆，同时迈出右脚，左手继续外展。步幅和第二步一样，但速度稍快。身体前屈，保持平衡。身体重心移至右脚。

第四步向前垂直回摆和滑步投球：从第二步终止时开始，球一重力向下回摆，同时迈出左脚。为了使左脚能够向前滑行，脚跟不要承受重量，球从向下回摆过渡到向前回摆。左脚向前滑行到离犯规线 7 厘米处脚跟落地承受重量，起到刹车作用，确保左脚停留在犯规线内。这时左腿深弯身体成屈俯状，左手向外展平，身体微微前冲，身体重心移至左脚形成一个弓箭步。

此时正当球垂直回摆到距犯规线上 15~20 厘米的高度，手腕不做任何人为转动，大拇指在 10 点位置，中指、无名指在 4~5 点位置，把球往 2 号目标箭头上送（推出）。手臂摆动时，肩部应放松，像钟摆一样摆动。

六、比赛规则

（一）比　赛

1. 保龄球是以局为单位，以击倒球瓶数的多少来记分并决定胜负的。一局分为 10 轮，每轮有两次投球的机会。如果在一轮中，第一次投球就把 10 个球瓶全部击倒，即全中，就不能再投第二次。唯有第 10 轮不同，第一次投球如果投得全中，仍要继续投完最后一球，结束全局。值得强调的是，如果两次投球没有将 10 个瓶全部击倒，那么第三次机会就会被自动取消。

2. 比赛以抽签的方式决定道次。每局在相邻的一对球道上进行比赛，每轮互换球道，直至全局结束。第二局需互换球道，单数的球员向左移动，双数的球员向右移动。有时也可以统一向右移动道次，目的是为了每个球员都能相遇和机会均等。投球的先后次序以抽得的 A、B、C 顺序为准。

3. 保龄球比赛时，均以 6 局总分累计决定名次。

（1）单人赛：将每一局的成绩相加，以 6 局总分最高者为冠军，次者为亚军，再次为第三名。

（2）双人赛：每人 6 局，以 2 人合计 12 局累计总分高低决定名次。

（3）3 人赛：每人 6 局，以 6 人合计 18 局累计总分高低决定名次。

（4）5 人赛：每人 6 局，以 5 人合计 30 局累计总分高低决定名次。

（5）全能赛：以每人 24 局总分高低决定全能名次。

（6）精英赛：通过上述前 4 项比赛，取 24 局总分的前 16 名参加准决赛，进行单循环后共打完 15 局，取 15 局总分的前 4 名参加挑战赛。第四名对第三名，是第一次挑战；胜者对第二名是第二次挑战，胜者对第一名的比赛称为决赛，连胜两局者为冠军，连负二局者为亚军。一胜一负两局总分高的为冠军，一胜一负两局低的为亚军。如果两局总分相同，就要看双方第九轮与第十轮的成绩了，分数高的夺得冠军。

（二）记　分

1. 全中

每一个格的第一次投球击倒全部竖立的 10 个瓶子时，称为全中。用（X）符号记录在记分表上该格上方左边的小方格中。全中的记分是 10 分加该运动员下两次投球击倒的瓶数。

一局的最高分 300 分，运动员必须投出 12 个全中。

2. 补中

当第二次投球击倒该格第一个球余下的全部瓶子，称为补中，用（/）表示。记录在该格右上角的小方格内。补中的记分是 10 分加运动员下一个球击倒的瓶数。

3. 失误

除第一次投球后形成分瓶外，当运动员在某格两次投球后，未能将 10 个瓶子全部击倒，即为失误。

4. 分瓶

分瓶是指在第一球投出后，把 1 号瓶及其他几个瓶子击倒，剩下的瓶子呈下列状态：

(1) 2 个或 2 个以上的瓶子，它们之间至少有 1 个瓶子被击倒时，如 7 号瓶和 9 号瓶、3 号瓶和 10 号瓶。

(2) 2 个或 2 个以上的瓶子，紧挨在它们前面的瓶子至少有 1 个被击倒时，如 5 号瓶和 6 号瓶。

注：分瓶在记分表上用（O）表示。

第二十一节　传统养生理论与方法

一、简　介

传统养生理论与方法是一门建立在中华民族传统、独特的认识生命模式之上的、养护生命的理论与方法的学科，涵盖生活的各个方面，是中国古代流传下来的具有民族特色的宝贵文化遗产。它以阴阳五行学说、精气神论、天人合一论、脏象学说、经络学说等为理论基础，指导着各种养生方法的产生、应用、衍化和发展；以易筋经、五禽戏、八段锦、导引养生功、吐呐、太极拳等多种传统养生术的练习方法、动作特点、养生机理、功能作用及练功过程中必须遵循的要领和原则为基本手段，通过对传统养生理论的学习和理解，发挥人的主观能动性，依靠人体的自身能力，并通过肢体的运动、呼吸的调节、意念的运用，来增强人体各部分机能，调动和发挥人体内在的潜力，从而起到防病治病、延年益寿的作用。

二、理论体系

1. 天人合一观是传统养生思想的基本观点。
2. 阴阳学说是贯穿传统养生思想的主线。
3. 五行学说是人与自然的和谐基础。
4. 脏腑学说是阴阳与五行学说在传统养生方法中的具体应用基础。
5. 经络学说是人体内环境贯穿联系的通道。
6. “精气神”是人体生命健康的三大要素。

祖国传统医学认为，生命是由形、精、气、神四个方面组成，养生应该围绕这四个方面采取多种实践方法并遵循多种思想理论的指导，而完善人体的某些方面的功能得以专门发展，最终形成一个完备的体系。在漫长的历史发展过程中，中国古代劳动人民经过一代又一代的不懈努力，终于以自己的聪明睿智创造出了一系列与疾病和衰老抗衡的独特理论方法，逐渐使养生成了一种极具华夏民族特色的文化现象。传统养生学在数千年漫长的历史进程中，不但形成了自己独特的理论体系，而且也积累了一整套实用，同时又充满我国古代劳动人民聪明睿智的实践方法，中国养生学是自然科学和社会科学交叉的产物，其理论体系本身具有这种学科所具有的双重特征，具体来说，中国养生文化的社会科学性质主要体现在其理论体系与中国古代哲学存在着一种千丝万缕的关系，中国养生文化的自然科学性质则主要体现在它的传统医学发生一种血肉相联的关系。

总体上讲传统养生保健术融武术、医疗保健和气功于一体，不仅能强身健体，防疫治病，延缓衰老，还能开发智慧，挖掘人体潜能，而且包含的极为精湛的实践经验和理论，在几千年来，对中华民族的整个思想文化——包括哲学思想、政治思想、军事思想、文学思想、宗教思想，乃至身心修养、中医理论等，都有深刻的影响。

它包含饮食养生、生活起居养生、四季养生、导引养生、按摩养生等多方面。

养生，即“治未病”，唐代孙思邈说：“善养性者，则治未病之病。是其意也。”传统养生强调自我调节，防病治病，并要通过放松平静，而维持人体内环境的相对稳定，预防疾病的产生。

传统养生理论讲形神兼备，并把养神看得比养形更加重要。把形体视为生命之宅，而神，即精神思维活动，看做人体生命活动的主宰。所以在方法上以调节神经系统功能作为主要活动目标。

传统养生理论以整体观为贯穿核心，立足于中医理论之人体以脏腑为核心，经络相互联系的整体思想，并侧重于身体的养护，以增进健康提高人体适应能力为主，不重于增强机体活动能力，即以内练为主。如《黄帝内经》所说：“理血气而调诸逆顺，察阴阳而兼诸方，缓解柔筋而心和调者，可使导引行气。”

三、传统养生方法的作用

传统养生方法不仅是形体上的锻炼，而且使人体机能得到改善和增强。外可利关节，强筋骨，壮体魄；内可调理脏腑，疏通经络，调精神，补元气。

传统养生方法的习练要有坚持不懈和持之以恒的意志，通过长期的在不同环境和气候条件下的锻炼，锻炼意志，提高对外界环境的适应能力，全面提高人体的体质水平。

传统养生方法强调调动全身内外几乎所有部位共同参与运动，并通过培补元气，锻炼真气，扶助正气，使人生命之源动力旺盛，而强身健体，延年益寿。传统养生方法可以通过锻炼和心理调节使人情绪稳定，饱满精神，树立信心。

四、传统养生方法

传统养生方法种类繁多，但是大体可分为“调身”“调心”“调息”三个方面各为主导的方法。例如，练形调身法，炼呼吸调息法，炼神调心法。基本技术归纳起来可分为站式养生功、行式养生功、坐式养生功、卧式养生功。各种站桩和行桩为一切功法的基础。

（一）八段锦

是流传广泛的我国古代导引术。

动作：双手托天理三焦；左右开弓似射雕；调理脾胃需单举；五劳七伤往后瞧；摇头摆尾去心火；双手攀足固肾腰；攒拳怒目增气力；背后七颠百病消。

（二）易筋经

是我国古代流传下来的，在我国传统功法和民族体育发展中有着较大影响，千百年来深受广大群众欢迎的健身养生方法。

动作：韦陀献杵；风摆荷叶；顶天立地；摘星捧月；喜鹊登枝；燕子抄水；回头望月；金刚捣锥；青龙出水；饿虎扑食；铁牛耕地；摆尾式。

（三）舒心平血功

是北京体育大学张广德教授以心血管系统发病的病因病理为依据，以祖国医学的整体观、阴阳五行、脏腑经络、气血理论和现代医学的有关理论为指导创编而成。

（四）健身气功·十二段锦（坐式）

是在挖掘整理“钟离八段锦”和“十二段锦”的基础上，由北京体育大学杨柏龙教授主持的课题组遵循气功固有规律，按照三调合一的原则，结合现代社会人们生活特点创编而成。

动作：冥心握固；叩齿鸣鼓；微撼天柱；掌抱昆仑，摇转辘轳；托天按顶；俯身攀足；背摩精门；前抚脘腹；温煦脐轮；摇身晃海；鼓漱吞津。

（五）马王堆导引术（简编）

由上海体育学院邱丕相教授主持的课题组，根据我国20世纪70年代在长沙马王堆汉墓发掘的导引图为基础，参考相关文献编制而成。

动作：胎息；凫浴；燕息；挽弓；鹞北；引头风；燕飞；引腹中；引背痛；沐猴獾引热中；龙登；仰呼。

（六）五禽戏

是东汉名医华佗根据古代导引、吐纳之术，研究了虎、鹿、猿、熊、鸟的活动特点，结合人体脏腑、经络和气血的功能，所创编的健身功法。

动作：虎戏；鹿戏；熊戏；猿戏；鸟戏。

参考资料

[1] 体育学院成人教育协作组《武术》教材编写组. 武术 [M]. 北京：人民体育出版社，1989.6.

[2] 李振斌.体育教程 [M]. 北京：高等教育出版社，2002.8.

[3] 中国武术段位制初级段位技术教程 (1~3 段). 北京：北京体育大学出版社，1997.6

[4] 郑孙勇. 长拳、太极拳练习对男性大学生心肺功能的影响 [J]. 中国体育科技，2008，44 (6)：51–55.

[5] 向珉.武术运动对青少年社会化的影响 [J]. 搏击·武术科学，2009，6 (6)：14–15.

[6] 范哲华. 福建省高校太极拳开展现状及发展对策研究 [D]. 福建师范大学硕士论文，2007.

[7] 张婧. 河南省普通本科院校大学生课余太极拳活动现状与对策研究 [D]. 河南大学硕士论文，2007.

[8] 陈冠霖. 元认知策略干预太极拳套路练习效果的实验研究 [D]. 河北师范大学硕士论文，2007.

[9] 樊花梅. 西安市高校太极拳运动的发展现状与对策研究 [J]. 辽宁体育科技，2007 (3) 29：91–93.

[10] 杨黎明. 焦作太极拳开展现状及对策研究 [J]. 西安体育学院学报，2004，21 (3)：40–43.

[11] 梅杭强. 太极拳普修课教学效果的诊断与研究 [J]. 天津体育学院学报，1994，9 (4)：86–89.

[12] 杨继星. 影响高校简化太极拳教学质量的因素及对策探讨 [J]. 浙江体育科学，2004，26 (1)：60–62.

[13] 张晓欣. 析普通高等院校开展太极拳教学的现状与效果 [J]. 南京体育学院学报，2005，19 (4)：88–90.

[14] 彭鹏. 高校太极拳教学中实施“体操式”教学法的应用研究 [J]. 武汉体育学院学报，2002，36 (3)：96–98.

[15] 吕韶均. 太极拳运动在美国 [J]. 文化长廊，1997 (3)：53–54.

[16] 高娅. 东瀛武术太极拳管窥 [J]. 体育文化导刊，2002 (2)：68–69.

[17] 孙金蓉. 中日太极拳爱好者锻炼效果及期望的比较研究 [J]. 北京体育大学学报，2005，28 (2)：176–177.

[18] 姜娟. 太极拳健心文化及其科学基础 [J]. 沈阳体育学院学报，2006，25 (5)：18–20.

[19] 卓大宏. 练太极拳时心血管呼吸和代谢功能的改变 [J]. 中国康复医学杂志，1987，2 (6)：241–244.

[20] 王颖. 太极拳对心肺功能影响的探讨 [J]. 搏击·武术科学，2006，3 (8)：32–34.

[21] 李宁. 太极拳：现代人紧张情绪的动态缓冲剂 [J]. 武汉体育学院学报，2006，40（11）：48–50.
[22] 包雪鸣. 太极拳课程对高校学生心理健康的影响研究 [J]. 心理科学，2008，31（5）：1251–1254.
[23] 孙民治. 篮球运动教程 [M]. 北京：人民体育出版社， 2001.
[24] 王家宏. 篮球运动 [M]. 北京：高等教育出版社，2005.
[25] 季克异，郑厚成，孙麒麟.篮球 [M]. .北京：高等教育出版社，2006.
[26] 田麦久，武福全等.运动训练科学化探索 [M]. 北京：人民体育出版社，1988.
[27] 黄辅周，钟秉枢等.排球运动科学探蹊 [M]. 北京：北京体育大学出版社，1996.
[28] 曾凡辉，王路德等.运动员科学选材 [M]. 北京：人民体育出版社，1992.
[29] 张然. 略谈教学与训练的关系 [J]. 南京体育学院学报，1988（1）.
[30] 张然. 排球 [M]. 北京：人民体育出版社，1979.
[31] 陈安槐等. 排球 [M]. 北京：人民体育出版社，1997.
[32] 黄汉升等. 球类运动——排球 [M]. 北京：高等教育出版社，2001.
[33] 国家体育总局. 中国体育教练员岗位培训教材 [M]. 北京：人民体育出版社，2003.
[34] 户树清，杨瑞峰. 现代体育与健康教程 [M]. 北京：北京体育大学出版社，2007.
[35] 吴中量，李安格. 球类运动——排球 [M]. 北京：高等教育出版社，1998.
[36] 徐寅生，梁焯辉等. 现代乒乓球技术的研究 [M]. 北京：人民体育出版社，1982.
[37] 田麦久等. 运动训练学 [M]. 北京：人民体育出版社，2000.
[38] 苏丕仁. 现代乒乓球运动教学与训练 [M]. 北京：人民体育出版社，2003.
[39] 梁焯辉，吴焕群，邱钟惠.乒乓球的打法与技术 [M]. 北京：人民体育出版社，1978.
[40] 徐寅生. 我与乒乓球 [M]. 北京：中国社会科学出版社，1995.
[41] 邓树勋. 运动生理学 [M]. 北京：高等教育出版社，2005.
[42] 翁锡全. 体育·环境·健康 [M]. 北京：人民体育出版社，2004.
[43] 国家体育总局职业技能鉴定指导中心.社会体育指导员理论教材 [M]. 北京：北京体育大学出版社，2005.
[44] 李重申. 体育实践教程 [M]. 北京：高等教育出版社，2003.
[45] 杨忠伟. 体育运动与健康促进 [M]. 北京：高等教育出版社，2004.
[46] 李振斌. 体育教程 [M]. 北京：高等教育出版社，2003.
[47] 冯国敏. 体育与健康指南 [M]. 广州：暨南大学出版社，2004.
[48] 胡金平. 对体育运动健身走的现状研究与建议 [J]. 山东教育学院学报，2003（55）：101–103.
[49] 马楚虹. 大学生健身快走与慢跑锻炼的心肺负荷动态观察 [J]. 北京体育大学学报，2009，32（8）：96–101.
[50] 刘清黎. 体育与健康 [M]. 北京：高等教育出版社，2003.
[51] 迟化. 无痛苦跑对改善大学生跑步恐惧心理的影响 [J]. 体育学刊，2006（4）83–85.
[52] 熊西北. 田径运动技术教学理论与方法 [J]. 北京：北京体育大学出版社，1999.
[53] 凌月红. 体育健康教育与运动处方 [M]. 北京：体育大学出版社，2004.

[54] 姚绩伟. 不同距离跑锻炼对男大学生心肺功能影响的实验研究 [J]. 辽宁体育科技，2008，30 (4)：44-45.
[55] 黄艳美. 现代体育与健康 [M]. 北京：清华大学出版社，2009.
[56] 马金凤. 体育与健康 [M]. 北京：北京理工大学出版社，2009.
[57] 赵厚亚. 体育与健康 [M]. 山东：山东人民出版社，2009.
[58] 中国毽球协会. 毽球竞赛规则与裁判法 [M]. 北京：人民体育出版社，2001.
[59] 苏玉河. 毽球运动和裁判 [M]. 西安：陕西科学技术出版社，1991.
[60] 张军，龙明. 毽球运动 [M]. 北京：高等教育出版社，2008.
[61] 马宇红，王斌. 登山.攀岩与野营入门 [M]. 南京：江苏科学技术出版社，2001.
[62] 陈维霖. 登山 [M]. 北京：人民体育出版社，2005.
[63] 李维希. 高校野外生存读本 [M]. 长春：吉林人民出版社，2007.

图书在版编目（CIP）数据

现代大学体育教程 / 袁雷，袁吉，杨道宁主编. -北京：
人民体育出版社，2010.8
全国高等学校公共体育课适用教材
ISBN 978-7-5009-3809-5

Ⅰ.①现… Ⅱ.①袁… ②袁… ②杨… Ⅲ. ①体育-
高等学校-教材 Ⅳ.①G807.4

中国版本图书馆 CIP 数据核字（2010）第 150951 号

*

人民体育出版社出版发行
三河兴达印务有限公司印刷
新 华 书 店 经 销

*

787×1092 16 开本 18.5 印张 460 千字
2010 年 8 月第 1 版 2010 年 8 月第 1 次印刷
印数：1—9,500 册

*

ISBN 978-7-5009-3809-5
定价：26.00 元

社址：北京市崇文区体育馆路 8 号（天坛公园东门）
电话：67151482（发行部） 邮编：100061
传真：67151483 邮购：67118491